影響力のレッスン

「イエス」と言われる人になる

ゾーイ・チャンス
小松佳代子 訳

早川書房

INFLUENCE IS YOUR SUPERPOWER

The Science of Winning Hearts, Sparking Change, and Making Good Things Happen

影響力のレッスン

――「イエス」と言われる人になる

INFLUENCE IS YOUR SUPERPOWER

The Science of Winning Hearts, Sparking Change, and Making Good Things Happen

by

Zoe Chance

Translated by
Kayoko Komatsu
First published 2023 in Japan by
Hayakawa Publishing, Inc.
This book is published in Japan by
arrangement with
Random House, a division of Penguin Random House LLC
through The English Agency (Japan) Ltd.

装画／市村　譲
装幀／小木曽杏子

すばらしいことを実現するための魔法を私に教えてくれたカレン・チャンスに。

目次

＊訳者による注は小さめの〔　〕内で示した。

第１章　相手が「イエス」と答えたくなる人物になる

いずれのときにか、ある佳き日《よ》に、あなたは誕生しました――影響力を携えて。じつを言えば、影響力はあなたが生き延びるための唯一の術《すべ》でした。身を守る鋭い歯も鉤爪《かぎづめ》もなし。走って逃げることも、変装して身を隠すことも不可能。知能もまだそれほど発達してはいなかったでしょう。けれども、あなたには自分の欲求を表現し、ほかの人たちに伝えて、面倒を見てもらえる能力が生まれつき備わっていました。そこで周りの人は何年ものあいだ、昼となく（眠れぬ）夜となく、あなたの世話をしてきたのです。

言葉を覚えると、あなたはより正確に自分の思いを表現できるようになり、影響力はさらに増しました。あなたは何がほしいのか、そして何を断固拒否するのかを周囲に言葉で伝えました。「イヤ！」と。そのうちに生活のなかには交渉の余地があることを学んで、寝る時間を遅くしろだの、テレビをもっと観たいだの、好きなおやつがほしいだのと要求しはじめます。モロッコの市場《スーク》の絨毯商人も顔負けのちいさな交渉人です。影響力を振るうのは、あなたにとって息をするのと同じぐらい自然なことでした。成長にともない、あなたは肉体的にも強くなっていきましたが、最大の武器はやはり、相手を説き伏せて自分の思いどおりに動かす力でした。

人を動かす力は私たち人類に備わった強みで、ＤＮＡを通して脈々と受け継がれてきました。私たちの種が集団を形成し、協力して働き、世界中に広がることができたのは、まさにこの能力のおかげです。これはデジタル化の進む世界でも、私たちの強みであり続けるでしょう。人間が主導権を握っているかぎりは。人を動かす力は、これまでにあなたが手にしてきた成功の源であり、現在抱いている望みを実現するための道です。そしてそれは、あなたが人生において分かちあう愛であり、亡き後に残していく遺産でもあるのです。

ですが、ものごとはそれほど単純ではありませんよね？　ここまでの話に異論のない人でも、成長するにつれて影響力はもっと複雑なものになっていったはずです。幼い頃、影響力の及ぶ範囲が広がる一方で、言うことを素直に聞いて、みんなと仲良くするようにとも教わったことでしょう。規範やルール、親や先生に従いなさい。威張ったり、わがままを言ったりしてはいけません。立派な人になれるように努力しましょう。順番を守る、揉めごとを起こさない、邪魔になるので場所をふさがない。ほかの人の肩をもつのはいいけれど、自分の意見をごり押しすると、思いあがっていると見なされます。こうなるともはや、それまで享受していた影響力をあたりまえのものとは思えなくなり、影響力に対して複雑な感情を抱きはじめるわけです。

もっと影響力のある人物になりたいかと訊かれたら、たいていの人は「イエス」と答えます。なにしろ、影響力には力がありますから。影響力をもてば、変化を生み出し、リソースを呼び込み、人々の心を動かすことができます。影響力には重力のような働きがあり、人を引き寄せて関係を構築します。それは幸せへの道、すなわち、意義深く、持続的で、周囲へも波及する豊かさへの道なのです。

ところが、影響力を発揮するための戦略や戦術について問われると、「人を操作する」、「卑劣」で「強引な」やりかただという答えが返ってきます[1]。たちの悪い強欲な輩《やから》がたちの悪い強欲な手練手管を用いて、中古車を売りつけたり、ソーシャルメディアでスポンサー企業の商品を売り込んだり、在庫が切れる前に急いで買わなければと思い込ませたりするせいで、影響力という概念全体が台無しにされてしまっているのです！　私の敬愛するロバート・チャルディーニやクリス・ヴォスのような影響力に関する権威たちでさえも、「敵に打ち勝つ」ために「影響力の武器」を用いるよう勧めています[2]。マーケター（私もそのひとりです）は顧客のことを標的《ターゲット》と呼びます。なんだか、やり手のナンパ師か詐欺師が口にしそうな呼び名です。一方、学術研究者たち（私はそのひとりでもあります）は実験の参加者を「被験者」と呼び、実験のことを「操作」と言います。商取引上の影響力に関して、人はもののように扱われているのです。

このような影響戦術は販売促進とマーケティングの分野では王道の手法なのかもしれませんが、日常生活ではたいていうまくいきません。上司や同僚や従業員、ましてや友人や家族には通用しないのです。相手と信頼関係を築いてそれを維持したいと望むのならば、自動車を売りつけるときの手口は使えません。仕事上の成功でさえも、結局のところ、推薦や口コミ、顧客ロイヤルティ、従業員の定着といったかたちの長期的な人間関係にかかっています。現時点のみならず将来にわたって、相手に喜んで「イエス」と言ってもらう必要があるからです。

相手が「イエス」と答えたくなる人間になれれば、大きな見返りが得られます。あなたにとってお金は最優先事項ではないかもしれませんが、何か事をなすときには助けになりますし、影響力を測る指標ともなりえます。人を動かす能力に拠《よ》って立つ職種の報酬が高いのは偶然ではありません。第一級のセールスパーソンは自社のCEOより多くの報酬を得ていますし、ロビイストは彼らが働きかける政治家よりも稼いでいます。影響力を高めることには、金銭以外にも具体的な利点があります。上手にコミュニケーションのとれる医師は、患者の病状経過のいかんを問わず、医療ミスで訴えられることが格段に少ないのです。[3] また、コミュニケーション術を学んだ企業幹部は、リーダーとしてより高い評価を受けています。[4]

勝ち負けを競う商取引上の影響力から、個人間で相互に及ぼしあう影響力（あなたは本書でこれから再発見していくことになります）にシフトした人は、損得では測れない果実を手に入れられます。たとえば、以前よりもよき友人、信頼できる助言者、家族思いの伴侶《はんりょ》や親になるといったことです。あれこれと思い煩うことなく夢を抱き、要求し、主張し、交渉し、意志を貫き通していた、あの幼少期の輝きを取り戻せるのです。すばらしいアイデアを分かちあったり、うまくいくかどうかはわからないけれど、とてつもない提案をしたりしたときに、相手の顔がパッと輝く。想像することさえためらわれたような取引を成立させて、握手を交わす。成功がもたらす安らぎと自由を享受する。聞く耳をもたなかった上司や従業員、子ども、親、パートナー、友だちが笑顔になり、「わかった、やってみよう」と言うのを聞いて、ホッと胸をなでおろす。こうしたことが現実となるのです。

あなたはすでに、たとえば顧客に対しては、影響力を発揮できると感じているかもしれません。しかし、特定の分野でなんのわだかまりもなく影響力を駆使する人も、それ以外の場面ではとまどうことが多いようです。仕事を通じて知り合った人のなかには、気後れして年頃の娘に部屋の片付けを命じられないＣＥＯが何人もいました。忙しく働くバーテンダーに合図を送るのをためらうウォール街のトレーダーもいれば、新進気鋭の政治家ながら「資金集めのための電話」がどうにも苦手で、政治の道を諦めざるをえなかった人たちもいました。また著名な活動家のなかには、他者の権利のためには投獄されることも厭《いと》わないのに、自分の弁明をしようとすると、喉が詰まって言葉が出ない人たちもいました。

優しい人ほど他人を操作したくないと考えるせいで、影響力を行使したがらないことに私は気づきました。さらに、賢明な人ほど影響力の働く仕組みを誤解しがちです。ですから、あなたが優しく賢明な人だとすれば、本来備わっている影響力を用いない傾向を二重にもっていることになります。しかし、視点を変えていくつかの新たなツールを実践すれば、そのような問題の一部は消え去るでしょう。

以下に、本書で取り上げる一〇の誤った思い込みを挙げます。

1　強引＝影響力がある

じつは、事実はこの正反対です。影響力をもつためには、みずからも影響を受け入れられなくてはなりません。また、気兼ねなく「ノー」と言える状況に相手を置いてやれば、「イエス」と言ってもらえる見込みは大きくなります。

2　事実をきちんと理解すれば、正しい決断をするだろう

人間の理性は私たちが考えているようには機能していないので、事実には思いのほか説得力がありません。決断がなされるほんとうの仕組みを掘り下げ、良い選択をするように相手の背中を押すためのより効果的な方法を学びましょう。

3　人は自分の価値観や意識的な決断に基づいて行動している

人は誰でも自分の価値観や意識的な決断に基づいて行動したいと思うものですが、私たちの意図と行動のあいだには、広大な深淵が横たわっています。相手の考えを変えられたからといって、その行動にまで影響を及ぼすことができるとは限りません（真の目的はこちらですが）。

4　影響力をもつとは、疑う相手を説き伏せ、反発する人を自分の意向に沿わせることを意味する

これは間違いです。あなたのすばらしいアイデアの成功は、熱意ある賛同者を得られるかどうかにかかっています。そうした仲間を見出し、励まし、やる気にさせるために力を尽くすほうが、反発に打ち勝つことに傾注するよりもはるかに効果的です。

5　交渉は戦いだ

あなたは交渉とは敵対的なものだと考えているかもしれませんが、多くの人はただカモにされないように心掛けているだけです。交渉担当者の経験が豊かなほど、交渉は協調的な取り組みとなる傾向にあります。そして、そのような交渉ほど実りも大きいのです。

6　要求が大きくなるほど、相手に嫌われる

相手にどう思われるかは、どれだけ要求するかよりもどのように要求するかに左右されます。そして交渉の進展が双方（あなたも含めて）にとって満足のいくものであれば、うまく決着する見込みが格段に高まります。

7　絶大な影響力を誇る人たちは、誰に何をさせることもできる

そんなふうに事は運びません。でもそれは、彼らにとってもあなたにとってもいいことです。

8　人を見る目があるので、いかがわしい人物は容易に見極められる

残念ながら、私たちは嘘を見抜くのが非常に苦手です。けれども、影響力を悪用して危害を加えようとする人たちから、あなたやあなたの大切な人を守るために、注意すべき危険信号をご紹介したいと思います。

9　自分のような者の話はどうせ聞いてもらえない

注目を集めるためには、もっと外向的になる必要がある。もっと年長もしくは若くなければ。もっと魅力的、もっと高学歴、もっと経験豊かでないと。ふさわしい人種、あるいはネイティブスピーカーでなくてはならない。そんなことを告げる声が、あなたには聞こえているのかもしれません。本書を読めば、ほかの人たちに耳を傾けてもらえる話しかたが身につくでしょう。そして、相手の話を引き出す聴きかたも。

10　自分は権力、資産、愛、あるいは、それが何であれ心密かに望んでいるものを得るに値しない人間だ

私はあなたが影響力をもつに値する人間だと説いて聞かせるつもりはありません。そもそも、影響力をもつに値する人間であるとはどういうことなのか、私にはわからないのですから。私に言えるのは、影響力はそれに値する人ではなく、それを理解して実践する人の手に渡るということだけです。そしてまもなく、あなたもそのひとりとなるでしょう。

自分にとって重要なことが得意でない――おまけに、それを学び、繰り返し練習し、懸命に取り組む必要がある――としたら、あまりありがたくは感じられないかもしれません。しかしスキルが向上してくると、自分がどのように上達したのかをはっきりと自覚できますし、そのプロセ

スを再現することも、それを人に教えることさえも可能になります。これは私の個人的な経験から言って、間違いありません。

私は幼少期から思春期にかけて、抗《あらが》いがたい魅力を武器に順風満帆な日々を過ごしてきたわけではありません。貧しく型破りな家庭に育ち、姉妹でひとつの寝室を分かちあい、母はソファで眠るような生活でした。母はアーティストで、私がこれまで出会ったなかでもっとも想像力に富んだ愉快な人物でした。アイスクリームを買うお金がない？　そんなときは、大いなるこの世界が私たちのために残しておいてくれた小銭を求めて、自転車専用道路を探し回りました。あるとき母が計画したサマーキャンプは傑作で、私たちは目隠しをしたまま森の奥へと連れていかれ、コンパスと地形図だけを頼りに自力で家まで帰りつかねばなりませんでした。子どもたちに心の休息が必要なときには、母は仕事をずる休みして、私たちと一緒にさまざまな作品を作ってくれました。食べ物でできた占いゲーム機に、金網を芯にして張り子で作った実物大の恐竜などなど。母は友人のパンクバンドが演奏するバーや、ウィジャボード〔西洋版こっくりさんとも言われる占いゲーム〕を楽しむ怪しげなパーティにも、私たちを連れていったものでした。

家庭ではワクワクドキドキの連続でしたが、学校では孤独でした。私が発言していても、周囲の子たちは私などいないかのように話し続けました。一貫して無視です。私の声の響きは地球の大気の環境音と同じ周波数で振動しているに違いないと、自分に言い聞かせるしかありませんでした。私にとって、友だちは自然にできるものではなかったのです。

影響力のある人間になるための私の旅路は、演劇から始まりました。舞台に立てば耳を傾けてもらえることに気づいた私は、全員がセリフのある役につける『アラジン』のオーディションを受けました。この作品で私が演じたのはトルコ帽を被ったひげ面の「靴屋3」で、セリフは「靴はいかが!」でした。舞台上で輝くことはできませんでしたが、それでも私は役者を続けました。多くの年月が流れ、俳優としての私のキャリアは、始まりと同じく、ぶざまに終わりを迎えました。それは名もなき空手映画の主役でしたが、あまりに退屈な作品に、観ていた両親が二人とも眠ってしまったほどでした。とはいえ、何年も重ねた演技の訓練や稽古からは、人間関係やカリスマ性について多くを学びました。

次に私は、演技で培ったスキルを営業の仕事に活用しました。営業職もまた、夢のような仕事ではありませんでした。私は見知らぬ家の扉をノックしては住人の食事を中断させ、《ゴルフ・ダイジェスト》誌の定期購読を勧誘して回りました。それでもこの仕事からは、人にものを頼むときにどうすればいいかを学び、断られても挫《くじ》けない心構えも身につきました。すなわち、相手の反発を封じようとするのではなく、そこに関心を寄せる道を覚えたのです。私は学部を卒業すると、南カリフォルニア大学でMBAを取得してマーケティング分野に進み、最初は医療機器、次いで玩具を手がけました。仕事を通して、契約をまとめるコツや市場調査のやりかたを習得していきました。さらには、子どもたちの心をつかむ秘訣《ひけつ》——子どものいる方ならおわかりでしょうが、これは相当に高いレベルの技術を要します——も見出しました。私は二億ドルもの規模を誇るバービー人形のブランドを取り仕切り、経費で旅をして、おおいに楽しんだものです。けれどもその一方で、フラストレーションを抱えてもいました。

顧客の心を動かすのが私の仕事でしたが、実際には就業時間の半分を、なんとか賢明な判断を下してもらえるよう社内の人間を説得することに費やしていました。新しい玩具の開発に何カ月もかけて取り組み、広範な分析調査を実施してその製品の市場投入を支持する結果が出ているのに、社長に渋い顔をされて、どうもうまくいかない気がするからやり直せと命じられ、すべてが水の泡となることも度々でした。大企業を率いるような人物が、こんなふうにその場の思いつきで決断するのはどうしてなのか？　また、直感的なそうした決断を覆そうとする私の試みが、いともたやすくはねつけられるのはどうしてなのか？　さっぱりわかりませんでした。

そこで私は、勉強オタクが何かを理解したいと思ったときに選択する行動にでました。つまり、博士課程に登録したのです。まずマサチューセッツ工科大学（ＭＩＴ）に入り、続いてハーバードへ移りました。私はそこで、この分野で抜群の創造性を発揮していた行動科学者たちと共同で研究を行ない、人々がほ﹅ん﹅と﹅う﹅はどのように決断しているのか、そして彼らの行動に影響を与えているのがほんとうは何なのかの解明に励みました。私の研究のなかには、より健康的な食事をとる、クレジットカードの債務を返済する、ボランティアをする、慈善事業に寄付をする、といった行動変容を人々に促すものがありました。また、人間心理の陰の側面にも注目し、人はなぜ互いに、そして自分自身に嘘をつくのかも調査しました。私の構築した行動経済学のフレームワークは、グーグル社の食事に関するガイドラインの基礎として活用され、全世界で働く何万人もの社員にいっそう健康的な選択をしてもらうために役立てられました。私が行動経済学に魅力を感じたのは、その根底に道徳哲学があるからです。具体的に言うと、行動経済学では行動変容の働きかけがなされますが、相手は人間らしい扱いを受け、本人の選択の自由が尊重されるのです。

私はその後イェール大学経営大学院の教員となり、ＭＢＡコースで教鞭《きょうべん》を執りました（これは現在も変わりません）。担当講座には、影響力に関する理論と実践の両面において、私のもてる知識のすべてをつぎ込みました。行動経済学、カリスマ性、交渉術、反発や拒絶への対応をはじめ、あらゆることを。講義にはこれらの能力を伸ばしたいという熱意にあふれた学生が大勢詰めかけ、初日から立ち見がでるほどでした。「影響力と説得力を身につける（Mastering Influence and Persuasion）」と題した私のクラスはほどなく、同校のビジネススクールでもっとも人気のある講座となり、学内のあらゆる学部から受講生を得ました。この一〇年ほどのあいだに、私は新たなアイデアを試したり、新しい科学的知見を見出したり、自身の成功と失敗について考察した教え子の論文が掲載された学術誌を読んで学んだり、世界各地のセミナーで教えた企業幹部たちとの議論によって気づかされたりという経験を重ね、それにともなって講座の内容も進化していきました。この講座をきっかけに、私は本書の執筆を思い立ったのです。

担当講座を通して長年のあいだに学生たちから学んだのは、このテーマに向きあった人は、大なり小なり、人生を変えるチャンスを得られるということです。たとえば、自分にとっても相手にとってもより良い条件で取引をまとめる、関係者全員に思いも寄らない利益や機会を生み出す、家庭や地域社会、ことによると全世界に意義深い変化をもたらす、といったぐあいです。影響力はあなた自身に備わった絶大な力《スーパーパワー》なのです。

本書では、影響力の全貌をつまびらかに説明するのではなく（そんなことは不可能でしょう）、意外な洞察やちょっとした変化、すぐに変えられる行動のように、簡単に実践できるのに桁外れのインパクトをもつ事柄に焦点を絞っていきたいと思います。とはいえ、いざやってみると、最初のうちは外国語を学びはじめたときのように、もどかしさを感じるかもしれません。当初は意識的な努力を積み重ねる必要がありますし、やすやすと事は運びません。

しかしそのうちに、新たな言語は習慣となり、あなたの潜在意識にしっかりと根づきます。人を動かすスキルが上がるにつれて、あなたは自分流の戦略を構築し、最終的には意識しなくても自在に活用できるようになるでしょう。この境地に達するためには、影響力にまつわる心理をきちんと理解する必要があります。そこで、社会心理学、行動経済学、法学、公衆衛生、マーケティング、神経科学といった分野の重要な研究をご紹介し、決断が実際にはどのようになされているのか、そして行動を左右している目に見えない力の正体は何なのかを明らかにしていきたいと思います。

私は本書のなかで、「魔法の問いかけ」や「気立てのよいブロントサウルス」といった、おかしな名前のツールを授けます。これらのツールにはすでに、職場改革のきっかけとなったり、性的搾取を目的とした人身取引から女性を救ったり、歴史の流れを変えたりした実績があります。私が伝えたいのは、ステージ上で「輝く《シャイン》」方法、気兼ねなく仕事の依頼や昇給について交渉する方法、そして影響力を悪用しようと企む嘘つきや腹黒い相手を手遅れになる前に見抜く方法です。また、人々の内に棲《す》まう癇癪《かんしゃく》持ちの二歳児の扱いについて手ほどきし、稀に見るビジネスリーダーや活動家や学生たち、それからサメにスカイダイバー、詐欺師たち、ジェニファー・ローレンス、チンギス・ハン、ゴリラの着ぐるみを着たメンタリスト、さらには世界を救った男もご紹介しましょう。その途上で、あなたは時間の歪み《タイムワープ》や五輪マーク形のドーナツ、目に見えないインク、民主化革命に出くわすことになります。

整数の章では、カリスマ性や反発や交渉のような影響力にまつわる大きなテーマについて、関連する戦略や科学的知見、逸話などを深く掘り下げていきます。一方、分数の章で取り上げるトピックは、各章ともひとつだけです。本書はどんな順番で読んでもかまいませんので、興味の赴くままに読み進めてください。また、すべての章に目を通す必要もありません。あなたの人生を変えるかもしれない小さなヒントを見つけていただければ十分です。

本書を読めば、影響力について多くの知識を得られるでしょう。しかし、本書の真の目的は、知識を血肉として見識を高め、それを活かすことにあります。知識が豊富な人とは、雑学クイズで勝利するような人物です。それに対し、見識の高い人は先入観をもたずに健全な疑問をもって話に耳を傾け、「このアイデアに基づいて自分はどんな改善ができるだろうか?」あるいは「このことを知っておくべき人はほかにいないだろうか?」と自問するのです。ぜひともこうした気概をもって、本書と向き合ってください。

影響力に対するこのアプローチは、あなたに生来備わっていた、説得のためのさまざまな能力との結びつきを立て直して強化し、まずはあなたにとって、そして誰にとっても人生をより良いものにすることを目指すという試みです。難解なロケット科学とは異なりますが、これもやはり科学です。同時に、愛の物語でもあるのです。

第1と1／2章　テムルを探して

影響力の行使を促す原動力は欲求です。ではここで、最初の質問。あなたは自分が何を望んでいるのか、わかっていますか？

モンゴル語の「テムル」という言葉は、創造性に富んだ情熱を意味し、「乗り手の意向などおかまいなしに、みずからの望むところへとひた走る駿馬《しゅんめ》の瞳に宿る眼差し」と詩的な比喩で表現されています。[1]「テムル」はテムジンという名前の由来ともなっています。テムジンとは、みなさんご存じのチンギス・ハンです。

テムジンことチンギス・ハンについて学校で習ったのは、彼が残虐な武将だったということぐらいです。彼の築いたモンゴル帝国が文明大国として、史上初めて宗教的寛容を実践したことや識字率の向上に努めたこと、あるいは世界初の国際郵便制度を確立したことなどは教わりませんでした。モンゴル帝国は世界史上、大英帝国に次ぐ二番目に大きな帝国だというのに、そのことにさえ触れられません。大英帝国は他国を征服し植民地化するまでに、数世紀を要しました。ところがテムジンはたった一代で、住む家もない子どもから一大帝国の支配者にのぼりつめたのです。その領土は、現在のイラン、パキスタン、アフガニスタン、キルギス、トルクメニスタン、ウズベキスタン、アゼルバイジャン、アルメニア、ジョージア、中国北部、ロシア南部を含む広大なものでした。テムジンと出会わずにすんでよかったとは思いますが、彼についてほかにどんな言い伝えがあるにせよ、テムジンは間違いなく「テムル」の持ち主でした。なにしろ、「テムル」は創造の原動力なのですから。

同じように、子どもたちは一般に溢れんばかりの「テムル」に恵まれています。娘のリプリーは七歳のとき、何でも手に入るとしたら何がほしいかと私が訊くと、すぐにこう答えました。

「なんでも銃がいい。ほしいものは、そこからなんでも出てくるの」

おもわず笑みが漏れました。「いいわね、それで何を出すつもり？」

「はじめに、なんでも治せる力。その次が永遠の命と、ほかの人たちも永遠に生きられるようにできる力でしょ。それから、魔法のお財布もほしいな。お財布を開けて〈二〇ドルほしい〉って言うと、パッと出てくるのよ。好きなだけね。それに、なくしても勝手にポケットに戻ってくるの」（娘はまだ自分の財布を持っていませんでしたが、私はよく財布をなくして、そこらじゅうを探し回っていました）。「それと、瞬間移動マシン。好きなところへ行けるのよ、『ハリー・ポッター』の本の中にも」

リプリーはなんでも銃を手に入れられませんでしたが、テムジンと同じように、やりたいことを見つけては、実現に向けて行動しました。たとえば、小学一年生のときには、クラスの友だちに声をかけてみんなで詩を書き、寄付を募るイベントでそれらを販売して、ワールド・ワイルドライフ・ファンデーションに売上金を寄付することができました。お礼にもらった深紅のコンゴウインコのぬいぐるみは、子どもたちに大人気でした。

私にはあなたが何を志しているのかはわかりません。けれども、あなたがひとたび目標を決めたら、本書はそこへ到達するための推進力となるでしょう。

私たちはときおり、自分がどこへ向かっているのか見失うことがあります。あなたは人生の岐路にさしかかっているのかもしれません。それとも、かつて情熱を傾けていた目標をすでに達成してしまったのでしょうか。やりたくもないことに忙殺されているのかもしれないし、選択肢が多すぎるのかもしれません。でも心配はいりません。道を外れずに、ちゃんと目標への途上にいますから。

そして、自分が何を望んでいるのかわかったら、次にこう問いかけます。それは確かですか？

博士課程の学生として行動科学の実験を始めた当時に私がもっとも驚いたのは、自分の仮説の大半が間違っていたことです。[2] これは私に限った話でなく、学友や指導教授など、誰の仮説についても同じでした。とくに独創的なアイデアに関して言えば、おそらく九割がたが誤りだったでしょう。影響力についての講義を行なう教師となった今でも、懸命に自分の目標を達成した人がそのときになって、心底望んでいたのはほんとうは別の事だったと気づくという場面をしばしば目にします。

つまり、人は実際に経験してみないかぎり、自分が何を望んでいるのか確かめることはできないのです。

自分が何を望んでいるのか見出す――そしてそれを確かめる――ためには、とにかく試してみるしかありません。そして経験するのです。自分の仮説をテストする。ほかの人の仮説をテストする。あなたの理想とする境地にある人を見つけ、その人の行動を目標にしてみてください。あるいは、まったく違ったことをするのも悪くないでしょう。自分がほんとうに望んでいることを探り、発見するよい機会として、この本を活用してください。

これというものが見つかれば、あなたは自然とそこへ向かって駆け出すことになるでしょう。胸いっぱいに燃え盛る「テムル」を抱いて。

第2章　影響力はあなたが思うようには機能していない

フロリダ州オーランドにあるゲーターランドは、「世界随一のアリゲーターの都」を自称するテーマパークです。そこでは赤ちゃんワニを抱いたり、ワニの格闘を見たり、映画『インディ・ジョーンズ　魔宮の伝説』の撮影が行なわれた、生きたワニの潜む沼の上をジップラインで滑空したりすることができます。それでももの足りないという方は、ピーター・ギャンブルのようなワニの専門家に制限エリア内に案内してもらい、岸辺のワニに柵越しではなく直接餌をやってみてはどうでしょう。かくいう私も挑戦しましたが、道すがら警告標識の脇を通るときに、ピーターは抜かりなくこう注意を促しました。「ここのワニたちは訓練されていますが、飼い慣らされているわけではありません」

ワニが仲間にとっても危険であることは、すぐにわかりました。餌やり体験の相棒のワニは、顎の一部が欠けていて、尾もかなりの部分がなくなっていました。ピーターから生肉の入ったバケツを受け取ったときには、巨大な猛獣が餌を奪い合うさまを想像して、私は不安と興奮でいっぱいになりました。

　血の滴る最初の塊を放り投げたところ、相棒の「食いつきゾーン」をわずかに外れました。「食いつきゾーン」とは、ワニの鼻先から尾までのあいだにある餌やりの適所です。相棒は動きません。ほかのワニも同じでした。二投目は上出来で、肉は相棒の口に向かって一直線に飛んでいきました。すると、相棒はすばやく身を翻して飛びつきました。あまりの速さに、私には何が起きたのかわからないほどでした。では、ほかのワニたちは？　ピクリともしません。私はその後も餌やりを続けました。少しでも狙いを外すと、生肉は落ちた場所に放っておかれ、やがて舞い降りてきた鳥にさらわれていきました。

　ワニは効率を最大化する方向に進化してきました。大きいものは体重が五〇〇キログラムにもなるというのに、わずか大さじ一杯分の脳を働かせるだけで事足りています。そのため、食料もあまり必要とせず、何も食べなくても三年も生きられるといいます。肉体も頭脳もエネルギーを極力節約しているのです。そのため、差し迫った脅威と絶好のチャンス以外はすべて無視します。危険と報酬へのこのような対応は、過去三七〇〇万年にわたってこの種族が生き延びることを可能にしてきた、本能的な基準に従ってなされます。ワニの小さな脳が判断すべき問いは単純です。危害を及ぼすか？　役に立つか？　たやすいか？　あとはすべて自然に体が反応します。この原始的な認知プロセスには、私たち人間の心理とも多くの共通点があります。誰にでも理屈に合わない行動をしてしまった経験はあるものです（ずるずると先延ばしにする、衝動買いをする、わけもなく夢中になる、病的なまでに執着するなど、例を挙げればきりがありません）。それなのに私たちは、自分はもっとも楽な道を探し求める本能的な存在ではなく、意識的な決断をする理性的な存在だと考えたがります。この章では、日常生活において意思決定がほんとうはどのようになされているのかについて、詳しく見ていきたいと思います。影響力はあなたが思うようには機能していません。というのも、人間は私たちが思っているような方法で考えていないからです。大半の行動に「思考」がほとんど反映されていないことを理解すれば、ほかの人を動かしたいときのアプローチに、単純ながら劇的な効果を生む変更を加えることができるようになるでしょう。

そのようなことをするのはなぜなのか？

人間の意思決定プロセスを理解するには、行動経済学の知見が役立ちます。とはいえ、ビジネスの世界に身を置く人々が行動経済学を定義するのは難しいでしょうし、研究者でさえ、それが何を意味するのかについて見解の一致をみないこともあります。そこで、単純化しすぎているとのそしりを受けるかもしれませんが、少しでも役に立てるよう、私なりの説明をしてみたいと思います。

心理学が注目するのはおもに心理過程で、そこから生じる行動には付随的な興味しかもちません。これに対して、経済学の関心はもっぱら社会的な行動（商取引、労働、消費、協力、結婚、暴力など）にあり、その背後にある心理過程にはほとんど目もくれず、合理的な利己主義でほぼすべてを説明できるという前提に立っています。このような相容《あいい》れない両者のあいだに生まれた子どもが行動経済学です。つまり行動経済学は、社会的な行動を生む心理過程を研究する学問なのです。とはいえ、合理的な利己主義を無意味だと退けるわけではありません。ただ、それは私たちが思うほど重要ではないというだけです。自分にとって最善の選択だと信じて始めたことでも、初志貫徹できない場合もあるでしょう。その一方で、見返りがないとわかっていても、見知らぬ人に手を貸すこともあります。あなたの選択は、その時々の気分や選択肢、もっと言えば天気にさえ左右されるのです。行動経済学者は、そのようなあらゆる要因に関心をもちます。

行動経済学がもたらした大きな成果のひとつが、いまではすっかり有名になった認知の二重過程理論で、**システム1**および**システム2**というなんとも味気ない名称の二つのプロセスで構成されています。この理論を説明するにあたっては、すでにその概略についてご存じの方にとっても、じっくり考えてみる価値のある新鮮な視点を提供できるよう、影響力を行使する者にとってこのシステムが何を意味するのか、という観点に絞って進めていきます。

意思決定の大半は習慣的なもので、比較的容易です。これがシステム1です。システム1はたいてい、ワニのように気づかれることなく意識下に潜んで、脅威やチャンスがないかと周囲を窺《うかが》っています。本能と習慣を原動力に、即座に行動を起こせるよう、つねに備えているのです。近づく、避ける、争う、嚙みつく、注意を向ける、助ける、といった行動がこれに当たりますが、もっとも多いのは（食いつきゾーンを外れた生肉への対応のように）「無視する」でしょう。システム1は意識されないまま自動的に働きます。

これに対してシステム2は、意識的かつ合理的なプロセスです。たとえて言うなら、一件いっけんの訴訟に丁寧に向き合い、当事者の言い分に耳を傾け、証拠を慎重に吟味する裁判官のようなものです。私たちが自分自身を合理的だと考えるのは、人間がその働きをもっとも強く自覚できるメカニズムがこのシステム2だからなのです。このシステムが機能するには集中が必要なので、限られた認知資源〔集中・注意・思考などに使う脳のエネルギーのようなものを指す心理学上の概念〕の浪費を防ぐため、システム2の使用は可能なかぎり回避されます。きわめて困難で重大な場合の切り札として取っておくエキスパートなのです。哲学者のアルフレッド・N・ホワイトヘッドも一九一一年にこう記しています。「〔意識的な〕思考を働かせるというのは、会戦で騎兵を突撃させるようなものである――騎兵の数はごく限られており、元気な馬も要する。したがって、決定的な場面でのみ投入すべきである」[1]

ノーベル賞を受賞したダニエル・カーネマンはその著書『ファスト&スロー――あなたの意思はどのように決まるか？』[2]のなかで、「ファスト〔速い思考〕」をシステム1、「スロー〔遅い思考〕」をシステム2と呼びました。とはいえ、二重過程理論はシステム1／システム2だけではありません。思考と感情、理性と本能、左脳と右脳といった理論をあなたも耳にしたことがあるでしょう。これらはすべて関連しています。じつは、「システム1」「システム2」という総称的な名称をカーネマンが用いた理由は、この理論に他のあらゆる二重過程理論を取り込み、すべてに共通する事項を強調することにあったのです。ですが、私は「システム1」「システム2」という表現は少し曖昧に感じるので、今後はそれぞれを**ワニ**と**裁判官**と呼び、「ワニ」と同じ意味で「ワニ脳」という用語も使いたいと思います。影響力という観点から言えば、この二重過程理論は二つのプロセスがどのように機能し、相互作用しているのかに注目している点において非常に参考になります。

ワニは注意をほぼ必要としない、すばやい認知プロセス全般を担当しています。これには情動、瞬時の判断、パターン認識をはじめ、読書のように繰り返しを通じて楽に、あるいは習慣的に行なえるようになったあらゆる行動が含まれます。ニンニクを刻む、職場から家まで車を運転する、物音に驚く、友人に笑いかける、誤字に気づく、3×5を計算する、着信音に反応して携帯電話をつかむ、ごく自然にハグで挨拶を交わす、お気に入りの曲に合わせて口ずさむ、そんなときあなたはワニモードにあります。

これに対して裁判官は、集中や努力を要する認知プロセス全般を担当します。これには計画を立てる、難しい計算をする、戦略を練る、解釈する、ミスを防ぐ、複雑な指示に従う、慣れないことをするといった内容が含まれます。会合を主催する、政治について議論する、保険プランを比較する、雨の日にラッシュアワーで渋滞した道を運転する、浴室の床に必要なタイルの枚数を算出する、そんなときあなたは裁判官モードにあります。裁判官モードでは、複数の作業を同時にこなすことはできません。

熟慮に値しない場合やそれが不可能なときには、決断は感情や習慣、好み、本能的直感、あるいは意思決定を簡略化するさまざまな精神的プロセス（思考のショートカット）のようなワニの領分に委《ゆだ》ねられます。一方、重大な決断をする必要があり、じっくりと考える余裕がある場合には、ワニと裁判官の両方からのフィードバックを勘案します。直感を参考にしながら、選択肢を慎重に検討するわけです。

GREY	BLACK	WHITE	WHITE	BLACK
GREY	BLACK	GREY	BLACK	WHITE
BLACK	GREY	BLACK	BLACK	GREY
WHITE	WHITE	GREY	WHITE	GREY
GREY	BLACK	WHITE	WHITE	BLACK

同じ行動でも、人によってワニの領分に入ることもあれば、裁判官の手に委ねられることもあります。スキーの達人ならば、危険な上級者コースでもたいして意識的な努力をせずに崖や木々をよけて、陽光と爽快感を楽しみながら流れるように滑り下りていけるでしょう。つまり、ワニの担当です。しかし、初心者は緩やかなゲレンデでも全神経を集中して、スキー板をハの字に保ち、身体を進行方向に向けていなくてはならないでしょう。これは裁判官の領分です。

以上の仕組みをより深く理解するには、ワニと裁判官を自身で実際に体験してみるといいでしょう。必要なのは、数分の時間と携帯電話のストップウォッチだけです。

では始めます。上の枠内に記された単語を声に出して読み、その時間を測ります。できるだけ速く、かつ正確に読んでください。単語を読み上げることだけに集中して、色は無視します。ストップウォッチの準備はいいですか？

スタート。

けっこうです。それでは、かかった時間を記録してください。もう一度いきます。ただし今度は、単語を読み上げるのではなく、印刷された各単語の文字の色を言ってください。単語ではなく、色です。ではもう一度ストップウォッチを準備して、できるだけ早く、かつ正確にお願いします。

すばらしい。

二回目を終えて、どんなことに気づきましたか？　二つめの課題のほうが、時間がかかりませんでしたか？　頭が混乱して遅れたと感じたのではありませんか？　ほとんどの人は、色の名前を言い終えるのに、単語を読み上げるときのおよそ二倍の時間がかかります。課題の難易度自体はそれほど変わらないのに、です。単語を読み上げたあとに、ギアを入れ替えて色に注目するのが難しいからだと思うかもしれません。それも間違いではありませんが、それだけではないのです。

読むという経験をあなたが積み重ねてきた結果、この機能は今ではワニに委ねられています。つまり読み上げにかけては、あなたは長きにわたって熟達してきたエキスパートなのです。そのため、オリンピック選手にとってのスキーと同じように、読み上げは自動的にできる行為となりました。その一方、色の識別も単純な課題ですが、日常的には行ないません。しかも今回は、単語が意味する色と文字の色が異なっています。そこでこの課題には、裁判官の集中力が要求されます。ところが、ワニは情報のインプットをやめようとしません。それがワニの性質なのです。そのうえ、ワニはすばやいのでつねに先に反応します。単語の意味を無視して色を識別するには、裁判官がワニのインプットを覆さなくてはなりません。そのために努力と時間が必要なのです。

一九三〇年代に認知科学者のジョン・リドリー・ストループは、認知システムどうしが衝突するこの現象を調査し、「赤」という単語を読むほうが、文字の色を識別するよりも早いことに気づきました。[3] あなたがさきほど終えた課題は、彼の名にちなんで**ストループ・テスト**と呼ばれています。二度目の挑戦のとき、終盤に向かうにつれて、色の識別速度が上がっていることに気づきましたか？ ストループ・テストを何度か繰り返せば、あなたはほどなく色の名前を挙げるエキスパートになって、[4] 判断の遅れを感じなくなるでしょう。つまり、ワニがこの仕事を引き継ぐわけです。

以上のストループ・テストの結果から言えるのは、ワニ（システム1）が先に反応するということです。これはつねに変わりません。一方、裁判官（システム2）は遅れて判断を修正する役割を担います。ですが、これはつねにではなく、課題が相当に重要で難しく、なおかつ認知資源に余裕があるときに限られます。ワニは裁判官から情報のインプットがなくても決断できますが、裁判官はワニからのインプットがなければ決断できません。この非対称性は影響力を行使するためのキーポイントのひとつとなります。

あらゆる誤解の源

ワニの活動は大半が意識的に気づかれることなく行なわれるので、私たちは理性がすべてを掌握していると思い込みがちです。合理的に考える能力は、私たち人間を地球上のほかのあらゆる種から区別する大きな違いのひとつですが、私たちにはそのことを重視しすぎるきらいがあります。そのため、自分の行動であれ、ほかの人の行動であれ、誰かの行動を変えたければ、説得力のある論拠を示す必要があると考えます。理屈で説き伏せられれば、行動の変化はおのずと伴うだろうというわけです。これは言わずもがなのように思われますが、まったく的外れです。こう考えたくなる気持ちはよくわかりますが、完全に間違っています。

私たちの決断と行動のうちワニだけが担っているものの割合は、じつに九五パーセントに上ると推計した研究者もいます。具体的な数値を示すのは難しいですが、私たちの決断や行動の大部分を推し進めているのがワニであることはわかります。あなたが絶えずいかに多くの決断をしているか——身体をどう動かすか、次に何を食べるか、誘惑にどう抗うか（あるいは乗ってしまうか）、どんな言葉を使うか、など——を思えば、一つひとつ意識的にじっくり検討しているとはとても考えられません。とはいえ、周囲の人や状況への対処法の決定に、ワニがこれほど大きな役割を担っているとは、すんなり認められるものではありません。

社会心理学者のジョン・バージとターニャ・チャートランドは次のように書いています。「自由意志によりみずから決定していると信じたいという当然の感情に照らせば、日常生活の大半を無意識の自動的な精神作用が担っているとの見解を受け入れるのは容易でないかもしれない——だが、そのような仕事に意識的なコントロールが及んでいることは……ありえないように思われる。シャーロック・ホームズが好んでワトスン博士に言ったとおり、ありえないことをすべて除外していけば、最後に残ったものが——いかにありそうになくとも——真実に違いないのだ[5]」

私がワニの優位について説明すると、強い反発にあうことも珍しくありません。「たしかに、ふつうの人はワニに惑わされてしまうのかもしれない。ですが、裁判官に従う者もいるのでは？」あるいは「しかし、私はめっぽう数字に強いんでね」といったぐあいです。あなたは自分を説得しようとする相手には、論理とデータに基づいた根拠を示してほしいと思うかもしれません。また、大きな決断をする際には、スプレッドシートや電卓を活用するのかもしれません。私も同じです。とはいえ、それは私たちがワニの影響を受けていないということではありません。ただ、ワニにあまり影響されたくないと思っていることを意味しているにすぎないのです。これは知性の問題ではありません。医者も法律家も大学教授も、ほかの人々と同じようにこのバイアスを免れません――そして、現職の裁判官も。

イスラエルの法廷における仮釈放の決定について調査したシャイ・ダンジガー、ジョナサン・レヴァヴ、リオーラ・アヴナイム＝ペッソは、ある奇妙なパターンに気づきました。[6] 一日に三回開かれる審問の開始直後に出廷した受刑者は、六五パーセントの確率で仮釈放が認められました。しかし、その日の一回目の審問が終わる頃には、仮釈放の見込みはほぼゼロにまで下がります。ところが、休憩をはさむと、その確率はふたたび六五パーセントまで急上昇するのです。裁判官には審査順の決定権はありません。審査は受刑者の弁護士が到着した順番に行なわれるからです。犯罪の軽重、受刑者の服役期間や前科の有無などでは、このパターンを説明できませんでした。また、受刑者の国籍や性別とも無関係でした。

研究者たちは最終的に、裁判官は疲れてくるにつれて、より単純なデフォルトの選択肢に傾くと結論しました。審問が始まったばかりのときには、気分もすっきりしていて、裁判官は個別の案件の詳細に集中できたので、もてるかぎりの意識的な注意を払って、証拠を慎重に検討していました。これこそが裁判官のあるべき姿でしょう。しかし、時間とともに決断疲れと空腹で頭が鈍ってくると、ショートカットと本能に頼るワニが割り込んできて、この停滞した状況に対処しはじめるのです。

受刑者に対して私たちが直感的に抱く印象とは？　彼らは危険な存在だ、だから塀の中に閉じ込められているのだ、といったところでしょう。ワニが主導権を引き継いだとたん、この直感的な反応によってデフォルトの選択肢が決まりました。仮釈放は棄却。仮釈放は棄却。仮釈放は棄却。これまでに山と積んだレポートを採点したり、大量の履歴書に目を通したりした経験のある人ならば、それがいかに大変な仕事か、そして、仕事が終盤に入っても、開始直後と同じように公平公正を維持することがいかに難しいか、おわかりだと思います。

私たちは自分を合理的な存在だと考えていますが、実際に主導権を握っているのはワニなのです。そして、これこそがあらゆる誤解の源です。ワニはいつだって先に現れ、裁判官が疲れたときには、デフォルトともなります。ワニの影響力はみなさんが思うよりはるかに大きいのです。

ワニの「シン・スライス」

瞬時の情動反応――直感的な反応――は、私たちの判断を大きく揺るがします。これはとくに、他人を評価するときに顕著です。この効果に関する大規模な調査の先陣を切ったのが、社会心理学者の故ナリーニ・アンバディと同僚のロバート・ローゼンタールでした。二人は、私たちがごくわずかな経験（ときに、一秒にも満たないほんの一瞬の経験）から個人的な印象を形成することを明らかにして、それを経験の「薄切り《シン・スライス》」と名付けました。

シン・スライスに関するこの研究でまず目を引くのが、ワニが瞬間的に抱いた印象が、社会的な評価やその評価から生じる有意な結果を高い精度で予測できるという点です。大学生にある教授の授業のようすを撮影した無音の映像を六秒間見せたあと、その映像をもとに教授の能力を評価してもらう実験では、彼らの回答は学年末に教授が実際に受けた評価にかなり近いものでした。[7]また、映像のない二〇秒の音声記録を三本聞いただけで、リージョナル・セールスマネジャーのサンプルのなかでもっとも高い評価を得ているのが誰なのかを、学部生たちは言い当てられました。[8]アンバディはさらに、患者と話す外科医の声を記録した、よく聞き取れないほど不明瞭な一〇秒間の音声を参加者に聞かせました。するとと彼らは、外科医の声だけを頼りに、医療ミスで訴えられた人物を的中させました。[9]シン・スライスがボディ・ランゲージであれ、声のトーンであれ、表情であれ、それらはどれも貴重な情報を伝えて、驚くほど正確な予測を生んだのです。[10]

神経科学者アレクサンダー・トドロフは、情報の提示時間をさらに薄くスライスしました。トドロフは実験の参加者に、二人一組にした見知らぬ人の顔写真を一秒間だけ見せて、能力が高いと思うほうを選ぶよう求めました。参加者には知らせていませんでしたが、提示したのはアメリカ連邦議会選挙の候補者の顔でした。そして参加者の瞬時の判断は、選挙戦の勝者を七〇パーセントという驚異的な確率で言い当てたのでした。[11]現職かどうかや所属政党との関連？　いえ、見られませんでした。

この研究は影響力にとって重大な意味合いをもっています。ひとつにはこの研究が、他者を知覚したり判断したりするときに、ワニがきわめて重要な役割を担っていることを明確に示しているだけでなく、ある程度それを正当化していると言えるからです。ワニは瞬時に判断を下し、一度決めた判断を翻そうとはしません。[12]じっくりと考える時間を与えても、シン・スライスに基づく社会的な予測の正確性が向上しないことは、多くの研究によって示されています。いくつかの研究では、参加者に与える時間を長くすると、予測の正確性がかえって低下するという結果が出ています。[13]

誰に投票するか、訴訟を起こすかどうか、といった重要な決断を、私たちはほぼ直感的な反応に基づいて行なっています（自分ではそうは思っていませんが）。したがって、他人の行動を理解し、予測し、それに影響を及ぼすためには、まず相手のワニが下す瞬時の判断に働きかけなくてはなりません。どんなときも。

選択的注意とバイアスのかかった推理

「ワニ」と「裁判官」は理論構成上用いる概念で、解剖学的な部位ではありませんが、科学好きの方なら、それらとあなたの予想どおりの脳領域とのあいだに緩やかな相関関係があると聞けば、興味をそそられることでしょう。ワニはどちらかと言うと原始脳の領域との関係が深く、運動の協調をつかさどる小脳や情動の処理を担う辺縁系《へんえんけい》などが該当します。これに対して裁判官は、論理的思考の行なわれる大脳新皮質との結びつきが強いです。さらに興味深いことに、神経解剖学の分野において、ワニの領域が裁判官の領域に与える影響のほうが、その反対よりも大きいことが確認されています。つまり、辺縁系から新皮質へ情報を送る神経線維の数が、反対方向に情報を送るものよりもはるかに多いというのです。[14] 解剖学的にも、ワニの優位が裏付けられたわけです。

考えたこともないかもしれませんが、意識的な努力で直感的な反応を変えられないことは、あなたも経験からおわかりでしょう。ワニは要望には応じません。あなたは恋に落ちたり、アイスクリームを嫌ったり、パースニップ（激マズ！）を存分に味わったりするように自分自身を説き伏せることはできません。直感的な反応を覆すのは不可能ではありませんが、相当に困難です。嫌悪感を研究するポール・ロジンが大人に犬の糞の形をしたチョコレートを食べるよう求める実験をしたところ、食べられなかった人は四〇パーセントにも上りました（一方、幼児には大人と違ってワニの葛藤はありませんので、彼らはウンチの形をしていても喜んで食べました）。[15]

こうした不均衡な相互作用には、裁判官が意識的に気づく情報を選別するフィルターの役割を、ワニが担っているという重要な側面があります。つまり、ワニは裁判官が疲れたときに仕事を引き継ぐだけでなく、そもそも裁判官が扱う事件と証拠を決定しているのです。たとえワニの独壇場ではなく、影響力の水路がワニから裁判官へと流れている状況であっても、裁判官に届く証拠はすでにワニのフィルターを二枚くぐり抜けてきたものなのです――**注意**と**動機**というフィルターを。

選択的注意

詳細な視覚情報の処理には大変な労力がかかります。神経科学者のスティーヴン・マクニックとスサナ・マルティネス＝コンデは著書にこう記しています。「人間の目が細部まで識別できるのは、視線の中心部に位置するカギ穴サイズの円内、すなわち、網膜に映る像の〇・一パーセントにすぎない。周辺視野の大部分はあきれるほど質が悪い」[16] それなのにどうして、視界に入る世界の大半は焦点が合っているように見えるのでしょうか？　それは、ワニが欠けている部分を推測して、そこに存在するはずの像で空白を埋めているからです。ワニは何事も同じやり方で推測しているので、日常のありふれた反応は直感や本能、習慣に頼ることになります。認知資源を節約するため、裁判官による知覚は予期せぬ事態に備えてとっておくのです。予期せぬ脅威（背後で聞こえるパトカーのサイレン）、予期せぬチャンス（すてきな誰かとの出会い）、さらには、予期せぬなじみのもの（スバルのレガシィ アウトバックを購入したとたんに、あちこちで見かけるようになる）のために。

ワニは私たちが情報を収集する方法に影響を及ぼして、情報をふるい分けています。なかでもとくに重要なふるい分けが、**確証バイアス**です。私たちは無意識に自分の信じていることや信じたいこと、あるいは予期していることを裏付ける情報を探しています。インターネット検索には、私たちが実社会で情報を集めるときの様式がそっくりそのまま反映されています。「ホメオパシーの治療薬《レメディ》は頭痛に効くか？」と書き込めば、検索結果の最初のページには、効果を期待できそうな情報が並ぶでしょう。カイザー・パーマネンテ（アメリカの代表的な医療保険機関）やインドの英字日刊紙《ザ・タイムズ・オブ・インディア》のものを含む一〇の記事が、レメディは実際に頭痛軽減に役立つという私の暗黙の仮説を裏付けてくれます。すばらしい。その一方で、「ホメオパシーはプラセボ効果にすぎないのか?」と書き込めば、検索結果の最初のページに並ぶ一〇の記事は、国立衛生研究所(NIH)や同じくインドの日刊紙《ヒンドゥスタン・タイムズ》のものを含め、今度は真逆の仮説、すなわちホメオパシーはプラセボ効果にすぎないという私の仮説もまた正しいと裏付けてくれるのです。

私たちには、自分が正しいことを裏付ける情報を探し出そうとするだけでなく、自分の間違いを証明しかねない情報や、気に入らない情報を避けようとする傾向もあります。マフィンの袋に貼られた栄養成分表示に気づいても、カロリーを確かめる前に目を逸らす。あるいは、家系に代々伝わる遺伝病の検査を受けるべきだと心の奥底ではわかっているのに、長いあいだ先延ばしにしている、といったように。

意思決定の研究が専門のクリスティン・エーリックとジュリー・アーウィンは、「意図的な無知」に関する一連の興味深い実験で、二つの参加者グループに同じ製品群を提示し、それらについて異なる説明をしました。参加者の半数には、児童労働や持続可能な原材料調達といった倫理面について、個々の製品の特性を伝えました。そしてもう一方のグループには、倫理にまつわる情報を要求できるオプションを与えました。つまり、参加者は情報を知るかどうかを選択できるわけです。実験の結果、倫理的な問題に関する情報を与えられた参加者は、それらを重視して、購入を決めるにあたり考慮しました——これは予想どおりでしょう。ところが、もう一方のグループの参加者には、倫理的な問題を気にかけるあまり、知ってしまえば道徳的に斟酌《しんしゃく》せざるをえなくなる情報を求めようとしない傾向が見られました。[17] 倫理的な情報をもっとも知りたがらなかった参加者がどんな人たちだったかわかりますか？　それは、その製品をいたく気に入った人たちでした。熱帯雨林から切り出されたかもしれない木材を使った見事な机のような製品です。倫理に背いていることを知らなければ、責任を問われることはありません。自分自身に対してさえも。裁判官は、私たちがやりたいことをやり、信じたいことを信じるために役立つ情報だけを選び出しているのです。そして、それらの願望はワニが生み出しています。

　このような情報の取捨選択が高じると、自分自身まで完全に欺《あざむ》くことがあります。口実とチャンスを与えれば人は可能なかぎり自分を欺くことを、私は同僚とともに発見しました。[18] 細かな違いはありますが、私たちの研究の基本的な枠組みは以下のようなものでした。実験の参加者グループを研究室に招き、ＩＱテストか雑学クイズのような問題に取り組ませて、本人に採点してもらいます。参加者の半数は、テスト中に解答を見ることができます。解答を見られる人たちが好成績を収めたことは、驚くには当たりません。多くが不正を働いたのですから。しかし、驚くべきは次に起きたことです。

　続いて全員が二度目のテストに移ります。問題の難易度は同じぐらいで、参加者には自分の得点を予想させます。不正をした人たちは、今回は解答がないことに気づいていて、一度目と同程度の難しさであることは誰もが承知しています。不正をした参加者は、今回は前回ほどの好成績がとれないだろうと気づくべきですが、最初のテストで高得点をとれたのは解答を見たからだと信じたくありません。彼らは好成績を収めたことで自分は頭がいいと感じていますし、このちょっとした自己欺瞞《ぎまん》はことのほか強力なので、高得点をとれるほうに進んで金銭を賭けます。二度目のテスト結果が（当然のことながら）予想以上にふるわず、賭けに負けて現実を突きつけられれば、参加者も目を覚ますだろうとあなたは考えるでしょう。ところが、そうはいきません。実力で高得点をとったという自己欺瞞を克服するには、三回連続で現実を突きつけられる——つまり、不正のできないテストを三回続けて受ける——必要のあることが判明しました。では、もしまた不正を許したら？　すぐにもとの思いあがった妄想に戻ってしまいます。自己欺瞞は陥りやすく、自力で抜け出すのが難しい罠なのです。

バイアスのかかった推理

前述のとおり、私たちの意識的な気づき（つまり、裁判官）へ送られてくる情報には、すでにバイアスがかかっています。じつは、裁判官の情報処理にもバイアスがかかることがわかっています。というのも、**推理**（reasoning）**そのものが影響を免れないプロセスのひとつ**だからです〔心理学における推理とは、既知の判断（前提）から新しい判断（結論）を導こうとする思考の働き、またはその過程〕。ここで問題になるのは、人間の内面で起きるプロセスです。

次の養育権決定の問題について考えてみてください。これは、公共政策の専門家であるエルダー・シャフィールの行なった研究です。ご自身で試してみたい場合には、誰かと二人でやってみてください。それぞれが判事役を務め、ひとりが両親のどちらに子どもの単独養育権を与える、べ

親A	親B
平均的な収入	平均以上の収入
平均的な健康状態	ささいな健康問題あり
平均的な勤務時間	仕事関連の出張が多い
子どもとまずまずの関係	子どもと非常に親密な関係
比較的落ち着いた人付き合い	きわめて活発な人付き合い

きかを決めます。そして、もうひとりはどちらに養育権を与えるべきでないかを決めます。両親についてわかっているのは、上の表に記されたことだけです。話し合いを始める前に、まずはそれぞれ決定を下してください。

ほとんどの人は養育権を親Bに与えます。そして、ほとんどの人が養育権を与えるべきでないと考えるのは……これもまた親Bなのです。[19]なぜでしょうか？　それは、際立ってよい条件を選ぶ、もしくは、際立って悪い条件を退けるという単純な方法によって、私たちに安全策を取らせようとワニが働きかけるからです。そのため、どちらの親を選ぶかという観点から情報が処理される場合、あなたはもっともよい条件を探して、親Bの子どもとの関係に注目することになります。一方、どちらの親を退けるかという観点に立ったときには、もっとも悪い条件を探して、親Bの仕事関連の出張が多いという点に注目するわけです。

「選ぶ」のか「退ける」のかによって判断に違いの生じるこのバイアスは、人材採用のプロセスでも重要な役割を担っています。求職者の履歴書を審査しているとき、あなたは無意識のうちに却下したいと望んでいます。なぜなら、検討を続けるにはさらなる時間と労力がかかるからです。ところが、候補者の面接をしているときには、無意識にその人を選びたいと考えます。適切な人材が見つかれば、仕事は完了するからです。このように、ワニの意向は裁判官が情報をどのように処理するかに影響します。こうした認知のバイアスは、人種差別や性差別、同性愛者に対する嫌悪のような社会的なバイアスとよく似ています。よくないとわかっていても、意志の力だけでは消し去ることができないのです。バイアスによって間違った行動に誘導されないように予防線を張っておくことは可能でしょうが……そうなることがあらかじめわかっている場合に限ります。そして、たいていは予期などできません。

バイアスのかかった推理は、裁判官がワニの本能的な直感を合理化〔道徳的な非難を受けかねない行為や態度を正当化すること。自我の防衛機制の一種〕しはじめると始動します――しかも、裁判官はこの合理化がとても得意なのです。仮釈放の審問で、疲れた空腹の判事はおそらく、受刑者の顔など見もせずにこう言うでしょう。「彼を収監しておきなさい。この男からはいやな印象を受けた」判事は証言に耳を傾けるものの、この服役囚は今なお社会に対する脅威だという直感を裏付ける理由（reason）を選び出します。罪状は何だったのか？　暴力を振るった前歴はあるか？　犯罪の責任に向きあおうとしていないのではないか？　受刑者が収監されたそもそもの理由が、どれも再度ここで問題とされうるのです。ワニが裁判官に及ぼす引力は非常に強いので、抗うには大きなエネルギーが必要です。

ワニが裁判官に及ぼすこの影響力を実感するために、野生動物保護に関する以下の質問に取り

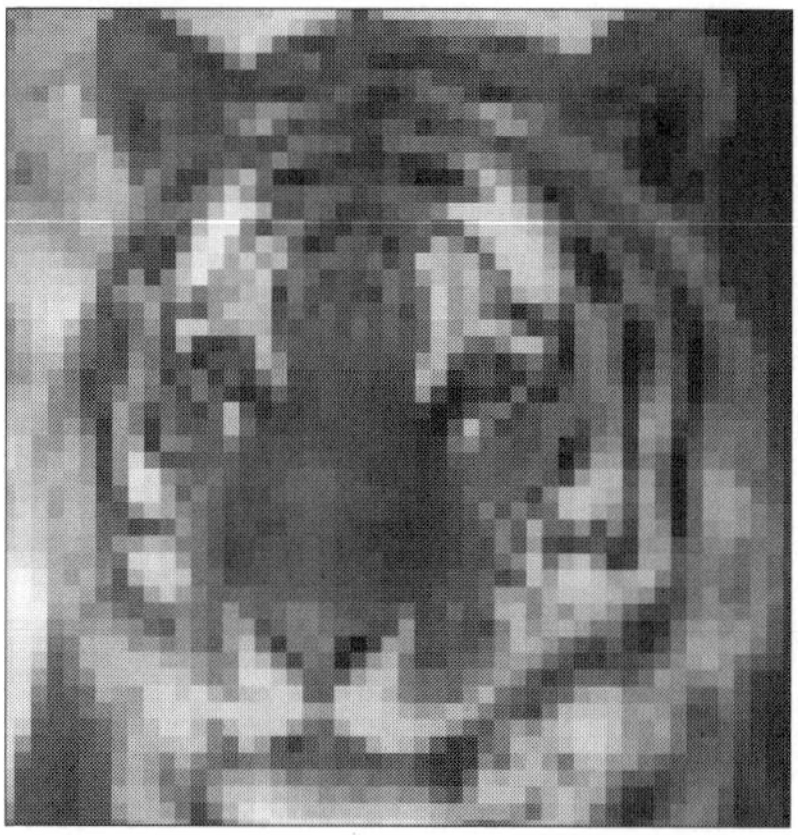

組んでみてください。どれほど重要か、どのような対策をすべきか、個人的にできることがあるとしたら、それはどんなことか、といった事柄を判断するプロセスは、まさしく裁判官の領分です。とはいえ、裁判官のあらゆるプロセスと同様に、これもやはりワニの影響を免れません——あなたの経験も好みも、提示された情報に対する反応も。あなたが何を考えるか（意識的かどうかは問いません）、そして何をするかには、ワニと裁判官の両方が関与しますが、あなたがどう感じるかは、ワニだけに委ねられています。

ここに示したベンガルトラの写真を見てください。写真の画素数は現存するベンガルトラの頭数と同じで[20]、その総数はおよそ二五〇〇です。

多くの人は、この写真からトラの現存数とその悲劇的な現状が強く感じられると証言します（この写真がカラーだったら、その感覚はいっそう強まるでしょう）。あなたにとってベンガルトラがなじみ深い存在で、幼い頃にゾウやキリン、シマウマなどとともに名前を覚えたカ

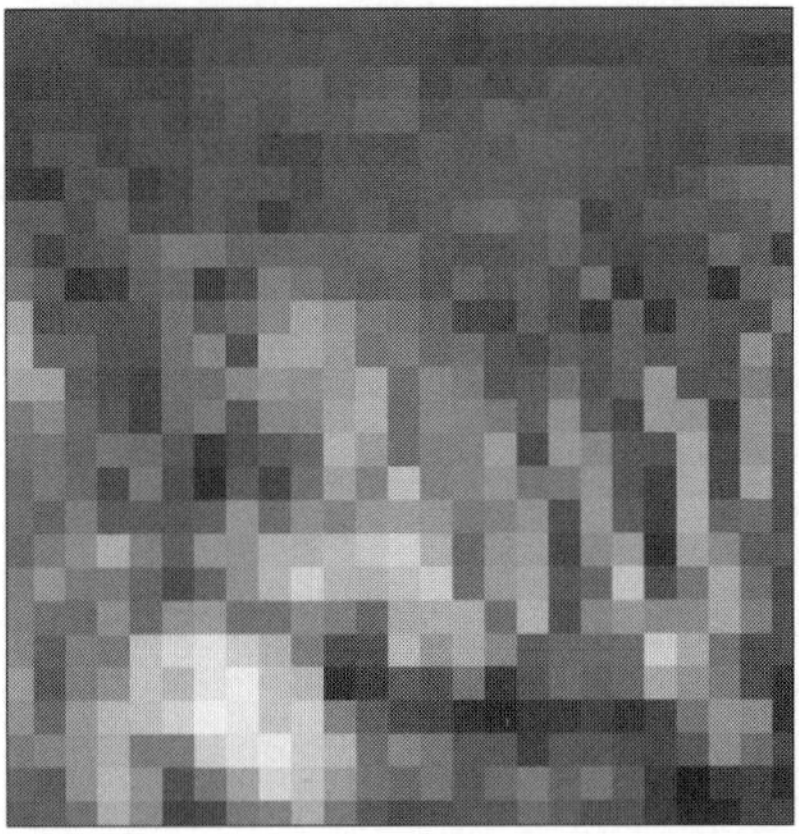

リスマ的な大型動物だったとしたら、写真に対する情動反応へのワニの影響はさらに強まります。なんと悲しい写真だろう。何か手を打たなくては！

　ではここで、二種類の保護プログラムがあり、あなたはどちらに資金提供するかを決断しなくてはならないとします。一方はベンガルトラを、もう一方はインドシナトラを保護対象としています。上に示したのはインドシナトラの写真で、これもまた約六〇〇頭の現存数に相当する画素数で表されています。

　今回、この画像がトラであるとあなたに教えるのは裁判官です。というのも、あなたは私の言葉を信じるしかないからです。ピクセルの集合体は見て取れますが、ベンガルトラのときのように、そこからトラの存在や生息数の悲劇的な現状を感じることはないでしょう。

　どちらのプログラムに資金提供するべきか検討するにあたって、あなたはベンガルトラのプログラムに気持ちが傾くように感じる（ワニ）かもしれません。すると次に、その意向を正当化する理由を探しはじめます（裁判官）。ベンガルトラがインドシナトラよりも広く知られているのは、これまでもずっと数で上回っていたからだろう。ベンガルトラは象徴的な存在なので、その保護活動はほかの取り組みの資金集めにも一役買うに違いない。それに、インドシナトラがもう六〇〇頭にまで減少しているのなら、どのみち絶滅は免れないだろう。悲しいことだが、まだ救える種に資金を集中すべきだ、などなど。

裁判官は説得力ある議論を展開して、インドシナトラのプログラムを推すこともできたはずです。より多くの支援を必要としながら受けられる支援が少ないのは、インドシナトラのほうでしょうから。けれども、ワニはそれを望みませんでした。裁判官が証拠を検討し、結論へと導く推理に取り組むときには、ワニの知覚や判断、好み、情動などを無視することは不可能なのです。裁判官がどの事実に注目するのか、どの選択肢を検討するのか、どのような決断を賢明あるいは公正とみなすのか、といった決定はすべて、ワニの影響を受けます。これはつまり、ワニが優位に、しかも断然優位に立っていることを意味します。また、推理はときに合理化と区別するのが難しいことも物語っています。

たとえば、あなたがチョコレートケーキとフルーツサラダのどちらかを選ぶとしましょう。あなたにとってこれが考えるまでもない選択ならば、ワニが引き受けます。しかし、迷っている場合には、裁判官が割って入ります。すると、その前で両陣営の弁護士が議論を戦わせることになります。

裁判長、あなたのズボンはかなりきつくなっております。しかも朝食にドーナツも食べたではありませんか。

異議あり、裁判長。今朝はその後ランニングもしましたし、私の見たところ、このケーキはお手製のようです。

異議に対して異議あり。裁判長、あなたの新しい上司もこの場にみえております。ここはひとつ、自制心を見せつけてやりましょう。

こんな調子で両者の応酬はまだまだ続きます。そして最後に、裁判官が小槌を打って裁定を下すのです。

推理と論理はどちらも、議論を組み立てる方法の一種です。つまり、**それらは影響力を行使する試みにほかなりません**。チョコレートケーキ対フルーツサラダの例のように、推理の力はあらゆる議論でどちらの陣営を擁護するためにも活用できます。あなたは裁判官にどちらの主張をさせることもできますが、その際に考慮されるのは、すべての事実ではなく、ワニのバイアスによって歪められた一部の事実だけです。好み、先入観、ステレオタイプ、思考のショートカットなどによって、それらの事実の評価プロセスにもバイアスがかかるに違いありません。毎回かならず。私たちに言えるのはせいぜい、裁判官はバイアスを抱かないよう心掛けているということぐらいです。

悪意はないのですが、裁判官はごまかしの名手です。ワニの無意識の行動に「合理的な（reasonable)」説明を与えるよう生まれついているので、裁判官は答えに窮すると、あっさりとその口実を捏造《ねつぞう》してしまうのです。とても信じられない？　それでは、脳に関する実験で得られた驚くべき結果を見てみましょう。

深刻なてんかんの症例ではごく稀に、片方の半球で生じた発作が他方へ広がらないように、脳《のう》梁《りょう》（脳の左右の半球をつなぐ神経線維の太い束）が外科手術によって離断されます。この連絡ラインが切断されると、片方の大脳半球に（半球とは逆側の目に映る像を通して）提示された単語や物や絵などについて、もう一方の半球は意識的に気づけなくなります。ところが、まったく情報がないにもかかわらず、裁判官の合理化の能力には何の差し障りもないことが判明したのです。ごまかしの名手の登場です。

脳梁を離断した分離脳患者の研究で、神経科学者のマイケル・ガザニガは患者たちに、脳の右半球が指示を出して実行した行動について説明してほしいと頼みました。しかし、発語は左半球を利用した、裁判官による意識的な働きです。したがって、それらの行動を説明することなどできるはずがありませんが、ガザニガは「左半球が状況に合わせた答えをでっち上げた」と述べています。[21]一例を挙げると、ガザニガは「微笑む」という単語を右半球に、「顔」という単語を左半球に一瞬だけ提示し、今見たものを描くよう患者に言いました。

「彼は右手で微笑みを浮かべた顔を描いた」とガザニガは振り返っています。「『なぜこのような絵を描いたんですか?』と私は尋ねた。するとその患者は、『どんな顔がよかったんですか、悲しい顔とか？　悲しい顔を見ていたい人なんていないでしょう?』と答えた」実際に起きた出来事の説明をしようとしたり、次々と押し寄せる情報を選別したり、外界を理解するための物語を紡いだりするとき、私たちは誰もが「解釈者」を使っている、とガザニガは言います。言い換えれば、私たちの脳は生来、自分の行動の説明を見出すようにできているのです。たとえ、なぜこんなことをしているのか、まるっきりわからないときでさえも。

　私たちの大半が、人生の大半において、大半の知人に働きかけるために用いてきたアプローチは、まるで見当違いだったのです。私たちはこれまでずっと、相手の行動に影響を与えるには、考えを改めてもらう必要があると信じてきました。けれど実際にはそんなことは珍しく、それだけでは足りない場合がほとんどです。論理的で筋の通った議論に基づいた働きかけには、私たちが思うよりずっと説得力がないのです。また、認知資源がきわめて乏しいときにも、相手が意識的な注意を当然向けてくれると考えてきたことも、やはり誤りでした。

　ワニと裁判官の関係性についての科学論文は、頭を切り替えて、人を動かすための努力を何よりもまずワニに向けるべきだと、私たちに強く訴えています。それらの文献は、私たちの思い込みを排して、人々が実際にどのように決断しているのかを解き明かしています。相手の注意を引きつけて、「イエス」と言いやすいお膳立てをしたとしても、理に適《かな》った論拠も併せて示さなくてはならない場合があるかもしれません。ですが、その方法ならあなたはすでに知っていますし、その種のスキルに磨きをかけるのに役立つ書籍は巷に溢れています。本書の狙いは、ワニに訴えかけて相手に影響を及ぼす方法を学ぶことにあります。それこそが、これまでずっと私たちに欠けていたアプローチだからです。

第２と１／２章　もっとも楽な道

一九八〇年代に、野菜と果物の摂取量を増やすと、二大死亡原因であるがんと心臓病のリスクを低減する効果が期待できることがわかりました。これを受けて世界保健機関（ＷＨＯ）は、野菜と果物を一日に最低でも四〇〇グラム（食事の量で言えば、おおよそ五皿分）食べることを推奨しました。ＷＨＯの提案を周知するため、アメリカ国立がん研究所は農産物健康増進基金と協力して、「ファイブ・ア・デイ運動」を考案しました。この運動は九一年にアメリカ全土で開始され、何百万ドルも投じたテレビＣＭや新聞広告、ポスターによるキャンペーンが展開されました。九五年には、野菜と果物を一日に五皿分摂取する必要があると知っている国民の割合は、八パーセントから三二パーセントへと四倍に急増したとの調査結果が出ました。ファイブ・ア・デイ運動は大成功を収めたと見なされ、世界三二カ国で採用されました。

しかし、その後の追跡調査の結果は残念なものでした。野菜と果物の必要性についての認識は飛躍的に高まったものの、人々は行動を変えなかったのです。[1] いや、変化はあったのですが、公衆衛生当局の希望を裏切るものでした。一九九〇年から二〇〇〇年のあいだに、アメリカ国内の野菜と果物の消費量はなんと、一四パーセント減少していたのです。イギリスの結果も、同じように期待外れでした。[2]

結局、ファイブ・ア・デイ運動は公衆衛生当局の広報活動にありがちな、メッセージを伝えることには成功しながらも成果を挙げられないキャンペーンのひとつに終わりました。ポー・ブロンソンとアシュリー・メリーマンも、二〇〇九年の著書『間違いだらけの子育て――子育ての常識を変える10の最新ルール』にこう記しています。「連邦政府は学校での食育プログラムに年間一〇億ドル以上を支出している。同種のプログラムを検証したマクマスター大学の最近の報告によると、五七件のプログラムのうち、五三件はまったく効果がなく、残りの四件もとりたてて言及するほどの成果を上げられなかった[3]」

これはいったいどういうことなのでしょうか？「一日五皿」のようなメッセージがキャッチーでわかりやすいことは確かです。この点ではワニにぴったりです。それに、キャンペーン自体の成功という基準からすれば、間違いなく一般の人々の認知度を高めました。事実、ファイブ・ア・デイ運動は当時、大成功と称賛されました。人々の考えを変えたように見えたからです。考えを変えるというのはとてつもなく難しく、そうそうできることではありませんから。しかし、当局が行動を変えたかったのであれば、そもそもキャンペーンの目標設定が間違っていたのです。ワニは確かにすばやいですが、同時に怠け者でもあります。そしてそれこそが、効率の良さの秘訣なのです。ワニが容易とみなす基準を満たしていなければ、あなたのアイデアがどれほどすばらしくても、「食いつきゾーン」の内側には届かないのです。

この観点から見ると、ファイブ・ア・デイ運動には最初から成功の見込みのなかったことがわかります。このキャンペーンは、空腹でも、別のことで頭がいっぱいでも、急いでいても、誰もがメッセージを思い出してくれると想定していました。そして、空腹で内なる裁判官の決意が鈍るような状況でも、誘惑に打ち勝てるはずだと考えました。つまり、やるべきことを自覚するだけで、根深い習慣も断ち切れるという前提に立っていたのです。野菜と果物の摂取量を増やすには、努力が必要です。食料品店で選んでおしまい、というわけにはいかず、手間ひまをかけて準備しなくてはなりません。これに加えて、第6章で後述しますが、頼みもしないのに他人に助言をされると、私たちは余計なお世話だと反発したくなるものなのです。

他人の行動に影響を与えるための大原則は、**人はもっとも楽な道を選びたがる**ということです。容易さは、行動を予測する最良にして唯一の指標です。動機や意図、価格や品質、満足度などに比べてずっと的確です。あまり知られていませんが、容易さを測るマーケティングの指標に、**顧客努力指標（カスタマーエフォートスコア、ＣＥＳ）**と呼ばれるものがあります。この指標は単純な質問に要約できます。すなわち、どれだけ容易だったか、です。

このたったひとつの質問の答えで、商品の再購入、当該企業との取引増加、周囲への好意的な口コミに関する顧客の意思の三分の一は説明がつきます。[4] 三分の一というのは、たいしたことがないように思われるかもしれませんが、驚くべき数字です。ＣＥＳは顧客ロイヤルティについて、顧客満足度より一二パーセントも的確に予測できるのです。

人は手間がかからなければ満足し、努力を要すればおおいにいらだちます。カスタマーサービスセンターにかかってきた七万五〇〇〇件の電話について調査した研究では、大変な思いをしたと答えた顧客の八一パーセントが、友人に不満を漏らしたり、批判的なレビューを投稿したりする考えをもっていたのに対し、簡単に済んだと答えた顧客では、わずか一パーセントでした。

ひとたびこの基本原則を受け入れれば、あなたは自分自身の行動を含め、いたるところで裏付けとなる証拠を見出すことになるでしょう。たとえば、あなたはスーパーマーケットに足を運ぶよりも、アマゾンで買い物をすることが多いのではありませんか？　そのほうが簡単にほしいものが見つかり、すばやく購入できて、気に入らなければ返品するのも楽だからです。また、タクシーを呼ばずに、ライドシェアアプリを使う人もいるでしょう。電話番号を探したり、現在地を確認したり、ハンドバッグの中をひっかき回して財布を探したりせずに済むぶん、容易ですから。

マイカーを売ったり下取りに出したりした人のうち約一〇パーセントが、車を所有するよりライドシェアのほうが楽だからと、車を手放すことを決めていました。[5] 保険や維持にまつわる煩わしさや、交通量の多い街中で駐車スペースを探す手間とは、もうおさらばです。最近では出会いを探すにも、手軽なスワイプ形式のマッチングアプリを使うようです。従来の出会い系サイトでは、いろいろと比較考量しなくてはなりません。相手が喫煙するのは気に入らないけれど、年齢やユーモアのセンス、あるいは互いの住まいの近さを考えれば目をつぶるべきか？　なかなか面倒な作業です。これに比べれば、ワニが何も考えずに直感にしたがって、右へ左へ指一本でスワイプするに任せておくほうがはるかに楽なのです。

あなたがもっと取引を増やしたいのなら、できるだけ手間を省いてやるといいでしょう。ドミノ・ピザが二〇一五年にキャンペーンを実施したデジタルプラットフォーム「どこでもドミノ（AnyWare）」は、ピザの注文をこのうえなく簡単にしました。同社は顧客の住所も、クレジットカード情報も、ピザの好みも承知しているので、「注文をする必要はありません――ピザの絵文字をメールかツイートしてください」というのです。すると、ジャジャーン！　お気に入りのピザが玄関に届くというわけです。このキャンペーンによって、その年の同社の売り上げは一〇パーセント以上増加し、一八年にはピザハットを抜いて世界最大のピザチェーンとなりました。

誰かに何かをさせたいのなら、それを思い出す手助けから始めるのが簡単でお勧めです。裁判官はいつだって仕事で手一杯なので、何事であれ、覚えていてくれると誰かを当てにすることはできません。たとえ自分自身でさえも。先日、私は飼い猫のデイヴを連れて飛行機に乗ったのですが、空港のセキュリティチェックで旅行用ケージから出すのを忘れて、そのままベルトコンベヤーに載せてしまいました。私が入れっぱなしだと気づいたときには、デイヴはすでにX線による手荷物検査装置を通過していて、運輸保安局の係官を仰天させてしまいました。私はデイヴをとてもかわいがっていますが、愛情は役に立ちませんでした。もちろん、私はデイヴをケージから出すつもりでしたが、そのような意図も役には立ちませんでした。一方で、私は靴を脱ぎ、ラップトップコンピューターを荷物かごに入れていました――係官に指示されたからです。デイヴは無事でしたが、私のせいでちょっとした騒ぎになり、列の後方からは「なんてひどいことを！　信じられない！」という声も聞こえてきました。ワニの特異な習性を理解すれば、こんな惨事もすんなり信じられるのですが。

　低コストで効果がきわめて高いナッジ〔肘で軽く突《つっ》くように、強制することなく、望ましい方向へ誘導する手法〕が、スケジュールを通知する簡単なリマインダーです。**テキストメッセージによるリマインダー**の活用で、予約日時を忘れずに診察に来る人の割合が改善し、[6] ローンの迅速な返済が促進され、[7] 薬の飲み忘れが減り、[8] ワクチンの接種率が上昇し、[9] 学生が期日までに課題を提出するようになります。[10] さらに、裁判所へ出廷し損なう率も下がります。審理に姿を見せない場合、罰金を科されたり逮捕状が出されたりするおそれも大きいのです。ニューヨーク市で実施された大規模なフィールドスタディで、研究者は軽微な罪に問われている人たちに、出廷期日を確認するテキストメッセージのリマインダーを送付しました。この単純なナッジによって、出廷率は三〇パーセントから三八パーセントへ増加しました。さらに、出廷した人のうち不起訴となった件数は全体の三分の二に上り、この一度の検証実験だけで、逮捕状の発行は七八〇〇件も減りました。[11] 設計変更がうっかり忘れ防止に役立つこともあります。たとえば、飛行機の「ポーン！」というサイン音は、乗客にシートベルトを締めるように促して、無数の人々の命を救っています。また、経口避妊薬の一カ月分のシートには一週間分のプラセボが含まれていて、毎日の服薬の習慣化に役立っており、これもある意味、無数の命を救っていると言えるでしょう。おまけに、計り知れない安心感をも与えています。

　あなたのすることの大部分が容易さから説明できるように、あなたがしないことの多くは努力から説明できます。多忙で疲れているのに運動する、甘い誘いをかけてくるクッキーを見て見ぬふりをする、携帯電話を置いて電気を消す、これらは理に適っていると言えるでしょうか？疲れていたり、忙しかったり、ストレスを感じていたり、空腹だったりして弱っているときに、裁判官がワニに打ち勝つことなど期待できないのです。そのような状況では、誰も自制は利きません――すでに学んだように、判事でさえも。

ワニに関する知見からは、やり遂げやすくする、もしくは、投げ出しにくくするだけで、うまくいく可能性がぐっと高まることもわかります。友だちと二人で運動すると決めておけば、相手をがっかりさせまいと頑張るでしょう。クッキーは中身の見えない保存容器に入れておけばいいのです。そこにあることに変わりはありませんが、戸棚を開けても目に飛び込んでくることはなくなります。私はときおり携帯電話のソーシャルメディアをブロックします。それでも、ブロックしていることを忘れてツイッターを開こうとしてしまいます。ブロック解除の操作にはせいぜい一分ほどしかかかりませんが、面倒だと感じるので、効果はあるわけです。

この感じるという点が重要です。顧客努力指標は実際にどれだけ手間がかかったのかを測る指標ではありません。どれだけ面倒だと知覚されているかを測る指標です。少なくとも、本人にとってはそれほど大変なのです。トレーニングの回数を増やそうと決意した人が初心を貫徹するための支援をしたいと考えた研究者は、ジムの会員が自宅に持って帰れない装置で、連続もののオーディオブックを流しました。[12] 続きを知るためには、またジムに来なくてはならないわけです。実際にジムへ行ってトレーニングするための努力が必要なことに変わりはありませんが、ワニが引きとめるのではなく背中を押してくれるので、会員たちにはジムに足が向きやすくなったと感じられたのです。

とても無理だと思われることを誰かにさせたいときには、まずは**小さな一歩**から始めるとよいでしょう。私はこのことを、飛行機から飛び降りたときに学びました。スカイダイビング体験の料金を支払うためにクレジットカードを機械に通したとたん、私のなかのワニが裁判官に泣きつきました。


死ンジャウヨ！

死にはしないわよ。自分がやりたくて来たんじゃない。大枚をはたいてるんだし。

私ヲ殺ソウッテイウノネ！

ばかなこと言わないで、これはビジネスよ。顧客が死んだら、ビジネスにはならないわ。

キャー、人殺シィィィィ！


服の上に柔らかな綿のジャンプスーツを着て、安全確認のビデオを見終わると、私とタンデムジャンプをしてくれるインストラクターが歩み寄って自己紹介し、飛行機まで案内してくれました。アレックスというそのインストラクターは、白髪交じりでがっしりした体格の陸軍退役軍人で、人をホッとさせるような大きな笑顔を浮かべ、確固たる自信を内に秘めていました。それはまるで、長年にわたって瞑想を重ねてきた人や神を見出した人に備わる自信のようでした。

しかし、アレックスが過去五〇年にわたって実際にしてきたのは、高度三〇〇〇メートルを超える上空で飛行機の外へ飛び出して、地上へ急降下するという仕事でした。来る日もくる日も、繰り返し。アレックスはスカイダイビングの競技者でもあり、専門は二五セント硬貨大の目標地点にいかに正確に着地できるかを競うアキュラシーで、メダルも獲得していました。私は安心して任せられると知って、少し落ち着きました。

けれども、草地を歩いて小型機へ向かっているあいだに、私はほんとうに飛び降りられるのか、パイロットと一緒に飛行機で地上に戻って来るはめになるんじゃないのかと、不安になってきました。自分自身のヒーローになれるのか、それとも臆病者で終わるのか？　フリーフォールはもちろん誰でも怖いですが、勇気を振り絞ってその一瞬を乗り越えられれば、あとは野となれ山となれだ、とわかってもいます。ジャンプの高度まで飛行機が上昇していくあいだ、私はアレックスの問いかけに応じていました。ええ、娘がひとりいるわ（あの子にまた会えるだろうか？）。スカイダイビングの秘訣は、バナナになることだって知ってるかい？　「これだけ覚えておけば十分だ」彼はそう言って、腕を後方に引いて弓なりに体を反らせました。「腰は前、腕は後ろ、顔を上げて。ほら、バナナみたいだろう」バナナ、バナナ、バナナ、私はバナナになれる。でも、ほんとうに飛び出せる？

アレックスからまた声がかかりました。ええ、わかった。そう答えて、私は全神経を集中して彼の指示を聞きました。アレックスから次々に指示が飛びます。さあ、ここに座って。これを引っ張る、そこをつかんで。少し詰めてくれる？　二人の体を固定するから腕を上げて。さあ深呼吸だ。ここに右足を、そっちに左足を置いて、右手でドアの枠につかまるぞ。するとどうしたことか、私たちは空を切って降下していました。私は声を立てて笑っています。バナナになって。二人のどちらかが紐を引いてパラシュートを開くと、降下速度が落ちました。涙がワッとあふれてきます。「大丈夫かい？」と耳もとで叫ぶアレックスに、私は頷きました。眼下には丸い地球が見えます。それは、私がこれまで目にしたなかでもっとも美しい景色でした。

アレックスは一歩一歩、究極の決断へと私を導いてくれました。ところが、飛行機から飛び出すことは、重大な選択とは感じられませんでした。いえ、選択ですらなかったのです。ただそうなった、という結果でしかありません。それに、最後の一歩へ向けて少しずつ歩み寄るあいだ、恐怖を覚えることは一度もありませんでした。私のワニ脳は、わずかな歩みの一つひとつを問題ないと判断しました。いきなり飛行機から飛び降りろと言われたら無理だったかもしれませんが、少し詰めることはできます。腰を前に突き出すことも、バナナになることもです。このように細切れにされたために、スカイダイビングはたわいもないことのように感じられたのです。

あなたのすばらしいアイデアの実現に、誰かに思い切った決断をさせることが欠かせないならば、アレックスをみならって、目標へ向かって小さく一歩ずつ、相手を優しく導くとよいでしょう。

たとえば、新しいアプリケーションについてあなたに妙案が浮かんだとします。まずは、その分野での経験が豊富な人に会ってもらうにはどうすればいいでしょうか？　次に、彼らに助言をもらうには？　同じように力になってくれそうな人を薦めてもらうには？　引き続き連絡を取ることを承諾してもらうには？　助言を受けてあなたが行動を起こしたときに、その後の展開に興味をもってもらうには？　より深くかかわりたいと考えてもらうには？

どんな旅路も小さな一歩から始まります。この最初の一歩を、誰もが（あなた自身も含めて）できるだけ楽に踏みだせるようにするには、どうすればいいでしょうか？　次の一歩、その次、またその次と、同じようにするには？

第3章　世界を救った「ノー」

世界を救った言葉は「ノー」でした。いえ、より正確には「ニェット（нет）」でした。[1]

モスクワ近郊にあるソビエト連邦軍の秘密司令部、セルプホフ－15にサイレンが響きわたり、画面には「発射」の文字が点滅しました。それは一九八三年九月二六日の真夜中過ぎのことでした。同国の〈オコ〉早期警報システムが、核弾頭を搭載した五発の大陸間弾道ミサイル〈ミニットマン〉が、アメリカからソ連に向けて飛来していることを検知したのです。当直を務めていた将校スタニスラフ・ペトロフは当然、どう対応すべきか心得ていました。ただちに受話器を手に取り、ミサイル攻撃について上層部に報告するのです。ミサイルが目標地点に到達する前に対応策を決めるために残された時間はわずかでした。しかも、同国の報復方針は核兵器による総攻撃を命じていました。すなわち、第三次世界大戦の勃発です。

しかしペトロフのワニ脳は、何かがおかしいと訴えていて、彼には落ち着いて考える時間が必要でした。ペトロフはＩＴの専門官で、開発段階からオコシステムにかかわってきました。おまけに、このシステムは配備されたばかりだったのです。これは誤報ではないか？　システムは、この警報の確度が高いことを示していましたが、監視衛星の運用担当者は視認できていませんでした。雲が多いせいだろうか？　そうかもしれない。しかしペトロフは、ミサイルの数がなぜこれほど少ないのかとの疑問を拭えませんでした。アメリカが先制攻撃をしかけるときには、報復の余地を残さず、ソ連の殲滅《せんめつ》を狙うだろうと、彼は繰り返し聞かされていました。たった五発ではなく、何百、何千ものミサイルが撃ち込まれるはずなのです。

ときはおりしも冷戦の絶頂期で、緊張状態が高まっていました。また、このわずか数週間前には、ソ連防空軍が大韓航空〇〇七便を偵察機と誤認して撃墜し、搭乗者全員が死亡するという事件が起きていました。この誤認はまさに悲劇でした。しかし今回間違いを起こせば、その代償は想像を絶する規模になるでしょう。スタニスラフ・ペトロフには、攻撃が事実なのか誤報なのか、判断がつきませんでした。警報発令時の対応についての命令を確認し、それに従った場合にかならず生じる事態について検討しました。その結果、ペトロフは上官へ報告せよという命令に「ニェット」を突きつけたのです。

二三分後、ミサイル攻撃のなかったことが明らかになると、ペトロフは安堵のあまりへたり込みました。彼はのちに、あの晩、同僚の誰かが当直任務についていたら、きっと警報について報告し、人類は絶滅の危機に瀕していただろうと語っています。攻撃の応酬による直接の犠牲者は、二億人——アメリカとソ連の全人口の四〇パーセント——に達したと推計されています。それに加えて、核の冬によって世界中の農業が壊滅的な打撃を受け、二〇億人もの餓死者が出ただろうと見積もられています。

「ノー」チャレンジ

世界がこのような瀬戸際に立たされたときでなくても、「ノー」が命を救うこともあります。ノーと言えないせいで諸事に忙殺されてしまう。あるいは、ノーと言われたくなくて、必要以上に慎重になったり、頼みごとをしづらくなったりする——その結果、無難な行動に終始しながら、ひどく気疲れしてしまう。おまけに、ノーと言う試みを始めるまで、ほとんどの人はノーを言おうとしないこと自体が問題なのだと気づきもしないのです。

というわけで、「ノー」が私たちの出発点となります。

二〇一八年の秋、私は自分のやりたくないことは、それなりにうまく断ることができていました。とはいえ、仕事の領域が広がりつつあり、いくつもの新しい試みに挑戦していました。世界中を飛び回って講演するのは胸の躍る経験でしたが、あまりの忙しさに圧倒され、ストレスを感じてもいました。私が状況を打ち明けると、コーチのマンディ・キーンはずばりこう指摘しました。「あなたは何にでも誰にでもイエスと言いたいのね。情熱をもつことはすばらしいけれど、このままだと燃え尽きてしまうわよ」こう言い当てられた私は、翌月を「NOvember」と称して、一カ月のあいだデフォルトの返事を「ノー」にしようと決めました。

講演依頼にノー！　カフェへの誘いにノー！　服飾店や美容室のアップセリング〔より高額な商品を顧客に売りつける手法〕にノー！　失礼な人たちにノー！　親切な人たちにもノー！　助言

を求めてくる見知らぬ人にもノー！　小遣いを無心する家族にもノー！　ライティング・ワークショップにノー！　職場の怖い先輩にノー！　もっとも辛かったノーは、前脚を片方なくしたバンディットという名のネコを受け入れないと決めたことでした。もちろん、ＮＯｖｅｍｂｅｒとはいえ、イエスと答えることもありましたが、ほかに選択肢はないかとよくよく考えたうえで応じました。すると日が経つにつれて、私はストレスが和らぎ、自分の決断や時間、そして人生を以前よりコントロールできていると感じはじめました。ＮＯｖｅｍｂｅｒも終わりに近づく頃には、自分の力をおおいに信じられるようになりました。そこで私は、イエスの大切さをより強く意識しておけるように、ノーと言い続けることにしました。

　一カ月に及ぶこの挑戦は、私がＭＢＡ講座の最初の授業で学生に課す、**二四時間「ノー」チャレンジ**の拡大版でした。多くの人は（とくに、善良な人ほど）礼儀に関する社会規範が身に染みついていて、そのせいでひどい苦境に陥ります。私たちは頼みごとをされたり、誘いを受けたりすると、失礼にならないように、なるべくイエスと答えようとします。ところが、いざ自分が困ったときには、支援を求めて相手を煩わせるような厚かましいまねはできないと感じます。どういうわけか、私たちは他人には寛大にしつつ、自分のことは自分ですべきだと教え込まれているのです。それがどれほど大変なことなのか考えもせずに。

　生活にいくぶんゆとりを生み出すために、あなたも「ノー」チャレンジに挑戦してみてください。丸一カ月続ける必要はありません。今から二四時間、すべての頼みごとと誘いにノーと答えるだけでいいのです。残業にノー、疲れているなら授業後のビールの誘いにもノー、専門家としての助言を無料ですることにノー、支援している非営利団体の役員就任依頼にノー、たまたまピックアップトラックを所有しているからといって、友人の家具を運ぶことにノー、いつも自分に回ってくる感情労働〔接客や苦情処理など、労働者側の感情の適切なコントロールが求められる職務〕にノー、結婚式で一曲歌ってくれないかと頼んでくる友だちにノー。ごちそうを作っていて手が離せないから、フレッシュバジルを急いでスーパーに買いに行ってくれと言うパートナーにノー。そうです。すべての人のすべての依頼にノーと答えて、その後どうなるかじっくり観察してください。どんな気分ですか？　相手はどんな反応を見せますか？　あなたがほんとうにイエスと答えたいのはどんなことですか？　心配する必要はありません。ノーという決断が間違いだったと確信したときには、いつでも撤回できるのですから。ですが、あなたのコンフォート・ゾーン〔ストレスや不安などを感じない、安心感のある快適な領域を指す心理学用語〕ともてる力を拡大するために、まずはノーから始める必要があるのです。*

このチャレンジは、やめるべきだとわかっていてもやめられない楽しみにノーというチャンスではありません。四旬節ではないのです〔四旬節とは、キリスト教の復活祭前に設けられた四〇日間の節食と悔悛の期間〕。身近な人たちにも、したいことにも、ささいなことにもノーと言う練習なのです。「ノー」チャレンジの目的は、自分自身に優しくすること、この世界のなかで自分の占めるスペースを広げてもいいのだと認めることにあります。この実験をすれば、ワニの本能的な反応が社会規範の順守に基づいている場合がいかに多いか気づくでしょう。社会規範の順守はたいてい、もっとも容易な判断基準だからです。

ノーと断る練習をするときには、必要以上に言い訳をしないようにしましょう。「ノー」だけで十分意味は通りますし、「ノー」のあとに「サンキュー」を添えれば、「ありがとう、でも結構です」となり、丁寧さも加わります。感じよく、わかりやすく、きっぱりと伝えます。口ではノーと言っていても本気ではないと受け取られれば、相手は粘ってくるかもしれません。そうなると、よけいに断りづらくなります。必要に応じて、「ノー」チャレンジをしていると説明してもいいですし、さきほども言ったとおり、決断を翻してもいいのです。しかし、まずはノーから始めなくてはなりません。このチャレンジに挑戦した人の多くは、その結果に驚きます。予想ほどひどい結果にならないのです。相手に嫌われはしません。あなたはこの結果に気分を良くし、力づけられ、その実用性を実感するでしょう。そして、日々の生活のなかでも続けていく価値を見出すはずです。

「ノー」チャレンジの仕組みは単純明快ですが、だからといって実行も容易というわけではありません。ときには、「ノー、サンキュー」と応じるだけでは言葉足らずな場合もあります。そこで、以下に想定される場面をいくつか示して、明快かつ感じよく対応するにはどうすればいいのか説明していきます。

＊はっきりさせておきますが、私はあなたの人生を台無しにしたいわけではありません。ずっと夢見てきた仕事のオファーをもらった日に、ノーと言ってはいけません。この人と結婚したいとずっと願ってきた恋人にプロポーズされた日も同じです。

・見知らぬ人に親しげに助言を求められたり、コーヒーに誘われたりした場合。
忙しいのであれば、こう答えましょう。「ありがとうございます。このようなお誘いに応じる時間があれば私としても嬉しいのですが、なにぶんスケジュールが立て込んでおりまして」

・知り合いに交流会のようなイベントに招かれ、都合がつくならば行きたかった場合。
「声をかけてくれてありがとう。またこのような催しでご一緒できる機会があれば、次回はぜひ」

・友だちに借金を頼まれたり、事業への投資をもちかけられたりした場合。
「申し訳ないけど、お金と友情はきっちり分けておくことにしてるんだ」（一貫性は必要ですが、それがポリシーであれば、言うほうも言われるほうも、ノーに対してわだかまりを感じにくくなります）

・販売員にほしくないものを売りつけられそうになった場合。
「ありがとう、でもけっこうです」それでも食い下がってくるようなら、語調を変えるといいでしょう。「お断りしましたよね？　気が変わることはありません」（こうなったら、感じよく対応する義務はありません）

•恋心を打ち明けられたが、相手に興味がない場合。
「気持ちには応えられない」理由を問われたら、こんなふうに答えます。「直感よ。私はいつも自分の直感を大切にしているから」

職場でノーと言うことには、独特の難しさが伴います。直属の上下関係においてはなおさらです。とはいえ、代替案を示しつつ断るぶんには問題ないでしょう。

•従業員のひとりが昇給もしくは昇格を求めてきたが、あなたは時期尚早と考えている場合。
「私はまだ早いと思いますが、そのためにあと何が必要なのか、一度話し合いましょう」

•すでに目の回る忙しさのあなたに、上司が新たな仕事を振ってきた場合。
「お引き受けしたい気持ちはやまやまですが、すでにいくつかの企画に遅れが生じていまして。私の担当している仕事の優先順位について、再度ご相談させていただけますか？」

次のような場合、軽い口調で率直に、勘弁してほしいと伝えるのも悪くないでしょう。

•あなたの高い管理能力を買われて、面白みのない大規模プロジェクトの陣頭指揮を執るよう上司に頼まれた場合。

「お褒めいただき感謝します。ですが本件は、私にとってはまさに悪夢となりそうです。きっと気持ちが折れてしまうでしょう。何か別のかたちでお力になれませんか？」

イエスと言わずにすむように、あなたは罪のない嘘をつきたくなるかもしれませんが、たいていはあれこれと言い訳しないほうがうまくいきます。あなたは誰に対しても申し開きをする必要などないのです。E・Bの通り名で知られるエルウィン・ブルックス・ホワイトは、《ニューヨーカー》誌の花形記者だった人物で、のちに『シャーロットのおくりもの』や『スチュアートの大ぼうけん』などの児童書を執筆し、数々の賞を受けています。ホワイトは社会不安障害を抱えていたために、招待をほぼすべて辞退していましたが、自身のメンタルヘルスについて他人にとやかく言われる筋合いはないとして、公にはしていませんでした。彼は訪問客を避けるために、窓をくぐり非常階段を使って抜け出すことで知られていました。また、次のような返事を書くことでも有名でした。

アダムズ様

アイゼンハワー氏を支持する芸術・科学委員会へのお誘いの書状を頂戴し、感謝申し上げます。しかし、内密の諸事情によりお断りせざるをえません。[2]

誠意を込めて

E・B・ホワイト

線引きをする

アダム・グラントのベストセラー『ＧＩＶＥ　＆　ＴＡＫＥ――「与える人」こそ成功する時代』[3]は、人間は与える人（ギバー）、受け取る人（テイカー）、バランスをとる人（マッチャー）の三種類に分けられるとの前提に立ち、そのなかでもっとも成功する可能性が高いのはギバーであるという研究結果に基づいて書かれています。寛大さが収入や評価や生産性の高さ、昇進の早さにつながると知って、驚くと同時に励まされた方もいるでしょう。私もそのひとりです。とはいえ、自分はもっと与える必要があると考えるのは早計で、重要な論点を見逃すことになります。グラントの研究によると、**もっとも成功から遠い人もまたギバーであることが多い**からです。ギバーは心身ともに消耗し、仕事に遅れが出る傾向にあり、凶悪犯罪の被害者や訴訟の原告になる確率も高いのです。

成功のはしごの一番上に立つギバーと後塵を拝するギバーの決定的な違いは、線引きのうまさにあります。グラントによると、「成功しているギバーは、誰のどんな要求にもつねに応えようとするのではなく、ギバーとマッチャーにだけ寛大さを示す。時間を区切って頼まれ仕事を片付け、相手を励ましつつ、自分ならではの力添えができるようなやり方で支援する」のです[4]。他方、ノーと言えないギバーは、与えてばかりで骨の髄まで吸い尽くされ、日和見主義者のおいしいカモになってしまいます。周囲とうまくやっていくために言いなりになり、グループの和を乱さないように疑念を口にしません。ノーと断って負担を軽減することができずに、心身が限界に近づいてくると、彼らの「やることリスト」にはメディテーションや日々の感謝を日記に書き出すといったさらなる負担が加わることになります。

何か「よい」ことをして親や教師、教授や上司から見返りを得ているとき、私たちは褒め言葉や感謝、満点の成績がもたらすドーパミンの放出を強く欲しています。しかし、他人を満足させようとしてばかりいると、いろいろなものがつねに不足する事態に陥りかねません。時間が足りない、睡眠が足りない、お金が足りない、明晰な考えをまとめる余力がない、といったぐあいに。ストレスや極度の疲労は、一時的にＩＱを低下させたり、嫌な出来事をより強く記憶するようにバイアスをかけたりして、[5]正しい決断をする能力さえ損ないます。この影響は本人だけにとどまりません。複数の研究から、職務に忙殺されていると痛切に感じているマネジャーが率いるチームがもっとも業績が悪く、利益をあげられないことが実証されています。[6]

ノーと言いづらい理由を教え子たちに検討してもらったところ、相手にどう思われるかが最大の懸念でした。しかし、イエスと言うべきでないときに、イエスと言うのをやめられない理由はほかにもあります。なかでもとくに重要なのが、取り残されることへの恐怖（fear of missing out、ＦＯＭＯ）です。今だけ、あなただけのチャンスですなどと言われると、私たちはＦＯＭＯの大きな発作を起こすことがあります。そのために私は、多くの時間とお金を無駄にしてきました。そして恥ずかしながら、同じことを今後も繰り返すでしょう。また、返報性もよくある理由です。イエスと答えて引き受けてやれば、相手に貸しができるというわけです。返報性は謂《いわ》れのない期待ではなく、じつに人間らしい駆け引きです。そして最後の理由は、進んで人助けをしたい人が多いということです。自分にとって人生が良いものなら、誰かに手を差し伸べることでその恩恵に報いたいと考えます。また、つらい人生を歩んできた人は、同じような苦しみからほかの誰かを救ってやりたいと思うかもしれません。思いやりは立派な資質ですが、求められたときにのみ寛大さを示すのだとしたら、不公平が生じてしまいます。

「ノー」チャレンジは、みずから課している重荷のうち避けられるのはどれか、あなたが理解するための手立てになるでしょう。これはまた、機会費用を比較考量するうえでも役立ちます。つまり、これを引き受けたら、今後何を断らなくてはならないのか、これを断ったら、今後何を引き受けることができるのか、という判断です。

際限なく寛大さを示そうとすれば、あなたはその優しさのせいで心身ともにすり減り、人を動かす力も弱まってしまいます。ノーと言うことで、きわめて重要な線引きをすることができます。ほんとうはヘトヘトなのに、それをうわべだけの朗らかさで覆い隠し、ささいなきっかけで逆上しかねない状態でいるのはもうやめましょう。他人を喜ばせるためだけに、心のコンパスを無視してはいけないのです。

拒絶される経験からレジリエンスを獲得する

ノーと言うことに抵抗を感じなくなるにつれて、ノーと言われることにも抵抗がなくなっていきます。自分の経験に照らせば、依頼を断る理由はたいてい、誰に頼まれたかには（ほとんど）関係なく、個人的な事情にあるとわかります。ノーと言うことは、もっとも基本的な効果として、自分自身のやるべき事柄に取り組む時間をつくる役に立ちます。しかしこれには、相手にも断ってかまわないと暗黙の許可を与えるという隠れた利点もあります。すると、誰もが成熟し、隠し立てをせず率直なコミュニケーションをとれる関係に変わっていけるのです。ある教え子はその経験をこう語っています。「人は何かを頼むとき、相手に圧力をかけているわけではないことを学びました。ただお願いしているだけなのです。応じてもらえない可能性があることは理解していますし、それはそれでかまわないのです。以前は、頼みごとをするときには生きるか死ぬかの問題のように感じていましたが、それは大きな間違いであったと今ならわかります」

　ノーと言うことには利点も多いですが、相手に苦痛を与えるおそれもあり、そのような事態は避けたいものです。断られたときのつらい記憶は、簡単には忘れられません。それは苦痛を伴うからです——これはたんなる比喩ではありません。心理学者のナオミ・アイゼンバーガーは、私たちは拒絶を身体的な痛みとして処理しているという説を立てました。そこで、ちょっと意地悪な実験を実施して、仲間外れにされたときに人の脳にどんな変化が起きるのかを調べました。[7] あなたがアイゼンバーガーの実験の参加者だったとしましょう。あなたはｆＭＲＩ装置の長い筒の中に横になってスキャンされながら、別の二人の参加者（あなたがそう思っているだけで、ほんとうはアイゼンバーガーの研究チームのメンバーです）と簡単なキャッチボールのテレビゲームをします。

　三人で和気あいあいとキャッチボールができるようになったところで、ほかの二人が互いに投げ合うばかりで、あなたにはボールを投げてくれなくなります。あなたはまた仲間に入れてもらおうとしますが、うまくいきません。あなたはどういうことなのかと疑問に思います。**なんで仲間外れにされるのだろう？**　この間もｆＭＲＩのスキャンは続いていて、あなたの脳はこのときの感情を身体的な痛みと同じ領域、つまり、前帯状皮質と前頭前皮質の右腹側部に記録します。脳にとっては、ゲームから締め出されることは文字どおり、頬を平手打ちされるのと同じように感じられるわけです。拒絶は、神経生物学的なストレス反応（コルチゾール値や脈拍数や血圧値の急上昇）を誘発するもっとも単純かつ確実な方法のひとつです。

私たちの体が拒絶に対して身体的な危険と同じように反応するのは、人類は拒絶によって身体的な危険にさらされてきたからです。初期の人類にとって、部族からの追放は確実な死を意味していたため、拒絶はいかなる犠牲を払っても回避しなくてはなりませんでした。他者とうまくやっていくスキルの習得は、生存メカニズムのひとつだったので、もっとも強力で記憶に残るツール、すなわち痛みによって強化されました。迫りくる惨事を早期に強く警告するこの仕組みのおかげで、私たちは取り返しのつかない事態になる前に、軌道修正することができるようになったのです。

しかし、筋肉に負荷をかければ鍛えられるように、繰り返し拒絶に直面することで、苦もなく思い切った行為に出られるようになります。大学時代、私は夏季休暇中にこの世で一、二を争うほどやりたくなかった仕事を引き受けることになりました。訪問販売です。アルバイト先はコロラド州デンバー郊外にあったスチューデント・グループという名の小さな会社で、ドライクリーニングのクーポンを販売していました。この会社を経営していたのはジャックという中年のセールスマンで、彼はワゴン車で私たちをあちこちへ連れていき、ハイタッチで送り出すと、数時間後に決められた待ち合わせ地点まで迎えにきました。私たちの目的はただひとつ、日没までにできるだけ多くの家の扉をノックすることでした。

この仕事を始める前の晩、私は眠れませんでした。この頃にはもう、自分を内気な人間と考えてはいませんでしたが、見知らぬ人の家を訪ねて金銭を要求すると思うと、やはり身のすくむような恐怖を覚えました。ジャックは私に、一時間に一〇件の売り込みをしろと命じました。「できるだけ多く売りつけるんだ！」一方、私の個人的な販売目標はもっとずっと控えめで、「恥ずかしさと気まずさで死なないこと」でした。

現地で降ろされてワゴン車が走り去ってしまうと、私はさっそく小走りで最初の家へ向かい、玄関の扉をノックしました。すると、髪をひとつに束ねた優しそうな女性が出てきました。「こんにちは」と挨拶すると、私はジャックに教え込まれたとおりのセールストークをまくしたてはじめました。「ゾーイと言います。スチューデント・グループから参りました。私たちは大学の学費を工面するための学生団体です」私がクーポンブックについて説明しているあいだ、女性はきちんと耳を傾けてくれました。そのうえで「ノー、サンキュー」と言いました。なぜなら、彼女はクリーニング店をほとんど利用しなかったからです。このような場合には、学費の支援を依頼するよう指導されていたので、私はそれに従いました。女性はもう食事に戻らないと、と言って体よく寄付を断り、扉を閉めました。

私はその場にしばらく立ち尽くしていましたが、やがて大きくひとつ息をつきました。たった今、私はまったく知らない人に金銭を要求して、「ノー」という拒絶の言葉を聞き、目の前で扉が閉ざされるのを見ました。これにて終了。急ぎ足で次の家へと向かうあいだ、安堵が湧き上がってくるのを感じていました。**私は死ななかった。やったわ！**　おまけに、そこで交わされた会話は好意的で節度が保たれていただけでなく、楽しくもありました。前夜に直面していた人生最大級の恐怖を乗り越えて、笑い飛ばせるまでになったのです。こうして私は「セールスお断りクラブ」の正式会員となりましたが、敗北したというよりはむしろ、力を得たように感じていました。私はその日、さらに何軒か売り込みに回って、最終的にポケットいっぱいの現金を手にしました。

訪問販売をうまく乗り切ったことで、私は現在授業で学生たちに伝授しているなかでもとくに重要な教訓のひとつを学びました。それは、「拒絶されても、命までは取られない」ということです。そして、ノーと言われることへの恐怖から解放されれば、頼みごとをする自由が手に入ります。この教訓を体得した私は、いろいろな状況で頼みごとをしながら、コンフォート・ゾーンを拡大していきました。政治キャンペーンで家々を訪問しましたし、慈善事業への寄付も呼びかけました。魅力的な人がいれば積極的に声をかけて、デートにも誘いました。こうしたアプローチではいずれも、否定的な反応が返ってくるのがふつうです。しかし、失うものの少ない状況でノーと言われることに慣れておいたおかげで、もっと重要な依頼をしなくてはならない場面に直面したときにも、落ち着いていられました。前もって小さな拒絶を経験しておけば、断られることへの恐怖に身がすくむといった事態を未然に防げるのです。

ジア・ジアンはデューク大学でMBAを取得して卒業したとき、起業家になりたいと考えていました。しかしご多分に漏れず、ノーと言われることへの恐怖に縛られて、前に踏み出せずにいました。そこで、この恐怖に正面から向き合うため、ジアは「拒絶される恐怖を克服するための一〇〇日計画（100 Days of Rejection Therapy）」と題するビデオブログを始めました。ほほえましくも視聴者を戸惑わせる、常識外れの彼の動画には、ジアが毎日まいにち見知らぬ人に近づいていって、突拍子もない頼みごとをするようすが記録されています。コストコのインターコムで話をさせてほしい、アバクロンビー&フィッチで生きたマネキンになってみたい、動物愛護団体のアメリカ人道協会から犬を一匹借り受けたい、などなど。私は彼の**拒絶チャレンジ**が大好きで、教え子たちに真似してみてはどうかと提案したほどです。拒絶や傷つきやすさを受け入れるジアの姿は、とても気まずい状況のなかからも喜びや遊び心が生まれうることを明かしています。

私のお気に入りの拒絶チャレンジは、テキサス州オースティンにあるクリスピー・クリーム・ドーナツの回です。ジアは店内に入ると、五輪マークのかたちのドーナツがほしいと伝えます。[8] もちろん、断られることは覚悟のうえです。ところが、レジに立つ金髪の女性は、眼鏡を押し上げてこう訊きます。「いつまでに必要なの？」

「そうだな、一五分ぐらいかな」（ジアは断ってもらおうと必死です）

しかし、その女性従業員（名前をジャッキーといいます）は断る理由を説明するのではなく、どうにかして希望に沿える方法を見出そうと頭を絞りはじめます。「五輪マークの色をもう一度教えてくれる？」一五分後、ジャッキーは世界にひとつしかない創作ドーナツをジアに手渡します。ところどころ手で割った丸いドーナツが並ぶその力作は、五輪マークに似ていなくもありませんでした。受け取ったジアが財布に手を伸ばすと、ジャッキーは彼にこう言いました。「これは私のおごりよ」

どれほど頻繁に目にしても、頼まれたからというだけで、見知らぬ人の役に立とうとする人々の奮闘ぶりには、毎回驚かされてしまいます。突拍子もない頼みごとをしているとき、ジアはいかにこのチャレンジをやり抜くかで頭がいっぱいでした。要求には応じてもらえないだろうとか、決まった手順を逸脱するのは難しいだろうといったことです。ジャッキーはノーと言うこともできました――なにしろ、お店で出していない五輪マーク形のドーナツを作ることなど、許可されていないのですから。それでも、彼女はそのチャレンジを受けて立ったのです。いいわね、面白いじゃない、と。

あなたもジアのチャレンジに挑戦したり、独自のチャレンジを考案したりしてみてはいかがでしょうか。ときには（思いのほか頻繁に）、どんなに頑張っても断ってもらえない場面に出くわします。しかし、拒絶されるたびに、拒絶への対処がだんだんとうまくなっていくことに気づくはずです。私たちには「ストレスに対する免疫系」のようなものが備わっているので、[9] 深刻な危害を及ぼさない恐怖に繰り返し直面することで、ストレスに対する耐性を身につけられます。研究者たちが、開けた野原（つまり、上空から捕食者に襲われる危険性がある場所）に見立てた大きな空箱にマウスを入れると、マウスはまず恐怖で動けなくなり、ストレスホルモンのレベルが急上昇して、脱糞します。やがて動けるようになっても、身を潜めるようにして壁沿いをごそごそと歩くだけです。ところが、箱の中に毎日入れ続けると、マウスはまもなくそのストレスに慣れていきます。恐怖で動けなくなったり、脱糞したりすることはなくなり、箱の真ん中に見慣れないおもちゃを置けば、確かめに行きます。マウスの体内では依然としてストレスホルモンが放出されていますが、このストレスは対処可能になったのです。

これはスカイダイビングの例と同じです。初めてスカイダイビングをする人は、ジャンプの前には強い恐怖に襲われるもので、それはストレスホルモンのレベルに表れます（アレックスが私の注意を小さな一歩に集中させてくれるまで、私のストレスホルモンレベルも急上昇していたはずです）。ところが、わずか三度目までに、スカイダイバーのストレスホルモンレベルは、渋滞にはまっているときと変わりない程度になります。トップアスリートのような、いわゆる「ストレス耐性の強い人」を対象にした複数の研究から、彼らの身体がストレス因子に順応していることがわかっています。彼らが大量に放出するストレスホルモンは、すばやく強力に作用しますが、持続時間も短いのです。この事実は、株取引のようなストレスの多い職種の人たちが、来る日も来る日も仕事に戻っていける理由を理解する助けになります。衝撃的な株価暴落も、彼らにとってはいつもどおりの職場の一日になっているというわけです。

ノーを社会からの拒絶と考えるなら、ノーは言われればつらく、言うのをためらう言葉になります。「個人的に今後いっさい、あなたはお断り」と言いたくなることなどほぼありえませんし、けっして聞きたくありません。他者を動かすことに秀でた人の多くは、はっきりと否定された場合を除いて、ノーを「今現在、この件についてはお断り」と受けとめる術を身につけています。きわめて優秀な成績を挙げているセールスパーソンは、ノーと言われても、六、七回は足を運びます。[10] これを聞いたあなたは「そんな不愉快な人物にはなりたくない！」と思うかもしれません。ですが、彼らがほんとうに不愉快な人物だったなら、あれほど成功していないでしょう。それに、あなたが出会った不愉快なセールスパーソンはどうでしょう？　それほど成功していないのではありませんか？　そんな人物と六回も七回も話したがる人はいませんから。

優秀なセールスパーソンは、人間関係を築くことに非常に長《た》けていて、顧客たちに何度でも一緒に仕事をしたいと思わせるような人物です。あなたに断られたら、彼らは時間を置いてまた訪ねてきてもいいかと許可を求めるでしょう。そしてそれも断られた場合は、もうあなたを煩わせることはしません。彼らは敬意をもってあなたに接しますし、たとえ今回は前向きな返事ができないとしても、楽しく話のできる相手なのです。典型的なセールスパーソンを想像したときに、彼らのような人物が思い浮かばなかったのは、営業の達人は話しているときに、商談であることを意識させないからです。友人どうしの打ち解けた会話のようで、実際にそのとおりなのです。

ジア・ジアンのことを私に教えてくれたのは、デイヴィス・グエンという学部生でした。デイヴィスは物静かで心優しく、影響力をもたないとはどういうことなのか、身をもって理解していたので、影響力を非常に重視していました。彼は言葉も話せない国で物乞いをする母の姿を見て、いつか自分が成功して家族を養っていくと心に決めていました。そんな彼は拒絶される訓練のために、笑えるけれどたわいのない頼みごとをするのではなく、大きな夢を追いかけながらこのチャレンジに挑むことにしました。

デイヴィスがみずから設定した課題は、憧れの人に毎日ひとりずつ連絡して、相手の仕事や業績で尊敬している点を伝え、「何かお手伝いできることはありませんか？」と尋ねてみるというものでした。「迷惑ですので、今後ご連絡はお控えください」という返信が来ると覚悟していましたが、そんなメールは誰からも送られてきませんでした。ジア・ジアンは、彼のブログにゲスト投稿したいというデイヴィスの申し出を承諾してくれましたし、ある作家は講演の依頼に応じてくれました。とはいえ、たいていはまったく反応がないか、「ノー、サンキュー」と丁重に断られました。

デイヴィスは次第に、拒絶されてもあまり気まずさを感じなくなっていきましたが、それでも、彼にとって特別な存在であるスーザン・ケインには、気後れして、どうしても連絡することができませんでした。内向性のもつ力について書かれたスーザンの著作（『内向型人間のすごい力――静かな人が世界を変える』）は、《ニューヨーク・タイムズ》紙のベストセラーリストに七年間もとどまり続けました[11]。彼女の講演がＴＥＤトークで公開されると、その再生回数は史上最多に迫る数に達しました。それでも、スーザンは謙虚で控えめな態度を崩しませんでした。まさに、ロールモデルにふさわしい人物です。

デイヴィスはあるとき、スーザンが内向型の人のためにオンラインでパブリック・スピーキング講座の開設を考えているという話を耳にして、行動すべきときが来たと決意しました。無謀な試みのように思われるかもしれませんが、デイヴィス自身、「内気な人のための話しかた（Speak for the Meek）」と名付けたワークショップをすでに立案していたので、スーザンの役に立てるかもしれないと思ったのです。そこで、デイヴィスはスーザンに連絡して、彼女の講座の概略をまとめ、詳細を立案し、宣伝する手伝いを――もっと言えば、必要なことは何でも――無償でさせてほしいと申し出ました。返事をもらえたのは一カ月後でしたが、電話での長時間の話し合いと直接の面談を経て、デイヴィスは夏のあいだ無償のインターンとして彼女のもとで働けることになりました。彼は仕事に打ち込み、見事な成果を挙げました。その夏の終わりに、スーザンは彼の成し遂げた仕事に対して報酬を支払い、翌年も力を貸してほしいと頼み、デイヴィスを驚喜させました。二人はその後も協力しあい、スーザンは自身のポッドキャスト番組の初回に、デイヴィスと対談までしています。

スーザンはデイヴィスの良き助言者となりました。彼女に卒業後はフルタイムで一緒に働かないかと誘われたとき、彼の夢がひとつ実現しました。デイヴィスはスーザンも、彼女との仕事も大好きでした。ところが、彼はこの誘いに何と答えたと思いますか？　「ノー、サンキュー」です。デイヴィスはすでに、これもまた彼の夢のひとつだった別の仕事のオファーを受けていたのです。その話を聞いたスーザンは、そのオファーに応じるよう背中を押してくれたといいます。二人はその後も、親しい友人であり続けています。

二四時間の「ノー」チャレンジや拒絶される試みなどまっぴらだと、あなたは思っているかもしれません。それはそれでいいのです。この本に書かれたアイデアにすべてノーと言ってもかまいません。あなたのボスはあなた自身なのですから。あなたにはもっと難しい挑戦が必要なのかもしれない。あなたが自由になるには、現状を一転させるようなもっと重大なノーでなければならないのかもしれない。それは、これまで全力で取り組んできたことへのノーかもしれないし、すでに与えた何らかの同意へのノーかもしれない。でも、これだけは覚えておいてください。翻意しても、間違っていてもいいのです。自分の言葉に縛られて心の英気を吸い取られるぐらいなら、「約束は約束だ」などと律儀に守り抜く必要はないのです。あなたは活力を奪う吸血鬼、たとえば仕事や人間関係、隠しておくことに嫌気がさしてきた秘密にノーと言うべきなのかもしれません。ちょっとした罪悪感や羞恥心、正義感にノーと言うのもいいでしょう。あるいは、社会規範や自身のすばらしいアイデアのくびきから逃れるのも悪くない。いいアイデアが浮かんだからといって、それをこの世に産み出して、大学を卒業するまでずっと育てていく義務などないのです。ノーと言うことは、自分の人生をどう生きるかという人間の基本的な権利を主張することにほかなりません。

ただ、それは同時に、魔法のように不思議な変化も引き起こします。あなたはノーと言うことで、自分がノーと言われても受け流しやすくなり、その結果、あなたの依頼からは相手を尻込みさせかねない切迫感や拒絶に対する恐怖感が消えます。依頼はむしろ、気軽な誘いのようなものになるのです。こうなれば、あなたが何かを頼んだときに、相手がイエスと応じてくれる確率は上がります。あなたが明確な方針をもって前向きな姿勢で臨めば、その自信は相手にも伝わり、信頼を勝ち得ることができます。その場の誰もがより打ち解けて、自由に発言し、影響力がもたらすお互いの利益について心を開けるようになるのです。

第3と1／2章　まずは頼んでみる

　ワークショップの冒頭、私は財布から二〇ドル札を取り出します。

「さて今日は、この二〇ドルを差し上げようと思います。どなたか私を説得してこれを手に入れようという方はいませんか？　この紙幣は本物ですし、私は本気ですよ」そこここで愛想笑いが漏れたのち、ひとりの女性が手を挙げます。私は彼女に歩み寄って、待ちます。

　ぎこちない笑みを浮かべて挨拶程度の言葉を交わしたあと、彼女はこの二〇ドルを自分がもらうべき理由を説明しはじめます。携帯電話の充電器が必要です。ユニセフに寄付をしようと思います。先生に花を贈るつもりです。

「なるほど」と私は応じます（応じるとすれば、そんなふうに言うでしょう）。そして、二人とも黙り込みます。女性はもうどうすればいいかわかりません。説得を続けてきたのに、私が紙幣を手放そうとしないからです。私はたまりかねて、ほかの出席者に向かって聞きます。「彼女には何が足りないと思う？」

「彼女はくださいと頼んでいません」

彼女と同じ状況に立たされたとき、お金をくださいと頼んでいないのに頼んだと思い込んでいる人がどれほど多いか知ったら、あなたはきっと驚きます。ですが私は、「その二〇ドルを私にくれませんか？」とか「そのお金をもらえませんか？」と頼まれるまでは紙幣を渡しません。

ノーと言うことと並んで、影響力を高めるためにできるもっとも簡単な方法は、まずは頼んでみることです。もっと頻繁に、もっと率直に、もっとたくさん頼むのです。ほしいものをほしいと言う人のほうが、より良い成績を得たり[1]、昇給や昇進が叶ったり、仕事でより大きなチャンスに恵まれたりするものですし[2]、オーガズムに達することさえ多いというのです[3]。これらは言うまでもないことのように思われますが、じつは違うらしいのです。

多くの人は、頻繁に頼みごとをするようになって初めて、それまで自分がいかに口に出して頼んでいなかったかに気づきます。私は担当するＭＢＡコースの最終日に、みんなでさまざまな経験をしてきたなかで、この講座で学んだ一番重要なことは何か、学生どうしで話し合ってもらいます。すると、もっとも多いのが「まずは頼んでみること」という答えです。実践を積み重ねることで、理解は深まります。どうやって頼めばいいのかわからないときは？　相手に聞いてみましょう。誠意をもって。相手の気持ちを動かすもっとも単純で、もっとも意外な秘訣のひとつは、どうすればこちらの要望に応えてもらえるのか率直に聞けば、たいてい教えてくれるということです。

頼みごとをするのをためらう人が多いのは、私たちが頼みごとにまつわる心理を根本的に誤解していて、応じてもらえる可能性を低く見積もっているからです。ある一連の実験から、従業員は期限の延長を申し出るぐらいなら、中途半端な出来でも期限までに仕事を提出する傾向にあることが明らかになりました。もう少し時間がほしいなんて頼んだら、上司に無能だと思われるのではないかと懸念していたのです。ところが、上司たちの考えは真逆でした。マネジャーらは期限延長の申し出を、能力とやる気を示す好ましい兆候と見なしていたのです。[4]

フランシス・フリンとヴァネッサ・ボーンズが行なった別の実験では、参加者たちは見知らぬ人に声をかけて、さまざまな依頼をするよう指示されました。依頼は、一〇ページもの質問票に記入してもらう、あるいは、大学のキャンパスの反対側にある見つけづらい校舎まで案内してもらうなど、幅広い内容でした。参加者は実際に依頼をする前に、要求に応じてもらえるまでに何人に声をかけなくてはならないかを予想していました。フリンとボーンズは実験を通して、見ず知らずの人が驚くほど快く手を差し伸べてくれるところを、繰り返し目《ま》の当たりにすることになりました。親切に頼みに応じてくれる人は平均すると、参加者の予想の二倍から三倍にも達しました。[5]

クリスピー・クリーム・ドーナツを訪ねたときのジア・ジアンのように、私たちが依頼をする側に立つときには、断られる要因にばかり目が向いて思い悩みがちです。イエスと言った相手に面倒をかけかねないあらゆる理由が、頭の中を駆け巡ります。ところが、依頼を受ける側は、どちらかと言えば断る難しさのほうに注目する傾向があります。依頼者は手助けの代償ばかりが気になって、それに伴う潜在的なメリットを見過ごしてしまうのです。神経科学者の研究から、寛大な行為は脳の報酬回路を刺激し、[6]ドーパミンの大量放出によってある種の「ヘルパーズ・ハイ（helper's high）」を引き起こすことがわかっています。この気持ちはあなたもおわかりでしょう。困っている人を助けて感謝されれば、気分がいいものです。また、ボランティアをしている人々のほうが、していない人より幸せで健康であること、[7]さらには、自分のためよりもほかの人のためにお金を使ったほうが、心が満たされる傾向にあることが、[8]数々の研究で実証されています。

寛大な行為と幸福感のこうした関連性は私たちに深く根差していて、幼児期から見られます。なんともほほえましいある実験で、研究者たちは魚の形のクラッカーをもらったりあげたりする幼児の顔に浮かぶ喜びの表情をコード化しました。おいしいお菓子をもらうと、もちろん子どもは喜びましたが、実験担当者から渡されたクラッカーを他者役のパペットにあげたときには、満足感がさらに高まりました。そしてもっとも強い喜びを示したのは、自分のもらったクラッカーをあげたときでした。[9]私たちは、寛大な行為には当然メリットがあるとはなかなか思えません。メリットよりも代償のほうが大きい場合もあるからです。しかし、寛大な行為にメリットがあるのは確かなので、もし頼みごとをしなければ、自分自身の喜びだけでなく、この世界に潜在的に存在している喜びも制限してしまっているのです。あなたがもし、嫌われたくなくて頼みごとを控えているのなら、あなたの要望にイエスと応じて心が満たされる機会を相手に与え損ねているのだと考えてみてください。そして、快く依頼を引き受けてくれる人は、思いのほか多いということも。

二〇ドル札の例にあったように、あなたはもっと単刀直入に依頼する必要があるかもしれません。自分では頼んでいると思っていても、ほかの人には希望を暗に匂わせているようにしか見えない場合もあります。率直な物言いに対する基準は、性別や業種や文化によって異なりますし、当人どうしの親しさやその場の力関係にも左右されます。いきなり声をかけて、単刀直入に頼みごとをしたら、ぶしつけだと相手の機嫌を損ねてしまうかもしれません。とはいえ、あまりに遠回しな表現では、あなたの希望や夢には気づいてもらえないでしょう。誰もあなたの心は読めません。それどころか、気づこうとさえしていないのです。彼らは彼らで、自分の希望や夢のことで頭がいっぱいだからです。

では、どれぐらい率直に伝えればいいでしょうか？　はじめは少し遠回しに尋ねてみて、相手が反応しないようなら、もっと直接的に頼むというのもひとつの手です。あるいは、私が婉曲な依頼と呼んでいる、仮定の質問を使ってみてもいいでしょう。「たとえば……についてはどう思われますか？」といったぐあいに。この件については第6章で掘り下げるつもりですが、相手の見解を引き出せれば、思い切って頼んでみるべきかどうか判断がつくでしょう。

あなたは遠慮して頼みごとを控え、頼むときもまわりくどい表現を使うばかりでなく、おそらくその内容も自制しすぎています。そこで、何か**途方もない頼みごと**をしてみてはいかがでしょうか？　ほかの人たちが何を途方もないと考えるかは、あなたにはけっしてわかりません。しかも、その途方もない頼みごとが断られたとしても、あなたの有利に働く可能性のあることが判明しています。[10]

いまや人間関係における影響力の研究では第一人者となっているロバート・チャルディーニは一九七五年に、「非行少年の動物園への引率」を依頼する著名な実験を行ないました[11]。彼の研究助手たちは、アリゾナ州立大学のキャンパスを歩いている人を呼び止めて、市の青少年カウンセリングプログラムに参加している非行少年たちを動物園に連れていって、二時間ほど付き添うボランティアをしてもらえないか、と頼みました。その場で承諾してくれた人は、一七パーセントに上りました（人のもつ優しさにはいつも驚かされます）。とはいえ、これは途方もない頼みごとまでは言えません。次に、研究助手たちは通りがかりの別の人たちに、今度は青少年センターで少なくとも二年間、毎週二時間のボランティアを務めてほしいと打診しました。彼らはこの依頼を断られた（全員が断りました）あと、さきほどと同じように動物園への引率を頼みました。するとと、最初に途方もない頼みごとをされた人たちでは承諾率が上昇し、最初から動物園への引率役だけを依頼された人の三倍にもなったのです*。

大きな依頼を断ったあとにもっと小さな頼みごとをされると承諾率が高まる理由として、**相対的な大きさ**と**返報性**の二つが考えられます。問題を抱えたティーンエイジャーの一団を動物園へ引率するというのは、それ自体が相当に大変な骨折り仕事ですが、向こう二年間、毎週二時間を彼らのために費やすことに比べれば、ものの数にも入りません。つまり、相対的な大きさの問題

＊オリヴァー・ゲンショウは二〇二〇年に、この非行少年の動物園への引率を依頼する研究をケルン大学で再現し、同様の結果を得ました。しかしこのときは、二年間の関与を求める途方もない依頼に、九パーセントの人がイエスと答えたのです。人間は信じられないぐらい、深い深い優しさをもっているのだと再認識させられました。

なのです。あなたが途方もない依頼からもう少し小さな頼みごとへステップダウンすると、相手はその動きをあなた側の譲歩とみなして、それに報いようという気を起こします。交渉に関する研究によって、相手側から何らかの譲歩を引き出せたときに、人は結果に対してより大きな満足感を得ることが実証されています。つまり、譲歩したことであなたの好感度が上がり、相手は交渉で譲歩を引き出した自分自身についてもより誇らしく思うのです。

頼みごとをする（しかも大きな、あるいは途方もない依頼をする）最大の理由は、頼んでみないことには、相手が何に同意をするかわからないからです。あとで譲歩する余地を残しておくために無理な要求をしただけなのに、相手がすんなり承知してくれる可能性もあります。私の教え子が拒絶されようとしているときでさえも、およそ三回に一回は要求が通ってしまうのですから。

誰に頼もうかと迷うときには、男性も検討してみてください。頼みごとをしたり手助けを求めたりするとき、私たちは女性に頼ることが多いせいで、[12]つい女性を思い浮かべ、男性を軽視しがちです。元ＮＢＡ選手のシャキール・オニールは太っ腹なことで知られています。「レストランでは、たくさんチップを渡すよ」かつて彼は、著名な司会者のジミー・キンメルにこう語りました。「感謝の気持ちを示したいからね。だから、店員が俺のテーブルに来たら言うんだ。〈注文の品をすばやく届けてくれたら、そのぶんチップをはずむよ〉ってね。そして店を出る準備をしながら、こう訊く。〈いくらほしい？〉ってね」

店員が求めた最高額はいくらだったと思いますか？　なんと、四〇〇〇ドルです。

これにオニールは何と答えたでしょう？　「いいとも、お安い御用だ」でした。

Just ask.

第4章　カリスマ性の不思議な特質

カリスマ性にまつわる二つの矛盾

人を動かすスキルのなかで何を身につけたいかと尋ねたときに、とびぬけて多い答えが「カリスマ性」です。では、カリスマ性とは何かと訊くと、「人々の注目を集めるもの」とか「存在感があること」などという説明が返ってきます。しかし、私たちがカリスマ性を備えた人々に注目するのはなぜでしょうか？　彼らはいったい何をしているのでしょうか？「カリスマ性」という言葉を辞書で引いてみると、「ほかの人を心酔させる抗いがたい魅力」と定義されています。しかし、人を動かすツールとしてカリスマ性を考えた場合、この説明は漠然としすぎています。たしかにカリスマ性は周囲の人々の注目を引きつけますが、注目なら何でもいいわけではありません。職場をパンツ一丁で走り回っている男性にカリスマ性があるとは、とても言えないでしょう。注目を浴びようとするだけでは、傍《はた》迷惑になりかねないのです。

カリスマ性の矛盾その一――カリスマになろうとしても逆効果

多くの人は通常、意識的に注目の的になろうとはしていません。しかし、潜在意識でこの罠にはまり、カリスマとはかけ離れたやりかたで自分自身に注意を集中してしまうことがあります。ここでしばらく私につき合って、次の問題に挑戦してみてください。

次の各行で、**「私（I）」という単語をよく使う**のはどちらのグループでしょうか？

指導者《リーダー》か、追随者《フォロワー》か？
年齢の高い人か、若い人か？
裕福な人か、貧しい人か？
満ち足りた人か、落ち込んでいる人か？
怒っている人か、恐れている人か？
成績の良い学生か、良くない学生か？
男性か、女性か？

会話やスピーチ、Eメールやその他の文書を、公的か私的かを問わずに分析したところ、各行の下側のグループに属する人たちのほうが、「私（I）」をはじめとする一人称の代名詞を頻繁に、しかも格段に多く使用する傾向にあることが判明しました。[1] この研究のパイオニアが社会心理学者のジェームズ・ペネベーカーで、彼は『代名詞の秘密の生活（*The Secret Life of Pro-*

nouns)』と題する、笑ってしまうほどマニアックな著書の中で、この研究について述べています。彼は、力もしくは立場が劣っていると感じている人々のほうが、自分を指し示す言葉を多用する傾向があることを発見しました。グループ間の違いはある意味、現実に即しています。フォロワーはリーダーの命令に従わなくてはなりませんし、貧しい人は裕福な人に比べて無力です。とはいえ、より正確に言えば、無意識の言語パターンは自分の力、もしくはその欠如をどのように感じているかに根差しています。

アカデミー賞の受賞スピーチを分析したある研究で、俳優のほうが監督よりも一人称を使う頻度が高いことが明らかになりました。[2] あなたがアカデミー賞を受賞した俳優だとしたら、ステータスが低いとはとても言えませんが、それでもやはり監督のほうが立場は上でしょう。代名詞の使用と立場のこの関係は、英語に限った話ではありません。ペネベーカーは同じパターンを、イラクの役人が職場の目上の人に宛ててアラビア語で綴った手紙でも見出しました。[3] 権力や地位、能力や手段を欠いた人は、自分自身の経験にばかり目を向け、一人称による語りに終始しがちになるのです。

注意が自分自身に集中している人は、ナルシシスティックな、もしくは自分を過大評価した話しかたになるのではないかと思われるかもしれません。しかし実際には、正反対の場合が多いのです。一貫して自分に目を向けてしまう原因はたいてい、不安感にあります。人は無力さを感じると、注意を自分の内側へ向けずにいられなくなります。しかも、一人称の多用が自分の心理状態を明かす手掛かりになっていることには、おそらく気づかないのです。

あなたの身体が弱っていたときのことを思い出してみてください。痛みや病気、空腹や寒さに苦しんでいたときのことです。あなたの意識的な注意（裁判官）は、そのときの自分の経験に集中していたはずです。というのも、あなたはどうにもならない現状から抜け出したくてたまらなかったからです。心はこんなふうに叫んでいます。「助けて！　気分が悪い」あるいは「腕が痛い」。自身の困難な状況のことで頭がいっぱいのときには、それが無意識な（ワニによる）一人称の多用に反映されるとしても不思議はありません。こうした自分への注意の集中は、不安や気分の落ち込みといった精神的な苦痛の場合にも起きます。

ペネベーカーが同僚とともに、うつ状態にある大学生が書いたレポートに使用されている代名詞の選択について分析したところ、「私」が多用されていることがわかりました。[4] 自分への言及は、彼らの性格に見られる何らかの不変の特性に起因するものではありませんでした。それはたんに、彼らの心理状態を映し出していただけで、心理状態はもちろん変化します。ペネベーカーは同じ研究で、うつ状態から回復した学生では、「私」の頻度が減少することも発見しました。この分析から導かれる結論は、身体的であれ精神的であれ、無力さを感じているときには、自分のこと以外考えられなくなるということです。こうなると、ほかの人といるときに十分な存在感を示したり、カリスマ性を発揮したりするのは困難です。

私たちの使っている言葉のなかで、自分に注意を集中させるブーメランの役割を担うのは、一人称の代名詞だけではありません。**謙譲表現**にも同じ働きがあります。謙譲表現は相手への服従を言葉で示すことによって関係構築を目指す試みで、犬が仰向けになって腹や喉を見せる動作と同じ意味をもっています。私たちがそれらを使うのは、力や地位に不均衡が存在する状況であることが多く、とりわけ、自分の立場がきわめて弱い場合、つまり、みずからの安全や生活が相手に気に入られるかどうかで変わってくると感じているようなときには、使用頻度が高まります。高い地位にある人間は、他人にどう思われようと気にする必要はありません。もちろん、周囲の目が気になって、傲慢だとか高圧的だとかいう印象を与えないように下手にでる人もいますが。

実際の会話では、どのような謙譲表現があるのでしょうか？「……していただけないかと思いまして」、「……ではないかと思っておりましたが」、「くだらないことをお伺いしてもよろしいでしょうか？」、あるいは「大変恐縮ですが、……」などがそれに当たります（ここでも、動作主体の多くは「私」です）。謙譲表現には、「ある種の」や「どうやら……らしい」、「一般に」、「多少なりとも」、「なくはない」といった表現に見られるように、警戒感と曖昧さが滲んでいます。場合によっては、文末を上げるイントネーションも、謙譲表現としての意味合いを伝えることがあります。従順で親しみのもてるその軽い口調は、発言者の意見を質問に置き換えます。私の言いたいことはおわかりですよね？

「すみません」も謙譲表現としてむやみやたらと使われます。コメディアンのエイミー・シューマーは、彼女の名を冠したコメディショーのコントを丸々一話使って、このことを風刺しています。コントのなかで、世界屈指の専門家を集めた女性ばかりのパネルディスカッションが開催されるのですが、パネリストたちは何かにつけて絶えず謝っているせいで、自分の専門知識を披露する暇がまるでないのです。マイクをハウリングさせて「すみません」、話をさえぎられて「すみません」、咳払いをして「すみません」、自分の名前の発音が違っていることを指摘して「すみません」、世界に名だたるディーバだけにこの炭酸飲料は口にしたくなくて、代わりにお水を頼んでしまって「すみません」などなど。謝罪コントは、淹れたての熱いコーヒーをうっかりこぼされてしまったあるパネリストが、脚にやけどをしたことを謝る場面でクライマックスを迎えます。この「すみません」コントは、すごく笑えると同時に観ていて心が痛くもなります。というのも、誰にでも思いあたる節があるからです。

謙遜したせいで人に嫌われることはないでしょうが、だからといって好かれるわけでもありません。ブーメランと同じで、謙譲表現は注意を絶えずあなたに引き戻します。そのような言い回しは、聞いている者にとっては苦痛で、つい口を挟みたくなるのですが、驚くほど頻繁に使われています。言語と力関係のエキスパートであるジェームズ・ペネベーカーでさえも、上司にEメールを送るときに謙譲表現を使っていました。

ペネベーカーがそれに気づいたのは、テキサス大学の所属学部の数名に、研究室の移動を依頼しなければならなくなったときのことでした。社会的地位が自分より高い同僚のひとりに移動を打診するときに、ペネベーカーは次のような文面のEメールを送っていました。「このような事態を回避するべく努めてまいりましたが、恐縮ながら研究室を空けていただけないか、貴殿にお伺いしなければならないようです」この文章の中心をなす「私」の視点には、へりくだる効果のあることが感じ取れるはずです。さらに、このような書きかたや話しかたをする人の話に集中するのがいかに難しいかもわかるでしょう。こうしたコミュニケーション方法は、追加の解読を必要とするからです。ペネベーカーが切り出しにくさを感じていることは伝わりますが、それ以外のことはどうでしょうか？　彼は何を言おうとしているのか？　具体的に何かを求めているのか、それとも、今後そのようなことになるかもしれないと言っているのか？

あなたは話したり書いたりしているときだけでなく、ほかの人の話を聞いているときにも、意識が自分に向きがちであることに気づくかもしれません。それはみんな同じです。私の心は、「同じようなことが前にもあったけど、いつだったかしら？」から、「次は何て言おう？」へと移ろいます。しかも、話を聞こうと心掛けたところで、たいして役には立たないのです。話に集中しようとねじを巻きなおすと、今度はこんな思いへと心が飛躍しはじめます。「私がちゃんと聴いていることをはっきり示すには、どうすればいい？」、「彼らは私に何と答えてほしいのだろう？」、「私はどうしたら共感を示せるだろう？」、「私にどんな手助けができる？」といったぐあいに。どれをとっても「私」だらけです。

相手への気遣いから出た行為（「あなたの話をきちんと聴いているのは、あなたを気にかけているからだと示したい」）であっても、主役はやはり「私」です。コメディアンのミンディ・カリングは、この現象に関して愉快なコントを演じています。彼女はパーティでの出会いについて、どうにか相手に注意を集中しようと奮闘するようすを語ります。「私はそんな人、ちっともおもしろいと思わないの。ほんとうは、その場を離れたくてたまらない。だけど、私にとって最悪なのは、私がその人をつまらないと思っているとか、この会話からどうにかして抜け出したいと思っているってことを悟られることなの。……あげくに、その人はパーティの帰り際、奥さんにこう言うのよ。ミンディ・カリングは俺にぞっこんだな。二時間もつかまってたんだぜ、ってね」
ほかの人の話を聞いているとき、私たちの意識（裁判官）はこう考えているかもしれません——**彼らはどう感じて、何を考えているのだろう？**　一方、潜在意識（ワニ）はこう考えます——**彼らは私についてどう感じて、何を考えているのだろう？**　この難題を克服するには、より深く相手の話を聴く方法を探るのもひとつの手立てです。それについては、第6章と第6と1／2章で詳しく学びましょう。

ここではひとまず、自分の発言から謙譲表現を減らしたければ、それらの大半を省略すればいいことを覚えておいてください。率直に、言うべきことを言えばいいのです。ジェームズ・ペネベーカーは、先ほどと同じように研究室の移動を求めるEメールを目下の大学院生に送るときには、へりくだる必要をまったく感じませんでした。そこで彼は単純明快にこう書き送りました。「研究室を移動してもらえませんか？」ミンディ・カリングもパーティでもってまわった話しかたをしなければ、カリスマ性を発揮できると承知しています。「ただこう言えばいいのよ。あなたとお話しできて楽しかった。じゃあ、ほかの人たちにも挨拶してくるわね、って」

このような表現の転換には、より深い含意のある変化が反映されています。自分への注目の集中がカリスマ性の対極にあることはすでに見ました。終始自分だけに注意を向けている人と人間関係は築けません。これを解決する方法は、容易ではないにしても単純です。注目の対象を他者にシフトすればいいのです。どういうことか、次の表で見てみましょう。

謙譲表現	問題点	解決法
「間違っているかもしれませんが……」「どうやら… …らしいのですが」「たんなる思いつきではありますが」	現在の事実なのか未来のことなのかはっきりしていなくても問題はありませんが、あなたの意図が明確に示されていないため、相手に聞く気を起こさせません。あなたが間違っている可能性はつねにありますし、それは相手もわかっています。	相手に質問を投げかけてみましょう。「……は可能でしょうか？」「……はいかがですか？」もしくは、相手の好奇心をかきたてます。「ひとつ、驚くようなアイデアがあるのですが」
「私としてはお耳に入れておきたかったのですが……」「……していただけないかと考えておりまして」「……ではないかと思っておりましたが」	あなたの注目が自分と過去に向いているうえ、表現がまわりくどい。聞き手にとっては苦痛です。	注目を相手と未来へシフトすると、まわりくどさも消えるでしょう。たとえば、「どうか、お願いできないでしょうか」「……していただけませんか？」
「お待たせしてすみません」「お話の途中にすみません」「誠にお気の毒に思います」	「すみません」や「気の毒に思う」は、あなたの気持ちを表す言葉なので、相手の気持ちに注目すべきときに、自分の気持ちに注目するよう相手に求めることになります。	「お待ちいただき感謝いたします」「口を挟むことをご容赦ください」「なんてひどい！」

カリスマ性の矛盾その二（その一の裏返し）——相手に注目することによって、相手の注目を引きつける

あなたがほかの誰かに注意を集中しているときには、相手はあなたに注目されている、あるいは理解されていると感じます。あなたは相手にしっかりと寄り添っていて、相手にもそれが伝わります。これは明らかな違いを生みます。存在感に関する精神的な教えでは、自我《エゴ》の解体や、自分自身の心理という罠から抜け出すことに焦点が絞られます。存在感のある演技を指導することで知られる優秀な先生方も、同じ方針を採用しています。私はこの教えをマーティン・バーマンから学びました。彼自身、まるで奇跡のような演技のできるプロの俳優でした。バーマンは、ただ一緒に台本を読むだけで、誰からでもアカデミー賞級の演技を引き出すことができました。彼が教え子たちに明かした秘訣はきわめてシンプルでした。いわく、**舞台上でもっとも重要な人物はあなたの相手役であることを、つねに頭に置いておきなさい**。

強いカリスマ性をもつ人物の多くは、同席する相手にそのとき自分が世界でもっとも重要な人物だと思わせることができるとよく言われます。カルト集団の指導者で犯罪者のチャールズ・マンソンが収監されていたサン・クエンティン刑務所を訪ねて、彼と一対一で接見した人物も、同じようなことを述べています。「人心掌握に非常に長けた人物と会っているときには、こちらに対する強烈な関心を示されることが多い」マンソンといると、その部屋には彼以外自分しかいないかのような気がしたと語っています[5]（実際、彼らは二人きりだったわけですが、私の言いたいことはおわかりでしょう）。

注目の対象を他者へシフトする

注目の対象を自分から他者へシフトするための簡単な方法のひとつが質問です。謙譲表現を質問に置き換えてもいいですし、相手のことについて尋ねてみるのもいいでしょう。人はみな自分の話をしたがるものだということは誰でも知っています。ですが、自分語りをしたいあまり、見知らぬ人たちに取るに足らない情報を伝えるために、金銭を支払うのも厭わないとは驚きです。自己開示《セルフ・ディスクロージャー》のもたらす満足感について研究する神経科学者ダイアナ・タミルは、自分語りが金銭やセックス、チョコレートと同じ脳領域を活性化することを発見しました。[6] だからこそ、私たちは質問をしてくれる人を好ましく思うのです。一連の実験で、参加者は報酬をもらって他人についての質問に答えるか、無償で自分に関する質問に答えるかの選択権を与えられました。質問の内容はささいな事柄でしたが、自分についての質問に答えるという行為自体が楽しいので、参加者はもらえるはずだった報酬の約二〇パーセントを諦めてまで、スノーボードが好きだとか、ピザにのったマッシュルームが大嫌いだとかいったことを伝えるほうを選びました。

自分の話をするのはとても楽しいので、私たちはこちらの話をうまく引き出してくれる人を高く評価します。アリソン・ウッド・ブルックスらの研究から、知り合ったばかりのときには、質問をたくさん投げかける人のほうが好印象をもたれ、お見合いパーティでも次のデートにこぎつける確率が高いことがわかりました。[7] また、相手の返答に関連した質問をさらに重ねると、深い関心の証と解釈されて、好感度がさらに増しました。ただし、質問者をより好意的に捉えたのはその質問に答えた人だけで、その場にいたほかの人たちはそうでなかった点は注目に値します。

このような親近感から親密な関係に発展する可能性はあるのでしょうか？　この答えは、アーサー・アーロンとエレイン・アーロンの設計した研究に見つかります。彼らの実験で、参加者は二人一組になって交互に三六の質問をしました。質問は「夕食に招くとしたら誰ですか？」のような簡単なものから始まります。その後は次第により個人的な内容に変わっていきます。「最後に泣いたのはいつですか？」といったように。[8]そして実験の最後に、二人は黙ってお互いに注意を集中させます。一言も発することなく、四分間見つめ合うのです。ただ注意を向けるだけです。この実験に参加したペアのうち、一組が結婚したと伝えられています。

とはいえ、あなたはここまでやる必要はありません。相手の名前をいつもより頻繁に呼ぶだけで、注意を自分の外側へ向けることを思い出せるのですから。これはまず、あなたの潜在意識に向けた効果的な合図となります――**自分ではなく、相手の話だよ**、と。そしてもちろん、相手の注意を引くためにも役立ちます。なにしろ、自分の名前が呼ばれることには、眠っている者をも起こすほどの力があるのです。デール・カーネギーは早くも一九三八年に、名著『人を動かす』を物して、相手の名前をうまく活用するように勧めています。神経科学はその後、各人の名前には自分への言及に反応する脳部位を活性化する特異な性質があることを裏付けてきました。[9]**私のことね。彼は私に注目しているわ！**

上の階に住むケヴィンが、会話をするたびに相手の名前を何度も何度も何度も口にするのを聞いて、私はデール・カーネギーを思い出しました。「やあ、ゾーイ、元気でやってるかい、ゾーイ？」

彼は検眼士で、街中の人と知り合いのようでした。私たちは彼のことを〝市長〟と呼んでいて、どんなときでも彼に会うと心が和みました。名前を連呼するなんて変わった癖だし、そのことでケヴィンをからかったりもしましたが、その効果は抜群でした。私たちはみんな彼が大好きでした。それは、彼が私たちに好意を抱いていると感じるからでもありました。誰に聞いても、親しみやすく陽気でおどけたケヴィンは、高いカリスマ性があると口を揃えて答えたでしょう。

カリスマ性を手に入れるには、必ずしもいい人である必要はありません（もちろん、カリスマ性を備えたいい人にはなれるでしょうが）。また、カリスマであるには、自分の話をしてはいけないというわけでもありません。前述の代名詞に関する調査は、クリプトナイト〔スーパーマンを弱体化させる架空の鉱物。唯一の弱点とされる〕を使って自分への注目を抑制し、カリスマ性を発揮すべきときを知る手掛かりを見つける役には立つでしょうが、「私」を一切使わないなどのやりすぎは禁物です。この新たな洞察を、今注意を向けるべき人は誰かと、ときどき確認し直すための合図として役立てましょう。そしてそのような相手がいたら、自分に向いていた注目をそちらへシフトすればいいのです。

リラックスした声で自信を示す

シリコンバレーのバイオテクノロジー産業の寵児で、医療ベンチャー企業セラノスの創業者であるエリザベス・ホームズは二〇一五年、女性のエンパワーメントのアイコンでした。彼女は三一歳という若さで、《フォーブス》誌に世界最年少の自力で財をなしたセルフメイド・ビリオネアと認定されています。ホームズは聡明で、魅力的で、タフでした。男性優位の熾烈《しれつ》なハイテク・スタートアップの分野で成功する方法を体現し、若い女性たちに示していました――あるときまでは。というのも、《ウォール・ストリート・ジャーナル》紙のジョン・キャリールー記者が、世界中の人々の健康改善を謳《うた》っていたセラノスの血液検査が、まったくのでたらめであることを暴露したのです。ホームズは投資家にも同社の役員にも嘘をついていました。テレビ番組でも、世間の人たちにも嘘をついていました。結果論になりますが、何か嘘を示唆する兆候はなかったのでしょうか?

この件について、世間の見方はあるひとつの危険信号に絞られました。エリザベス・ホームズの声です。この細身でブロンドの若い女性は、一日一箱のタバコを吸う老人男性のような声の持ち主として知られていました。そんなダミ声の女性など、けっして信用すべきではなかったのです。一方で、彼女の「ほんとうの」声を知っていると名乗り出た証言者たちの話によると、彼女の声はもっと高く女性らしいそうです。

長らくイギリス首相を務めたマーガレット・サッチャーは、職務に追われて多忙をきわめていたにもかかわらず、専門の指導者から深みのある低い声の出しかたを学んでいました。サッチャーもホームズも無知ではありません。さまざまな研究によって、聞き手は声が低い人をより強く、[10]有能で、魅力的で、[11]力があるとみなし、良い指導者になる可能性が高いと判断する[12]ことが示されているのです。しかし私には、エリザベス・ホームズやマーガレット・サッチャーをはじめ、影響力を向上させるために声を低くするよう教えられた誰もが、低い声のほうが影響力が大きい理由について、大事なことを誤解しているように思われてなりません。

緊張や気後れを感じて人目が気になっているときに、気づいたら猫背になっていたり、身を守るかのように胸の前で腕を組んだりしていたことはありませんか？　これは見た目の印象を悪くする（不安でしかたないように見えます）のはもちろん、声の印象にも悪影響を与えます。影響力の観点からすると、声は外見に負けず劣らず、重要な要素です。私たちは神経が昂ると、喉を締めつけるような動作をしがちで、そのせいで声が高くなったり、一部の人を非常にいらだたせる耳障りなきしみ声になったりします。絞り出すような甲高い声が恐怖や緊張を連想させるのなら、説得力を欠くとしても無理はありません。**生来の低い声域で話す**ことには、正反対の効果があります。つまり、自信の表れとみなされるのです。それには横隔膜と喉をリラックスさせる必要があり、脅威を感じているときには絶対にできません。生まれもった低い音域の声は、聞き心地が良く自信に満ちていて、あなたの存在感を増す効果を発揮し、人々の注目も集まりやすくなります。これは性別を問わず当てはまります。

生来の低い声域で話す練習を少しするだけで、あなた自身も自分の存在感が増していくのを実感するでしょう。最初のうちは、低い声域で話すことに違和感を覚えるかもしれません。新しいことを始めるときはいつだってそんなものです。まずは電話で練習するのもお勧めです。立とうが横になろうが、あなたがくつろげる体勢が自由にとれるからです。目を閉じるのもいいでしょう。少しゆっくりと話すのでもかまいません。気詰まりを感じるようなら、友だちに試す前に、見知らぬ人を相手に練習してみてはどうでしょうか。そのときにはどうか、相手がだんだんとあなたの言葉に心を開いていくようすが見られるかどうかに注目してください。私が声の効用を意識しはじめた頃に、当時の恋人から「君の声は何時間でも聴いていられる」と初めて言われたのを覚えています。

俳優、歌手、ダンサーといったパフォーマーは、姿勢改善トレーニングのエクササイズを活用して身体の緊張を解き、声をリラックスさせています。まずは目を閉じて立ち、両腕を脇に下ろして、**見えない糸**が胸骨からまっすぐに空に浮かぶ雲へと伸びているようすを思い浮かべます。続いて今度は、その糸がそっと上へ引かれていると想像しながら、ゆっくりと深呼吸を何度かします。あなたの両肩は緩やかに後ろに引かれ、胸郭が広がります。腕の重みが感じられます。このときどんな感じがするのか、実際に体験してみてください。身体を開いてリラックスさせたこの姿勢に促されて、あなたの声はひとりでに生来の音域へと下がっていくでしょう。うまくすると、身体を開いて声の緊張が解けたおかげで、謙譲表現を減らすのも楽になったと感じるかもしれません。そうなれば、外見においても話しかたにおいても、あなたのカリスマ性は高まり、人々は自然とあなたに注目するようになるでしょう。

スポットライトを浴びるカリスマ

一〇〇人ほどのファンでぎゅうぎゅう詰めになったクラブ〈３１２１〉で、私は夢がもうすぐ叶うという期待に胸をときめかせていました。小学生のときから憧れ続けたプリンスのパフォーマンスを、生で観られるのです！　ドラムがリズムを刻みはじめると同時に、伝説のアーティストがサテンのロングジャケットと厚底のプラットフォームヒールで、ステージ上に悠然と姿を現しました。プリンスは両手でマイクを持ち、足を止めると、私の目をまっすぐに見つめました（間違いないわ！）。そして、喉を震わせるような甘い声で、オープニングナンバー「サティスファイド」を歌い始めました。

私は友人の腕をつかんで言いました。「気絶しそう」

この言葉を発したちょうどそのとき、反対側にいた女性が気を失って、バタンと床に倒れました。彼女を搬送した救急隊員から聞いた話では、プリンスのコンサートでは気絶者が出ることも珍しくないそうです。彼の強いカリスマ性にあてられてしまうのでしょう。

とはいえ、プリンスは最初からそのようなカリスマ性を備えていたわけではありません。それどころか、カリスマ性の欠如から、彼のキャリアはスタートを切る前に台無しになりかけたのです。音楽業界の関係者は、若き日のプリンス・ロジャーズ・ネルソンが才能豊かなミュージシャンであることは認めていましたが、そのぎこちないパフォーマンススタイルには手の施しようがありませんでした。プリンスは観客に背を向けているときがもっとも落ち着くようでしたし、曲の合間にトークをしたとしても、蚊の鳴くような声でつぶやくのがせいぜいでした。一九七九年に行なわれた二度目の単独ライブには、ワーナー・ブラザースのスカウトマンも駆けつけましたが、プリンスと同社のレコードレーベルの契約については異論を唱えなかったものの、ツアーの開催は認めませんでした。

シングル曲「ウォナ・ビー・ユア・ラヴァー」がヒットチャートの上位に入ったにもかかわら

ず、プリンスのツアーはそれでもまだ実現していませんでした。そんなとき、当時ファンクの帝王として君臨していたリック・ジェームスが、自分のツアーの前座を務めないかと、この新進気鋭のアーティストに声をかけてくれたのです。リック・ジェームスがのちに語ったところでは、プリンスがトレンチコートに足首で絞ったゆったりしたズボンといういで立ちでステージにあがると、「客席のやつらはひどいブーイングを浴びせた」といいます。

しかし、プリンスは諦めませんでした。彼はそれまで、毎日何時間も練習を重ねて、抜群の音楽テクニックを習得してきました。そこで、ステージ演出についても同じアプローチをとりました。つまり、リック・ジェームスをはじめ、自分の尊敬するパフォーマーの一言一句、一挙手一投足を細心の注意を払って観察したのです。そしてそれを参考に、ステージパフォーマンスを改善し、ここがもっとも重要なのですが、観客に目を向けることを学びました。プリンスは新しいやりかたを繰り返し、やがてすっかり身につけました。彼は話しかけたり質問したりしながら、ファンをコール&レスポンスに招き入れました。ツアーが終了する頃には、プリンスは見違えるようになって、観客をくぎ付けにしていました。リック・ジェームスは、嫉妬を覚えたと認めています。カリスマはなるものではなく、することで[13]カリスマ性を自分のコントロール下に置く行為なのです。つまり、人々とのかかわりかたをうまく修正できれば、カリスマ性は高められるのです。

一対一の人間関係で役立つツールについては、これまでにいくつかご紹介してきました。そこで今度は、多くの人が恐怖を感じるパブリック・スピーキング[14]を含めた、大勢の前でのパフォーマンスに活用できる手法を見ていきましょう。教え子がささいな修正を試し、壇上で聴衆を惹きつけてやまないパフォーマンスを披露するのを見るときほど、教師として幸せを感じることはありません。ある学生は声帯の手術が原因で、ささやくような小声でしか話せなくなりました。声が聞きとりづらいせいで、周囲の人は自分の話に興味をもってくれないと彼女は思い込んでいました。しかし、どのように注意を向ければいいのかについてちょっとした指導を受け、マイクをひとつ使っただけで、彼女は一言も聞き漏らすまいと聞き手を惹きつけられるまでになりました。また別の教え子は、母親の話で私たちを魅了し続けました。彼はハンガリー語で話していたので、私たちは彼の言葉を一言も理解できなかったというのに、です。そして極めつきが、スカリ・ブラウンです。彼女は授業を見学に来ていた入学希望者でしたが、自分はその場にそぐわないと感じていました。

スカリは人前で話すのが大の苦手でしたが、とにかく挑戦してみようと志願し、その数カ月前に公開された映画『ブラックパンサー』を観たときのことを話しました。私は彼女が聴衆を惹きつけられるように、小さな修正点をいくつか助言しました。聴衆の一人ひとりに順に目を配りながら、スカリは語りかけました。あなたによく似た人が大きなスクリーン上で、いつも麻薬の売人やその仲間の役を押しつけられているのを観るとはどういうことか、考えてみてください。しばしの間《ま》。私たちは身を乗り出しました。そこで彼女は再び問いかけます。では、あなたによく似た人が初めてヒーローを、誇りと力に満ちあふれたヒーローを演じているのを観るとはどういうことか、想像してみてください、と。彼女はその映画館に通って、『ブラックパンサー』を五回も観たと語りました。私たちは彼女の尊厳、彼女の怒り、彼女の希望を感じました。私たちはいっせいに盛大な拍手喝采を送り、彼女はその栄誉に浴しました。その後私のもとに送られてきたスカリからの手紙には、こう綴られていました。「あのときまでは、私はそこに――つまり、イェールに、ゼミに、さらに言えばＭＢＡの取得を目指すことに、ふさわしい人間なのか、疑問に思っていました。ですが、激しい動悸が収まり、呼吸がふだんどおりに整うと、私にはそれができるとわかったのです。私の居場所は間違いなくここなのだと」

ステージを自分の居場所だと思えれば、もうこちらのものです。ここからは、その境地に達する助けとなりうるアイデアやツールをいくつかご紹介します。私がスカリに教えたのは、以下のことだけです。

ステージ上で時間は歪む

大好きな人と過ごす一時間は、わずか一分のように感じられる一方、歯科医院の椅子に座っている一分は一時間にも感じます。表現は異なりますが、アインシュタインも相対性理論を説明する際に、これと同じことを言っています。時の進みかたはあなたの座標系によって決まります。あなたがもし、自動車事故に遭ったり転んだりしたときに、スローモーションのように感じたことがあるなら、すでにこの時間の歪《タイムワープ》みを体験していることになります。事故が起きているあいだ、ワニの活動はきわめて激しくなります。ワニは隅々にまで多大な注意を向けるので、あなたの目に映る映像には、一秒当たりのフレーム数が増えたかのような効果が生じます（実際の映画でも、スローモーションのシーンはまったく同じ手法で撮影されています)。けれども、同じ経験を共有する人たちの座標系が違っていたら、時間には奇妙な現象が起こります。

その一例が、聴衆の前に立ったときに生じる時間の歪みです。時間の進みかたは、壇上で話をする人と聞き手とでは異なります。そのため、両者のペースを合わせるのは難しいのです。緊張すると(人前で話すときに緊張しない人などほとんどいません)、それをきっかけにワニ脳の意識が亢進状態になり、一瞬いっしゅんに注意が向けられるようになります。聴衆のほうには緊張する理由もないので、意識の亢進は起きません。こうして時間の歪みが生じるのです。

私の授業では、希望者を募ってみんなの前で一分間スピーチをしてもらい(スピーチはその後、私を含めた全員が評価することになるので、当然のことながら、ストレスはそのぶん大きくなります)、そのあと聞いていた学生たちに感想を求めます。テンポはどうでしたか? 速すぎた、遅すぎた、それともちょうどよかった? ほとんどの場合、速すぎたという答えが返ってきます。緊張すると時間がゆっくり進むように感じられるので、緊張した発表者はプレゼンテーションのあいだじゅう早口で話し、聞き手側は話の内容についていくのに必死になります。集中し続けるには多大な努力が必要なので、ワニはほかのことに気を取られはじめます。時計や携帯電話を確認したり、そっと抜け出したり。話すスピードを落として聴衆のテンポに合わせられなければ、発表者は聞き手の注目を引きつけられず、メッセージを伝えることはできません。ところが、話すスピードを落とすというのは、なぜか難しいようなのです(見ているぶんには面白いのですが)。ゆっくり話そうとすると、音節ーーーが長ーーーく引き伸ばーーーされーーーることがあります。アルイハ　ロボット　ノ　ヨウナ　ハナシカタ　ニ　ナル　コトモ。しかし、時間の歪みの問題解決にほんとうに役立つのは、**間《ま》の力**です。

授業では、多くの時間を割いて間の取りかたを学びます。[15] 私は発表者に、プレゼンテーションをするときは、すべてのピリオドとカンマのあとに間を置き、これでは遅すぎると確信するまでスピーチの速度を落とすよう指導します。そこまでしても、聞き手は適切な速さだったと答えます。間は聴衆と心を通わせて、話に追いつこうと頭を巡らせている人たちにしっかりと注意を向けるための時間なのです。間を取ることで自信が伝わり、また、自信がなければ間は取れないのです。

全身を使って間を取ると、とりわけ効果的です。全身で取る間とは、歩いたり、もぞもぞしたり、派手な手振りをしたりせずに、自然な呼吸で腕を両脇に楽に下ろした状態を言います。プレゼンテーションの最中だけでなく、その前後にもこの間を置きます。カリスマ性を高める重要な要素であるこの間は、単純すぎて教えたり練習したりする人はほとんどいませんが、どのような話し手にもパフォーマーにも効果があります。

以下に、公的な場でスピーチやパフォーマンスをするときに、全身で取る間を活用する方法をご紹介します。

- 誰かほかの人がスピーチやパフォーマンスをしている最中には、全身の動きを止めて、**相手にしっかりと注意を集中しましょう。**聴衆の誰かが質問しているのか、若手の従業員がミーティングで発言しているのか、あなたのバンドのメンバーがソロ演奏をしているのか。いずれにせよ、聴衆の注目を浴びるべき人物は、あなたの注目も引きつけなくてはなりません。周囲を見回したり、下を向いたり、目を逸らしたりしたくなることもあるでしょう。しかしそんなことをすれば、その場の集中をなし崩しに損なってしまいますし、いざ自分がスピーチをする段になったときに注目を求めても、いったん散漫になった注意を再度引きつけるのは容易ではありません。ほかの人がカリスマ性を発揮すべきときには、周囲の人たちの気を散らせても、自分が別のことに気を取られてもいけません。

- あなたにスピーチやパフォーマンスの順番が回ってきたら、紹介してくれる司会者がいれば、その人に感謝を述べたあと、**聴衆のほうへ目を向けましょう**。大きくひとつ息をつくあいだ、全身でしっかりと間を取り、にっこりとほほえみかけます。こうすれば、はじめから聴衆の注目をくぎ付けにしておけます。パネルディスカッションや堅苦しくない会合ならば、それほどはっきりとした間を置く必要はありませんが、あなたの注意を聴衆へシフトする時間を取ることで、相手の注意も引きつけることができるでしょう。その結果、すべての目があなたに注がれるのです。
- スポットライトを浴びる順番を終えたら、その場を立ち去る前に、聴衆に感謝を伝える時間を取ります。拍手が起きた場合、その場で少なくとも一呼吸分はそれを受けとめ、**すべての聴衆の注目をそのままあなたに引きつけておきましょう**。聞き手の一人ひとりに目を向けてきたあなたは、燃え盛るようなカリスマ性を発し、誰もがそれを感じ取ったのです。そんなときは、謙虚に感謝の気持ちをこめて称賛を受け入れましょう。ステージを急いで離れるのが謙虚な証だと考えがちですが、じつは陳謝の気持ちを暗示しています――**貴重なお時間を無駄にしてしまい、申し訳ありません**、と。ですから急ぐことなく、しばらく間を取って、聴衆に感謝のメッセージを伝えましょう――**貴重なお時間をありがとうございました。感謝いたします。私もあなた方と楽しいときを過ごせました**、と。頷くもよし、頭を下げるもよし、胸に手を当てるもよし。あなたの人柄やその場に不相応でないなら、投げキスをしてもかまわないでしょう。

間を置く（ほんの一瞬でも、少し長くても）だけで、あなたと聞き手でずれが生じていた時間の進行を、ふたたび揃えることができます。間のあいだに、聞き手はあなたの話に追いつきます。間は壇上で存在感を発揮するために重要な二つの秘訣のひとつです。

そしてもうひとつの秘訣が、「輝き《シャイニング》」です。

カリスマ性の矛盾その三に基づく秘訣――多くの人と心を通わせるために、ひとりと心を通わせる

プリンスと目が合ったとき、彼がほんとうに私を見つめていたのか、失神した女性やその隣の男性、あるいはまったく違う誰かに視線を送っていたのかはわかりません。でも、そんなことはどうだっていいのです。個人的に心を通わせたという実感はとても強烈で、観客は全員くぎ付け

にされたのでした。このテクニック――ひとりと心を通わせることで、大勢と心を通わせる――が**シャイニング**[16]です。

私の授業では、このテクニックを次のような方法で練習します。まずは、人前で話すのが苦手な人に名乗り出てもらいます。そして、その学生が聞き手全員と心を通わせる（心の底から通じ合う）までにどれぐらいの時間がかかるかを調べます。これは簡単な課題ではありません。じつのところ、シャイニングは相当に高度なスキルなので、プロの講演者やパフォーマーでも使いこなせる人は一握りです。しかし、初めての人でもシャイニングの技法を習得することは可能ですし、ともに練習する仲間と場所があればなお良いでしょう。

もし話し手に立候補してくれたら、あなたには母国語で話をしてもらいます。おとぎ話や宗教的な寓話のように、何度も聞いたり語ったりしてきた話にしてください。個人的なエピソードでもかまいませんが、これまでに何度も話したことのある内容に限ります。シャイニングを使うには、即興で話せる、あるいは、何度も練習を積み重ねて言葉が自然に流れ出るまでになったものなど、気負わずにたやすく話せる題材でなくてはなりません。そのような話をワニがしているかぎり、裁判官は身体の残りの部分に何をすべきか指示を出していられます。シャイニングを実践するうえで、聞き手があなたの言葉を理解できるかどうかは問題になりません。一言も発しなくても、シャイニングは使えます。

シャイニングは、部屋に二人きりでいるかのような錯覚を相手に抱かせる、電撃的な心の結びつきです。シャイニングの実践には、親密な趣があります。言葉を交わすことなく、互いの目を見つめあうのですから。プリンスのコンサートで女性が失神したのは、まさにこのためでした。

シャイニングは、ほかのどんなパブリック・スピーキング戦略とも違います。というのも、相手の自発的な関与を必要とするからです。シャイニングはあなたひとりでは成り立ちません。うつむいて携帯電話を覗《のぞ》いている人ともできません。相手があなたのシャイニングを感じ取ってくれたときにだけ成立するのです。それに、相手もあなたのシャイニングを感じ取りたいと望んでいます。それによって生きる力をより強く実感できるからです。パフォーマーであるあなたも同じように感じるでしょう――心が通じ合い、無防備に自分をさらけ出すと同時に力がみなぎってもいる、と。注意を集中して誰かと向き合っているとき、あなたは心を開いて、相手の注意も受け入れているのです。

では、実際にシャイニングを実践する方法に移りましょう。まずは聴衆のなかのひとりをじっと見つめ、心を開いてその人に、その人だけに語りかけます。二人の心が通じ合ったと相手に感じてもらえるまで、集中してエネルギーの贈り物を届け続けてください。あなたが送るメッセージはこうです。**私はここにいる。あなたもここにいる。私たちはここにいる、一緒に。よろしく。**二人のあいだで交わされるエネルギーは、愛のようなものです。いえ、おそらく愛そのものなのでしょう。

授業でシャイニングを練習するときには、聴衆役の学生はまず全員が手を挙げ、登壇者と心が通じたと感じた人から、手を下ろしていきます。登壇者の目標は、全員に手を下ろしてもらうことです。時間の歪みは、ここでも一役買っています。話をするほうは、心を通わすまでにこれほど時間がかかるのかと驚きますが、聞き手側はそうは思いません。そして、心がほんとうに通い合ったあかつきには、両者の時間がふたたび一致するだけでなく、止まったかのように感じられるのです。このレベルまで心が通じ合ったときには、それに続いて教室のあちこちで手が下がりはじめ、話をした学生も聴衆役の学生も驚くことになります。他人の心の結びつきでも、自分が直接心を通わせたように感じられる場合があるのです。

シャイニングは、一声かけただけで簡単に成功するわけではありません。それに、聞き手のなかには、心が通い合ったと感じるまでに高いハードルを設定している者もいて、あなたが彼らの魂に触れるまで、手を下ろそうとはしないでしょう。そんな相手には、接近が効果的です。しばらく話しかけ続けても手を下ろさない相手がいたら、あなたは見切りをつけて、誰か別の人と心を通わせようと考えるでしょう。しかしここで、間を取ることを思い出して、その人に一歩近づいてみてください。必要ならば、さらにもう一歩。だんだんと距離が縮まっていくと、やがて相手は手を下ろすでしょう。シャイニングを実践しようと、勇気を奮って自分をさらけ出した人間に目の前に立たれたら、心が通い合っているという感情を無視できる人などいません。シャイニングの効力は非常に強いので、渋々スピーチを引き受けた人も、スピーチに不慣れな人も、わずか五分か一〇分で、三〇人のクラス全員と心を通わせることができます。

今度大勢の前でスピーチをする機会があったら、聴衆を眺めてみましょう。そのなかにも、シャイニングを実践している人がいることにあなたは気づくでしょう。彼らはほほえんだり、頷いたり、あなたのジョークに笑い声を立てたりします。彼らは集中して嬉しそうにあなたを見つめて、あなたの注意を引きます。なかには、まぶしいほどのシャイニングを放っている人もいて、自然とまわりの人が誰も目に入らなくなってしまいます。そのような人とアイコンタクトを取ると、彼らのエネルギーであなた自身のエネルギーが高まるように感じられるでしょう。

聴衆のなかでシャイニングを放つそのような存在に、あなたもなれます。前方の席に着いて発言者の視線を追い、心を開いて、自分のエネルギーをその人に向けて放出するのです。ほんとうの意味で深く耳を傾けるわけです。するとむこうもそれを感じ取って、あなたと視線を交わすでしょう。あなたの存在はかならずや相手の注意を引くからです。聴衆から届くシャイニングは、話し手にとってはありがたい恵みにほかなりません。また、心を通じたことで、質問がしやすくなりますし、あとから声をかけるにしても気負わずにすむでしょう。

あなたがベテランの講演者で、もはや壇上で緊張することもないのなら、あなたのシャイニングを受け入れそうにない聴衆と心を通わせることに挑んで、シャイニングのレベルを一段引き上げてみましょう。相手は携帯電話を確認しているのかもしれませんし、うつむいてひたすら何かを書きつけているのかもしれません（この場合、あなたの話に熱心に耳を傾けている可能性もあります）。ウトウトしているのかもしれませんし、あなたの話に懐疑的だったり退屈したりしているのかもしれません。

こうした人たちは、あなたがいくら見つめても気づかない可能性があります。けれども、あなたが歩み寄ったり、名前で呼びかけたりすれば、状況はきっと変わります。心ここにあらずと見限るのではなく、ふたたびその場に迎え入れるのです。これはほかの聴衆にとっても恵みとなります。渋々参加している聴衆とのあいだに築いた心の結びつきは、その場にいるすべての人に影響を及ぼすからです。聴衆は数個の電球しか点灯していないストリングライトのようなものです。うわの空だった人とあなたが一緒に「輝け」ば、とたんにすべての電球に明かりが灯ります。表情が明るくなって、目が輝き、一人ひとりがそれを実感するのです。

カリスマ性とはつまり、心の結びつきにほかなりません。

第4と1／2章　真実の瞬間

あなたが到着したとき、パーティはすでにたけなわでした。大音量で音楽が流れ、ゲストたちはそこここでグループに分かれて、互いの声を聞きとろうと顔を寄せ合っています。あなたが入っていっても、歓迎の拍手は起きません。ふいに口をつぐんで、あなたの新調した服に見とれる人もいません。パーティは何事もなかったかのように続いています。もう少し早く到着していたら、主催者も光沢のあるスラックスをはいた男ではなく、あなたに話しかけていたかもしれません。しかし、そのときまだあなたはいなかった――たった今着いたのです。とはいえ、その場に立ち尽くして、出入り口をふさいでいるわけにはいきません。

気後《きおく》れを感じて、あなたはあてどなく歩きながら、どこかへ向かっていると見せかけるために、参加客たちを見渡します。すると、友人のひとりがあなたを見つけて手招きします。あなたは友人のもとへ向かい、そのグループの端のほうに立って、ピンク色の髪をした女性の話に耳を傾けますが、女性は笑いをこらえられずに話が進みません。それでもあなたは、話をさえぎって口を挟んだりせず、女性の話はようやくオチにたどり着きます。あなたは友人を脇へ引っ張っていきはしません。それに、パーティが始まったばかりのときのように、みんなの名前を尋ねたりもしません。そのかわりに、あなたは流れに逆らわず、周囲の人たちに合わせて笑います。場合によっては、コメントや質問をするかもしれません。相手にあなたと挨拶を交わそうというそぶりが見えれば、あなたは自己紹介をします。また、あなたの話を聞きたそうなそぶりがあれば、話もするでしょう。

もちろんあなたは、パーティでのエチケットはわきまえています。しかし、日常生活で誰かの注意を引きたいと思ったときには、その人の生活がすでに最高潮に盛り上がったパーティであることを忘れてしまいがちです。彼らがあなたに目を向けようとするかどうか——目を向けてくれたとして、その後どう応じるか——は、タイミングにかかっています。いつ頼むかはときに、どのように頼むか、さらには何を頼むかよりも重要です。じつは、相手があなたの影響をとりわけ受け入れやすくなる状況というものが存在し、**真実の瞬間**と呼ばれています。[1]裁判官の意識的な注意はつねに何らかの対象に向けられているので、それが何かを見極め、あなたのアイデアがそれにぴたりとはまりそうならば、提案を持ちかけられるかどうか検討してみるといいでしょう。もしかすると、相手の直面している問題の解決策を、あなたが手にしているかもしれません。実例をひとつご紹介しましょう。

真実の瞬間を活用したマーケティング・キャンペーンで私が二番目に好きなのが、セブパシフィック航空が実施したある販売促進活動です。香港はそのとき雨期の真っただ中で、来る日もくる日も長時間の雨に見舞われ、誰もがずぶぬれになって鬱屈《うっくつ》した気分を抱えていました。セブパシフィック航空の広報チームは、すでに飽和状態のデジタル市場への進出を目指すかわりに、豪雨の合間に街へ出ると、ステンシルシートに撥水スプレーを吹きつけて、歩道にメッセージを転写しました。スプレーは乾いたセメントに吸い込まれて消え、見えないインクのような役目を果たします。何千という人たちが、メッセージに気づくことなく、その上を通り過ぎていきました――次の雨が降るまでは。

ふたたび激しい雨が歩道を水浸しにすると、傘の下に身を縮めて歩く人たちの足もとに、セブパシフィックのメッセージが魔法のように浮かび上がってきました。[2]「フィリピンの空は晴れわたっています」と。ステンシルされたQRコードを読み取ると、セブパシフィック航空のホームページにつながり、ビーチリゾートへ向かう便がモンスーン特別価格で提供されました。この販促キャンペーンによって、同社の売り上げは三七パーセント増加しました。マーケティング分野の方々にはおわかりでしょうが、これは大成功と言えます。人々の心をわしづかみにできたカギは、熱帯の光に満ちた保養地への誘いがもっとも歓迎されると思われるとき（激しい雨に打たれているとき）に、すでにみんなの注意が集中している場所（歩道上、水溜まりを避けるため）に秘密のメッセージが現れるように仕組んだことにあります。真実の瞬間とは、時間、場所、あるいはその両方――つまり、状況全体を意味します。さらにこの販促キャンペーンでは、もっとも意欲がかきたてられているときに、その場ですぐ行動を起こす手助けとなったQRコードも効果的でした。

真実の瞬間は、どんな種類のコミュニケーションにも存在します。あなたの上司がもっとも快く昇給の話し合いに応じてくれそうなのはいつでしょうか？　あなたのパートナーが引っ越しの相談に心を開いてくれそうなのは？　あなたが社会に向けて伝えたいメッセージがあるとしたら、最新のニュースや出来事など、すでに人々が注目している問題と結びつけるにはどうしたらいいでしょうか？

時事ネタにめぼしい対象が見つからないときには、自分で真実の瞬間を作りだすのも悪くないかもしれません。それには演技の才能が役立ちます。一風変わったブラジルの大富豪シキーニョ・スカルパは、宝物とともに埋葬された古代エジプトのファラオにならって、五〇万ドルもする愛車ベントレーを自宅の庭に〝埋葬〟すると発表し、[3] ソーシャルメディアやマスコミで非難の嵐を巻き起こしました。埋葬の日にはメディアが殺到して、大勢の記者にカメラクルー、上空にはヘリコプターとものものしい雰囲気に包まれました。ベントレーがいよいよ〝墓穴〟に下ろされようとしたそのとき、スカルパは突然、作業を中断するよう命じて、詰めかけた報道陣を邸宅の中に招き入れました。そして、用意していたスピーチを始めたのです。

スカルパはこう述べました。このようなすばらしい自動車を埋めるとは、なんとばかげた、無駄な真似をするのだと、誰もが憤慨しています。しかし、じつに多くの人が、車よりもはるかに貴重なものを土に埋める選択をしているのです。それは臓器です。まったくもって、これほどひどい無駄遣いはほかにありません。スカルパはこれに続けて、重大な宣言をしました——ブラジルで新たに全国臓器提供週間を開始すると告げたのです。この瞬間、スカルパは国民の敵から一転して国民的ヒーローになり、彼を嫌悪していた無数の人々を一気に虜にしました。臓器提供はわずか一カ月で、三二パーセントも増加したということです。

フレーミング〔枠組み設定〕の重要さについては、次章で取り上げますが、フレーミングの良し悪しはタイミングで決まることも少なくありません。専門家の研究から、ある機会の到来が近い未来なのか、遠い未来なのかによって、私たちは異なる決断をすることがわかっています。目先のことに関する決断は、プロセスや実現性など、具体的な事柄を検討して下される傾向にあります。[4] **どうすればうまくいくだろうか？　時間は足りるか？　ほかにどんな機会を逃すことになるのか？**　一方、遠い未来のことについて考えるときには、もっと抽象的な観点に立ち、望ましさを重視する傾向があります。**なぜやるのか？　どれほど楽しめるのか？　自分やほかの誰かの人生にとって、どんな役に立つのか？**　誰かに頼みごとをするときには、それが近い未来のことであれば、具体的な計画や詳細を中心に、遠い未来のことであれば、その効果や影響を中心に話をするといいでしょう。自社のＣＥＯに来週講演してもらいたいなら、面倒を最小限にとどめるための方策について説明します。なぜならこの場合、ＣＥＯがもっとも気にするのはその点だからです。しかし、講演が来月の話なら、ＣＥＯの講演にどれほど大きな効果が期待できるかについて述べます。なぜならこの場合、相手の焦点はこちらに移るからです。

真実の瞬間の仕組みを理解できれば、フレーミング以外の方法でもタイミングの力を活用することが可能になります。それが**実行意図**です。実行意図は行動変容を促すもっとも有効な手段のひとつで、やろうと思っているのについ忘れてしまうことを、確実に実行するために役立てられてきました。運動や年に一度の健康診断から、リサイクルや投票まであらゆることに。実行意図とは基本的に、**「よし、じゃあ、いつ、どうやってそれをするつもり？」**という問いに対する答えです。

二〇〇八年、ハーバード大学を卒業したばかりのトッド・ロジャーズは、行動科学を使って政治に影響を与えてみようと思い立ちました。「投票へ行こう」と呼びかけるキャンペーンにはたいてい、まったく効果がないことは彼も承知していましたが、実行意図を活用すればうまくいくような予感がしたのです。ロジャーズの研究チームは、二〇万人以上の有権者に電話をかけました。実行意図を活かしたシナリオでは、まず投票に行くつもりかどうかを尋ね、その後投票日の具体的な行動計画を聞き出します。[5] いつ投票するつもりですか？　投票へはどちらから向かわれますか？　それまでは何をする予定ですか？　重要なのはそれらの答えではなく、質問のほうなのです。自分の意図を実現する方法を問われ、それについて考えながら、有権者は予定を立て、投票日にワニ脳の目覚まし時計として機能する合図を確認していたのです。仕事帰りに投票する予定であれば、帰宅するために車に乗り込んだときに、アラームが鳴るでしょう。チリリリリン！　投票の時間ですよ！　内なる真実の瞬間です。そして、これは効果てきめんでした。ロジャーズの介入によって、投票率は四パーセント上昇しました。これは五つの激戦州のうち四州で選挙結果を覆すのに十分な違いでした。現在では二大政党はどちらも、「選挙へ行こう」キャンペーンにこの手法を取り入れています。[*]

私は人を動かすツールとしてタイミングを使うのが好きです。うるさい厄介者にならずにすむからです。相手の行為を無理に中断させようとするのではなく、相手に合う適切な何かを紹介すべき真実の瞬間を見つけ出すのです。適切な機会を見計らってスムーズに会話に加わり、邪魔をするのではなく、貢献するのです。

そうそう、「フィリピンの空は晴れわたっています」というセブパシフィック航空の事例を紹介したとき、これは真実の瞬間を活用したマーケティング・キャンペーンのうち、私が二番目に好きな例だと言ったのを覚えていますか？　私の一番のお気に入りは、六月の一カ月間、デュレックスのコンドームの箱に印刷されていた広告です。実にシンプル。ラベンダー色の背景にたったこれだけ。「ライバル社の製品をご利用になるみなさまへ。父の日おめでとう」[6]

＊とはいえ、投票率にもっとも大きな影響を与えるものが何か、わかりますか？　ご名答！　投票所へのアクセスの良さです。容易さは向かうところほぼ敵なしです。

第5章　簡単なフレームがかける人生を変える魔法

サイコロジカル・イリュージョニストのダレン・ブラウンは、実弾を使ったロシアン・ルーレットに成功し、国営宝くじの当選番号を見事に当てました。内気な人物を説得して見知らぬ人を建物から突き落とさせ、白人至上主義のアメリカ人を誘導して、あろうことかメキシコ人の不法移民のために命を投げ出させ、動機付けセミナーで幹部クラスのビジネスパーソンを説き伏せて、武装のうえ銀行を襲って一〇万ポンドを強奪させました。また、ある身勝手なろくでなし男の友だちや家族と共謀して、世界の終わりとゾンビの襲来を演出し、彼をヒーローに変えました（彼はその後実生活で、特別な支援が必要な子どもたちのための教師になりました）。私は娘のリプリーと、ダレンのもっと簡単なトリックの再現に挑戦したことがあります。現金の代わりに何も書いていない紙片で宝石を買おうとしたのですが、うまくいきませんでした。影響力に関する知識にかけては、ダレン・ブラウンに勝る者はほとんどいないでしょう。[1]

私は彼の大ファンで、アメリカでの舞台デビューとなった公演「シークレット」が開催されたときには、もちろん駆けつけました。* ダレンがポケットから「ごく普通の手持ちバナナ」を取り出すと、観客は沸きました。ダレンが話しはじめます。お会いできて嬉しいです――一部の方が思っていらっしゃるほどではありませんが。客席からはさらに大きな笑いが起きました。ダレンは舞台前方の演壇にバナナを置いて、観客に向かってこう予告しました。ショーの最中に、ゴリラの着ぐるみを着た男がステージ上に歩み出てきて、演壇からバナナを持ち去りますが、みなさんはたぶんお気づきにならないでしょう、と。

ゲーム開始！　私は自分がゴリラを見逃すはずがないと思いました。見えないゴリラの実験[2]について知り尽くしていたからです。この実験を行なったクリストファー・チャブリスとダニエル・シモンズはまず、バスケットボールでドリブルをしたり、パスを回したりしている人たちの短い映像を参加者に見せました。そのときに、白いシャツを着た人たちがパスをした回数（黒いシャツの人たちの分は含めない）を数えるという課題を与えました。実験の参加者はパスの回数を数えるのに必死で、ゴリラの着ぐるみを着た人物が試合中の選手たちのあいだに入ってきて、その中心で足を止めて胸をたたき、歩み去ったことに気づきませんでした。ゴリラについて聞かされたあとに映像を見直した参加者たちは、唖然としました。こんなに目立つ出来事に、彼らはどうして気づかずにいられたのでしょうか？　この現象は**非注意性盲目**と名付けられました。

というわけで、私は細心の注意を払っていました。非注意性盲目なんて私には通用しないわ、

---

*ダレンのライブ公演の観客は、秘密厳守を誓約します。ですから、ダレン、私が誓いを破って、ほんのちょっと公演の内容を明かしてしまったことを許してもらえたら嬉しいです。

と。ダレンが話しているあいだ、私は幾度となくバナナに目をやり、変わらずそこにあることを確認しました。それは確かにそこにありました――あのときまでは。ダレンが観客に向かって、「ゴリラがバナナを持ち去ったところを目撃した方はいらっしゃいませんか?」と訊いたそのとき、バナナは消えていました。誰も見た者はいません。すると、舞台裏からゴリラの腕が伸びてきて、ダレンにバナナを返しました。そこでダレンは、私たちにもう一度チャンスをくれました。今回はかならずゴリラが盗む現場を押さえてやると、私は心に誓いました。そしてついにやりました!

ダレンが大きなイーゼルを舞台の右側に移動させた(「イーゼルから絶対に目を離さないでください」)直後、左手のカーテンの陰からゴリラがこっそり出てきて、バナナを盗んだのです! 観客席から「見つけた!」という声が次々に上がると、会場は笑いと興奮に包まれました――イリュージョニストのトリックを見破った! ゴリラは肩をすくめて、着ぐるみの頭部を外しました。するとそれは……なんとダレン・ブラウンだったのです。私たちは目の前で起きていた入れ替わりを見逃していたのです。またしてもしてやられました。

ダレン・ブラウンは、**フレーミング**と呼ばれる手法を利用して注意を誘導する達人です。直接的にも間接的にも、ダレンはあなたに何を探すべきなのかを伝えて、あなたの見るもの――そして見逃すものをコントロールします。フレーミングは魔法のようなものです。人々が何を経験するかを決定し、思考さえ方向づけます。チャブリスとシモンズが実施した最初のゴリラの実験では、パスの回数を数えるという課題を設定したために、参加者はそのほかのことが目に入らなくなってしまったのです。ダレン・ブラウンは「シークレット」で、公演の最初から最後まで観客の注意を誘導するフレームを与え続けていました――彼が「イーゼルから絶対に目を離さないでください」と言って観客の注意を逸らしているあいだに、ダレンが忍者のようにゴリラになったあの瞬間も。フレームは「これに注目し、ほかのことはすべて無視しなさい！」と命じるわけではありません。しかしこれと同じ効果を、私たちの意識の中心に特定のアイデアを据えつけて、それに注目すべき理由を与えることによって達成しているのです。

もし私があなたに、白いものを思いつくだけ書き出してみてくださいと言ったら、簡単にできますよね？　けれども、「牛乳や雪のように」と付け加えて、この実験のフレームを少しだけ変えてみたらどうでしょうか？　では、やってみてください。身のまわりには白いものが無数にありますが、いったん牛乳と雪に意識が集中してしまうと、雲やココナッツフレークのような、それ以外の白いものを思いつくことは、はるかに難しくなります。[3]牛乳と雪は白いものの代名詞のような存在なので、強力なフレームとなってほかの選択肢を抑制してしまうのです。しかし、これは見方を変えれば、効果的なフレームがぴたりとはまれば、違う観点から考えるのは難しくなることを意味します。このようなフレームが、小さなハイテク・スタートアップを時価総額世界一の大企業に変貌させる大役を担った例をご紹介しましょう。

実家のガレージでアップル社を共同創業したわずか数年後、スティーブ・ジョブズはジョン・スカリーを新たなＣＥＯとしてヘッドハントしたいと考えました。これは途方もない申し出でした。スカリーは当時、スナックや飲料を製造する巨大企業ペプシコのCEOでした。つまり、ジョブズは世界屈指のビジネスマンに、格段に劣る役職を引き受けてほしいと依頼するわけです。案の定、スカリーの返事はノーでした。それでも二人は友人関係を結び、ジョブズはその後も折に触れて勧誘を繰り返しました。ある日、二人でセントラルパークを見下ろすバルコニーに腰掛けていたときに、ジョブズは友人に向き直ってこう尋ねました。「このまま一生、砂糖水を売り続けたいのか？　それより、僕と一緒に世界を変えたいと思わないか？」

スカリーはこのときのことを思い返してこう述べています。「言葉もなかった。私は死ぬまで、何を逃してしまったのかと思いあぐねることになると悟ったんだ」

「雪」という言葉のせいで、ほかの白いものを思いつきにくくなったように、「砂糖水を売り続ける」という発想は、スカリーがペプシコでの仕事についてそれ以外の見方をするのを難しくしました。このフレームはジョブズが設定したとたん、ぴたりとはまったのです。スカリーはCEO就任を承諾し、そこからは広く語られているので、みなさんもよくご存じでしょう。

フレーミングは、現実の世界でかけることのできる魔法です。あなたは何かについて説明したり、名前を付けたりするだけで、フレームを創り出せます。的確に選ばれたフレームには、何が適切か、何が重要か、あるいは何が好ましいかを決定する力があります。相手の経験をがっちりとフレーミングできれば、その出来事に対する彼らの解釈はもちろん、期待までも形づくることができるのです。ではここで、プレゼンテーションを始めるときに、私が活用するフレーミングの一例をご紹介しましょう。

「この講演では、あなたがすぐに行動に移したいと思えるような新しい戦略を、少なくともひとつはお持ち帰りいただけることをお約束します。その戦略は、あなたの生活や仕事に有意義な変化をもたらす可能性を秘めています。ともに過ごすこのひとときに、これぐらいのことは期待できそうですか？」

この問いかけに、ほとんどの聴衆が頷きます。これで条件については合意成立です。私は満足の基準を低く設定しました。これは誰にとっても利益となります。この言葉がなければ、講演終了後、聴衆の目は自分が得たもの（**明日のプレゼンテーションでシャイニングを使ってみるのが待ちきれない！**）ではなく、自分が犠牲にしたもの（**じつに長い講演だった**）にばかり向いてしまいかねません。私は満足の基準と同時に、紹介する戦略が重要だというフレーミングもしています。聴衆の生活に有意義な変化をただちにもたらすからです。もちろん、私は約束を果たさなくてはなりませんが、期待は裏切りません。

次に私は、何が適切であるかを示すフレームを与えます。これは聴衆の注意が散漫になっているときに、集中させたり、集中力を取り戻させたりする役に立ちます。私は注目されて当然とは思いません。講演者がどれほど魅力的でも、集中を切らさずに耳を傾けているのは生易しいことではないからです。

「今日はさまざまな戦略をご紹介しますが、そのうちのどれがあなたに〈なるほど！〉と思っていただけるのか、私にはわかりません。ですから、どうぞご自身で見つけてください。そして、これだと思ったことは、忘れないように書き留めておきましょう。今日ここで私たちが話すことのなかには、共感できなかったり、すでに知っていたりする内容があるかもしれません。でも、それはそれでいいのです。それらの戦略はほかの誰かの役に立つでしょうから。ですが、ぜひともいろいろな手法やアイデアに耳を傾けて、家や職場に戻ったときに、ご家族や同僚の方と分かちあってください。できるだけ具体的にわかりやすく説明しますので、ご自身で試すもよし、周囲の方々に教えるもよしです。では、始めましょう」

了解。この方法――誰かに教えたり、誰かと分かちあったりするために耳を傾けるという方法――を、私も自分が聴衆となったときに役立てています。そうすると、より幅広いアイデアに興味が持てるので、集中が途切れないのです。講演の締めくくりとして、私が最初に約束したとおりに、役立ちそうな手法が見つかったかどうか確認します。どうでしたか？　見つかった？　すばらしい！　学んだ手法を忘れずに使えるように、最後に実行意図を設定し、時間と集中力を費やした甲斐があったと納得してもらって、講演は散会となります。

物々交換ゲーム〈Bigger and Better〉

私はフレーミングの授業に入る際、導入としてＭＢＡコースの学生に〈Bigger and Better〉と呼ばれる物々交換ゲームに挑んでもらいます。ルールは簡単。ペーパークリップから始めて、より大きくて良いものと交換してもらいます。次に、その交換した品物をさらに大きくて良いものと交換し、それを繰り返していきます（「より大きくて良い」は主観的な基準に従います）。交換は何度行なってもかまわないので、翌週の授業に彼らの手に入れたもっとも大きくて良いものを持参するよう指示します。

この物々交換ゲームは古くからありましたが、聞き覚えのある方はおそらく、カイル・マクドナルドの一件が記憶に新しいのではないでしょうか。二〇〇五年の夏から翌年にかけて、カイルは赤いペーパークリップから魚形のペン、風変わりなドアノブ……などなど、交換を重ねて、ついにはカナダのサスカチュワン州に建つ一軒家を手に入れたのです。そこで彼は一日名誉市長を務め、彼の偉業を称えた赤いペーパークリップの巨大なオブジェも造られました。

ＭＢＡコースの学生には、一年ではなく一週間しか時間がありませんし、私はゲームをうまく進めるコツについて何も指導しません。このゲームの目的は楽しむこと、そしてその経験から彼らが何を学んだかを確かめることにあります。そのうえ、もっとも大きくて良いものを持ってきた者には賞品が与えられます。参加者の何人かは知り合いにだまされて、壊れた電子レンジや四メートル余りもあるオール、悪臭を放つやたらと大きなコートなどのがらくたをつかまされます。また、懸命に努力したのにたいしたものを得られなくて、憤慨する学生もいます。誰も欲しがらないような使い古しの会計学の教科書や、ばかばかしいメッセージのプリントされたコーヒーマグのセットといったものです。なかには、驚くような品々もあります。これまでに、立木や古代エジプトの死者の神アヌビスをかたどった三メートルもの像、ハワイにあるコンドミニアムに一週間滞在できる権利などがありました。ある学生がサダム・フセインの宮殿のものだという大理石片を持ってきたときは、どう判断したものか困ってしまいました。極めつきはメイナス・マキヤフリーとトム・パウエルで、私は仰天してしまいました。

メイナスは、自動車を手に入れようとトムにもちかけました。トムは笑い飛ばして答えました。

「それより、二〇ドルぐらいを狙ったほうがいいんじゃないか？」

トムはマンハッタンに引っ越す予定でしたし、メイナスは運転免許をもっていませんでしたが、物々交換で大胆にも自動車獲得を目指すというアイデアに二人は盛り上がりました。高潔な目的に役立つとなると、ゲームはいっそう面白くなるので、二人は奇跡的に自動車を手に入れられたら、寄付することに決めました。さあ、ゲームの始まりです。

続く三日間、メイナスとトムはニューヘイブンの事業者や住人たちに、二人の途方もない目標について話して回りました。「僕たちは〈Bigger and Better〉と呼ばれる物々交換ゲームを行なっています。これは慈善のための活動で、あなたがたの支援が必要です。このゲームがどういうものか、説明させていただけませんか？」ちょうどハロウィーンの時期だったので、二人はふわふわの動物のつなぎを着ることにしたそうです。

二人は全部で一〇回、物々交換をしました。ペーパークリップをチーズ店のギフト券と交換し、それをカップケーキ一箱と交換し、それをブローチと交換し、それをトラベルマグと交換し、それをクレープレストランのギフト券と交換し、それをナイトクラブのギフト券と交換し、それを香水一瓶と交換し、それを高級なカメラバッグと交換し、それを一五〇〇ドルの油絵と交換しました。そして、彼らが最後に獲得したアイテムは教室に持ち込むには大きすぎたので、二人は私たちに外に出るよう促しました。

校舎の前には、フォルクスワーゲンのジェッタが一台、停まっていました。そのフロントガラスには、〈Bigger and Better〉と大書されていました。

この最後のステップ――自動車ディーラーに頼んで絵画と車を交換してもらう――は、常軌を逸しているように思われました。メイナスとトムもうまくいくと期待してはいませんでしたが、コネチカット州内のすべての販売店に電話をかける覚悟でいました。二人がどれほど多くの電話をかけなくてはならなかったか、わかりますか？

一本です。

ユニーク・オート・セールスの営業部長キャロライン・ヘファーナンは以前、この地域の慈善活動を支援したことがあり、メイナスとトムが物々交換を篤志の依頼というフレームで説明するのを聞いて、ふたたび名乗りを上げる決意をしたのでした。クラス全員でキャロラインに会って感謝を伝えると、彼女からも感謝の言葉をもらいました。私たちの町では家賃も高く、生活が楽ではないうえ、公共交通機関も褒められたものではありません。自動車を一台提供して誰かに手を差し伸べられたなら、それはゲームチェンジャーとなりえます。必死で頑張っている人たちを手助けできて、自分がどれほど嬉しいかを伝えながら、彼女は顔を赤らめました。

とんでもない偉業を成し遂げたメイナスとトムは、地域で難民の再定住を支援しているアイリス（ＩＲＩＳ）という団体に連絡し、ある難民の家族に車を寄付しました。メイナスにはこの挑戦に個人的な思い入れがありました。彼の家族はかつて、ハリケーン・カトリーナで自宅を失い、見知らぬ人の親切に救われたことがあったからです。

新たな隣人となった難民女性が車を受け取りにきたときに、私たちは直接会う機会に恵まれました。姿を見せたのは若い母親で、以前はアフガニスタンで会計士として働いていましたが、戦争によって避難を余儀なくされ、今は毎日バスで二時間かけて通勤し、工場で働いているとのことでした。自動車があれば、生活は大きく変わるでしょう。

この物々交換ゲームから私たちは大事なことを二つ学びました。第一に、自覚があるかどうかにかかわらず、私たちはつねにフレーミングをしているということです。そして第二に、フレーミングによって結果が変わるということです。その年のクラスの学生は、ほとんどが物々交換ゲームを取引という観点からフレーミングしていました。不要になったものと交換してほしいと頼んだり、それが何であれ、自分の所持しているもののメリットを売り込んだりしたのです。ところが、メイナスとトムは違うアプローチをとりました。彼らは大きな希望を抱き、自分たちにとっても、彼らが出会う人たちにとっても高い目標を掲げたのです。そして町へ出ると、交換の依頼をゲームに参加して尊い目的に貢献するチャンス

とフレーミングして、相手を説得しました。ちっぽけなペーパークリップが自動車に変貌を遂げたと知ったら、ダレン・ブラウンでさえも誇らしく思ったでしょう。

もっと意識的にフレーミングを活用してみようとしても、どこから始めればいいのかと戸惑うかもしれません。設定できるフレームは無数に存在しますが、なかでもとくに有用なものが三種類あります。それが、〈モニュメンタル〉、〈対処しやすさ〉、〈不可思議さ〉のフレームです。それぞれに相手の意欲を高める独自の効果があります。

〈モニュメンタル〉のフレーム

〈モニュメンタル〉のフレームはワニに、**注目しろ！　こいつはどデカいヤマだぞ！**　と告げます。このフレームは重要性や規模や範囲の大きさ、チャンスを逃すことへの不安、あるいはそれら全部によって、人々の意欲をかきたてます。〈モニュメンタル〉のフレームは、熱意とコミットメントを引き出すのです。メイナスとトムは自動車に狙いを定めたことで、物々交換ゲームをとてつもなく魅力的なものとしてフレーミングしました。彼らの常軌を逸した計画が成功する見込みは、わずかなきらめきほどもありませんでしたが、設定したフレームが非常に魅力的だったために、誰もが自分も貢献したいと望んだのです。そして、二人の夢の実現に手を貸したキャロライン・ヘファーナンもまた、伝説的な地位を得ました。私たちだけでなく、私たちの友人も、それを伝え聞いたそのまた友人も彼女について語り、彼女の噂がこだまのようにあちこちで聞かれるようになりました。メイナス、トム、キャロラインの三人は、イェールとニューヘイブンに新たな歴史を刻んだのです。

組織の多くは行動指針《ミッションステートメント》のなかで、みずからの活動をモニュメンタルなものと位置づけます。ゼネラルモーターズ社の行動指針を例にとりましょう。「事故ゼロ、ゼロエミッション、混雑ゼロの未来をつくります」命を救い《セーブ》、地球を救い《セーブ》、時間を節約《セーブ》する。この理念に賛同しない人がいるでしょうか？　同社は大義の実現にともに貢献しようと私たちに呼びかけているのです。たとえあなたがゼネラルモーターズの掲げた個々の目標に共感できなくても、同社のビジョンはあなたの夢を膨らませてくれるかもしれません。あなたの理想の未来はどんな姿ですか？　あなたが根絶したい重要課題は何ですか？　と。

それに比べて、ロールス・ロイス社の行動指針はどうでしょう？　「一〇〇年以上にわたり、ロールス・ロイスブランドの自動車は真に卓越したエンジニアリング、品質、信頼性の象徴とされてきました」ちっとも心に響いてきませんよね？　一〇〇年というのはたいそうな歴史ではありますが、今現在何が重要なのかについて、いっさい触れられていません。それに、「真に卓越した」とは、「われわれの言葉を信じてください、わが社はほんとうに、ほんとうにすごいのです」と言っているにすぎません。

強い使命感に拠ってたつ組織は、さぞかし心を打つ行動指針を掲げているのだろうと思うかもしれません。たしかに、そのような組織もあります。世界的な自然保護団体のザ・ネイチャー・コンサーバンシーは、「生きとし生けるものの存続に欠かせない土地と水の保全」に尽力しています。「生きとし生けるもの」の保護は、文句なしにモニュメンタルです。また、ハビタット・フォー・ヒューマニティの行動指針にはこうあります。「神の愛の実践を目指して、人々を団結させ、家庭、コミュニティ、そして希望を築きます」神を信じる者にとって、神の愛を実践すること以上にモニュメンタルなことがあるでしょうか？　また、神を信じない者にとっても、家庭やコミュニティ、希望を築くことを思い描けば、気持ちが奮い立つのではないでしょうか。

一方、ニューヨーク近代美術館はどうでしょう？　「世界随一の近代美術の殿堂となることを目指す」とあります。世界は広いですし、「随一」という言葉には重みがありますが、誰のためのものなのでしょうか？　従業員とか？　もしあなたが来館者や寄贈者だったら、この美術館がどんな美術館にも負けない（それが何を意味するにせよ）ことを重視しますか？　それとも、もっと別のフレームに心を動かされるでしょうか？

フレーミングは、政治的なメッセージや公共政策のキャンペーンの成否を左右することもあります。二〇〇一年にアメリカで行なわれた税制のフレーミングの見直しは、課題をモニュメンタルであるとフレーミングするかどうかではなく、それをどのようにやるかが重要であることを実証しました。共和党は長年、相続税を廃止、でなければ、少なくとも軽減できないかと模索していました。この件は、中間層にはまったく関心のない問題でした。というのも、何らかの相続税を納付する必要があるのは、アメリカ人の上位二パーセントの富裕層（六七万五〇〇〇ドルを超える遺産のある人たち）に限られていたからです。けれども、共和党議員は大口の支援者に相続税の支払いを免れさせるために、この基準額を引き上げたいと考えていました。そして、それには国民の支持を集める必要がありました。そこで彼らはフランク・ランツを頼りました。ランツは、《アトランティック》誌にアメリカきっての政治用語の達人と評された世論調査の専門家です。

ランツはこの依頼を引き受け、自身の市場調査ラボに数百人の参加者を集めました。参加者はそこで、言葉のさまざまな組み合わせについて考え、よくないと思えばダイヤルを左に、よいと思えばダイヤルを右に回して答えるよう指示され、あわせて、できるだけ早い回答を求められました。何度か練習するうちに、反射的にダイヤルを動かして、意識的にほぼ何も考えずに直感的な反応を記録できるようになりました。参加者の内なるワニがランツの研究チームと直接コミュニケーションを取れる状態になったのです。

相続にまつわる税を「遺産税（estate tax）」と呼んでフレーミングすると、参加者は支持政党にかかわらず、よい考えだと課税に共感することをランツは見出しました。遺産には途方もなく大きな資産という語感があり、そんなものを持っている人間は大金持ちに決まっているから、税金を払うのは当然じゃないか、というわけです。ところが、ランツが「死亡税（death tax）」と呼び替えたフレームを試すと、[4] 民主党員の大半を含む、八〇パーセント近い参加者がこの税に嫌悪感を示したのです。死に対して課税する？ そんなの間違っている！ それに、生死ほどモニュメンタルな出来事がほかにあるでしょうか？ ランツがこれらの発見をまとめて報告した覚え書きは広く読まれました。そのなかで彼はこう助言しています。「遺産税を葬りたいなら、死亡税と呼ぶといい」

この新しいフレームは、有権者だけでなく議員たちにも効果を発揮しました。その後の二〇年間に、連邦議会は六七万五〇〇〇ドルという相続税の基礎控除額を数度にわたって引き上げました。二〇一一年時点では、個人は最大一一七〇万ドルまで非課税で相続人に財産を残すことができ、被相続人が夫婦の場合、その額は倍になります。

〈対処しやすさ〉のフレーム

〈モニュメンタル〉のフレームは、人々の意欲をかきたてて行動を促しますが、問題によってはもともと大きすぎる、手強《てごわ》すぎると感じられるものもあります。そのような場合は、反対に**〈対処しやすさ〉**のフレーミングが効果的かもしれません。〈モニュメンタル〉のフレームは理由（重要だから！）を強調し、〈対処しやすさ〉のフレームは方法（それほど大変ではない）を強調します。行動をもっとも的確に予測できる指標が容易さであることは、すでに学びました。だからこそ、〈対処しやすさ〉のフレームは非常に強力なのです。「一日数セント」のようなフレームは、たとえば、地元の公共ラジオ放送局への高額の寄付もなんとかなりそうだと思わせる、といったかたちで機能します。**君ならできる！**　コーヒー一杯よりも少額なのだから。これもまた、小さな一歩です。

問題が大きすぎて手に負えそうにないとき、ワニはそれを無視したくなります。けれども、クレジットカードの未払金のような深刻な問題に気づかないふりをしても、事態が悪化するだけです。では、クレジットカードの利用残高をカテゴリー別に返済するという選択肢を与えたら、どうなるでしょうか？[5]　未払い額は手に負えないほどではないと感じて、早めに返済する意欲が湧いてくるでしょうか？

私はグラント・ドネリー、ケイト・ランバートン、スティーヴン・ブッシュ、マイケル・ノートンとともに、ある実験を計画しました。実験では、クレジットカードの利用者に、「娯楽」「外食」などのカテゴリー別にどれだけ未払いの利用残高があるか確認してもらいました。カード利用者は、**これを全額返済できるだろうか、とても無理だ**、とはねつけるのではなく、ひょっとすると、**交通費の分だけなら返済できるだろうか？　それなら、たぶん**、と検討しはじめるかもしれません。簡単で小さな目標を達成すると、より大きな目標に向かう弾みがつき、粘り強さが生まれます。[6]　クレジットカードの未払金の例で言えば、簡単で小さな目標がケーブルテレビ料金の清算、より高い目標が未払残高の完済に当たります。オーストラリア・コモンウェルス銀行と共同で実施したフィールドスタディでは、同行のクレジットカード利用者の半数に、カテゴリーごとに未払残高を返済するよう依頼しました。カテゴリー別に返済することを選択した二一五七人は、対照グループよりも一二パーセント早く未払金を完済しました。

〈対処しやすさ〉のフレームは、不安や悲しみ、疑念などに直面している人に手を差し伸べるときには、とりわけ効果的です。とはいえ、こんなときは「何も心配することないよ」などと軽く請け合って気持ちをなだめようとしても、逆効果だったり相手を傷つけたりしてしまいがちです。そこで、あなたはひとりじゃない、そんなふうに思うのも無理はないと伝えましょう。すると相手は、問題に向きあえるような気がしてくるものです。

対処可能であることに焦点を当てたこの種のフレームは、あなたが高い地位に就いている場合や、年長者だったり経験豊富だったりする場合には、とくに役立つでしょう。私は教え子の不安を「よくあること」にしてやれる特異な立場にあります。というのも、私自身、長らく学生生活を送ってきましたし、彼らと同じような状況の学生をこれまでに数多く見てきたからです。卒業が迫っているのに、仕事が見つからない？　よくあることです。博士課程の学生に対する求人状況に直面してパニックになった？　よくあることです。泣けてきてしかたない？　それはつらいね、まあ、そんなときもあるよ。問題を解決することはできませんが、それを受け入れる手助けはできます。自分自身の問題や経験を打ち明けて、相手の問題が特別ではないと伝えられるのです。そしてこれは、あなたに地位や権限がある場合にはより効果的です。教え子が悩みを抱えて相談に来たときには、私自身も落ち込んだり、離婚したり、自分を信じられなくなったり、ばかげたことをしたり、愛する人を失ったり、セラピーに通ったり、パニックを起こしたりした経験があることを隠しません。どれもよくあることです。自分だけではないとわかって慰めを得られれば、悩みの種にも対処できるような気持ちが芽生えてくるのです。

モニュメンタルか、対処しやすさか

一九八八年六月、アメリカ航空宇宙局（ＮＡＳＡ）の科学者ジェームズ・ハンセンは、連邦議会の公聴会で温室効果について証言しました。温室効果とは、大気中のガスが地球から放出される熱を閉じ込めてしまう自然現象です。

二酸化炭素やメタンガスのような温室効果ガスは、適正な比率であれば、地球上の生物の命を支える役に立ちます。しかしながら、化石燃料の消費をはじめとする人間の活動は、そのバランスを崩しかねません。ハンセンは証言のなかで、「地球温暖化」というフレーズを使って、世界中で科学者によって観測されていた気温上昇と温室効果の因果関係について説明しました。ハンセンの証言はジャーナリストや報道機関によって広く取り上げられ、「地球温暖化（global warming）」という用語に注目が集まりました。

ハンセンは〈モニュメンタル〉のフレームを設定しました――なにしろ、地球温暖化にはこの惑星全体がかかわっているのですから――が、そこには一般の人たちの日常が映し出されてはいませんでした。フレームは心に響くものでないと効果を発揮できません。地球が温暖化しているというのなら、今年これほど雪が降ったのはなぜなのか？　そもそも、温暖化はほんとうにそれほど重大な問題なのか？　寒い気候の地域に住んでいる人にとっては、暖かくなるのはむしろ歓迎すべきことではないか？

化石燃料企業やそれらと密接な関係にある政治家は、懐疑論を煽ろうと躍起になりました。ここでふたたびフランク・ランツ——そう、相続税のフレームを設定し直したあの研究者です——が登場して、例のダイヤルを使った調査を実施しました。今回の目標は、地球温暖化のフレームを見直して、この問題に関する科学的根拠の不確かさを強調し、恐怖感を与えにくいフレームに置き換えることにありました。彼が編み出した新たな用語は何だと思いますか？「気候変動（climate change）」です。これは問題をぴたりと言い当てたフレームでした。地球温暖化よりも正確な印象を与えるからです——地球の気候はたしかに変化しており、その点に議論の余地はありません。その一方で、気候と天候の区別も気にしない一般の人々は、気候変動という用語に目新しさを感じませんでした。自然なことだと受けとめたのです。そもそも、天候は毎日変わるものですよね、と。

「気候変動」という用語はまた、地球規模の気温上昇を対処可能な問題だと思わせることにも成功しました。自然はつねに変化しているし、人類はこれまでずっとそれに対応してきたではないか？　二〇〇一年には、ブッシュ大統領は政治課題を論じる際に、「地球温暖化」というフレーズを頻繁に使用していました。ところが、共和党内が「気候変動」を用いることでまとまると、翌年には大統領が「地球温暖化」を使用する頻度は大幅に減少して、わずか数回のみでした。ブッシュ政権はいまや新しいフレームを手に入れ、それはほかの人も同じでした。「気候変動」はその後も、それが何を意味するのかさえ意識されることなく、使われ続けました。*

それから二〇年近くが過ぎた頃、あるニューロマーケティング〔神経科学の知見を活用して、消費者の心理や行動を把握するマーケティング手法〕企業の研究者たちが、気候変動に代わるフレームとなりうる候補をテストし、地球温暖化に対して行動を起こすよう人々に働きかけることが強く期待できる新たなフレームを見出す取り組みを始めました。[7] 彼らはさまざまな政治信条をもつ参加者を幅広く集め、気候の現状について述べた六つの異なるフレーズを聞かせて、そのときのワニ脳の生理的反応を計測しました。頭に装着した電極で脳の活動を、手のひらに装着した電極で発汗を計測し、ウェブカメラで顔の表情を追いました。これらの計測結果を総合すると、各人の情動反応の強さが示されます。反応がもっとも弱かったのが「気候変動」で、続いて「地球温暖化」でした。では、最大の反応を引き出したのは？　「気候危機（climate crisis）」です。このフレーズが誘発した反応は、「気候変動」に比べて民主党員で六〇パーセント、共和党員では二〇〇パーセントも大きくなりました。「危機」はモニュメンタルではありますが、対処できる可能性も残されています。「気候危機」には、まだ遅くはない、とはいえ、大規模な取り組みをただちに行動に移さなければ、まもなく手遅れになる、というメッセージが込められています。

アル・ゴアと彼の創設したクライメート・リアリティ・プロジェクトは二〇一八年に、「気候変動」から「気候危機」にフレームを設定し直して、状況がすでにどれほど切迫しているかを伝えようと報道機関に呼びかける、新たなイニシアチブを開始しました。「気候危機」と「気候非常事態」の二つの用語は、世界中の主要報道機関も、国連事務総長のアントニオ・グテーレスも好んで使うフレームとなりました。「気候危機」のグーグルでの検索数は、二〇一九年は前年比で五倍に達し、「気候非常事態」はその年のオックスフォード英語辞典の「今年の言葉」の最終選考まで残りました。これらの切迫感を帯びたフレームが人々の行動に及ぼす影響については、今後も見守っていく必要があります。

〈不可思議さ〉のフレーム

次の文を読んでみてください。**あまたは　ぞれそれの　もじを　よむのはでなく　たんこごとに　りかいてしている。**案外簡単に読めたのではありませんか？　それは、あなたの視覚処理システムが推測を行なっているからです。三番目の強力なフレームである**〈不可思議さ〉**が効果的なのは、この推測のプロセスを妨害し、予想を不可能にするためです。不可思議さのフレームは、変化や不確かさ（まさにワニが敏感に反応するものです）を提示することによって、ワニに直接訴えかけます。新たな脅威、新たな機会――魅惑のワードです。

「新たな」「突然」あるいは「速報」などの言葉は、不可思議さのフレームの例で、どんな変化が起きたのかと好奇心をそそります。「謎」「秘密」「暴露」のような単語や、疑問のかたちで

＊気候変動は二〇一七年、フランク・ランツを直撃しました。午前三時にけたたましく鳴り響く緊急警報で目を覚ますと、ものすごい勢いで燃え盛る山火事「スカーボール」の火の手が、窓越しに目に飛び込んできたのです。ランツは無事に避難できましたが、この山火事でロサンゼルスのベルエア地区では、四〇〇エーカー以上が焼けました。この経験から、ランツは一転して気候危機の軽減を目指す取り組みを支持する陣営に加わり、気候危機への対応は党派を超えた課題となっていきました。

投げかけられた話題なども、そこに含まれる似たような不確実性のきらめきが、私たちの好奇心を刺激します。不可思議さのフレームはこうしてワニの注意を引くわけです。欠けた部分を補いきれない場合、ワニは裁判官に警告を発してあとを任せます。しかし、これは心的資源を必要とします。この現象の裏を返せば、ひとたび認知プロセスが完了すれば、私たちはその対象に注目する必要がなくなるので、それは念頭から消えてしまうことになります。

一九二〇年代のこと、博士課程の大学院生だったブルーマ・ツァイガルニクは、指導教授のクルト・レヴィンや大学の友人たちとベルリンのカフェで話に興じていました。ウェイターの完璧な記憶力――大人数のグループの複雑な注文を書き留めもせずに、漏れなく運んできました――に感銘を受けたツァイガルニクらは、ちょっと試してみることにしました。[8] 彼らはテーブルの皿とカップをナプキンで覆ってから、件《くだん》のウェイターを呼び戻し、つい先ほど運んできた注文品をすべて挙げてみてほしいと頼みました。すると、本人も驚いたことに、ほとんど覚えていなかったのです。あなたも詰め込み式の試験勉強をしたときに、同じように記憶の不可解な現象を経験したことがあるかもしれません。試験に必要な事実を記憶したのに、終わったとたん、パッと頭から消えてしまうのです。数日後に再試験を受けることになれば、カフェのウェイターと同じように、まるでお手上げだったでしょう。

ツァイガルニクは研究室での実験でこの現象を調査することにしました。すると、参加者は完了した課題よりも未完の課題について、より詳細に思い出せることが判明しました。[9] 完了する必要性がもたらすこの効果は、後続の研究者たちによって**ツァイガルニク効果**と名付けられ、繰り返し確認されています。未完の課題や解けない疑問は、私たちの注意を引きつけます（ときには、わしづかみにします）。けれども、不確かさが解消されれば、作業記憶はただちに消去されて、新しい情報のために場所を譲ります。くだらない映画や退屈な記事を途中で投げ出さないのも、ある俳優の名前を思い出そうとやっきになる（どうでもいいことなのに）のも、「ネアンデルタール人が絶滅したのは、上着を着ていなかったからでしょうか？」（もちろん、答えは×）なんていうクリックベイトに私が引っかかってしまうのも、すべてツァイガルニク効果で説明がつきます。

また、目標に向かって前進しているときには、やりがいを感じられます。しかも、達成に近づくにつれて、その充実感は高まるのです。コーヒーショップがスタンプカードを配って、あとどれぐらいでコーヒー一杯無料のサービスに到達するかを一目でわかるように示したり、テレビゲームに達成すべきレベルが設定されていたり、「家計にまつわる10の大間違い」といったまとめ記事を読むのを四番目でやめられなかったりするのは、このやりがいが理由のひとつなのです。

フレームを組み合わせる

以上三つの強力なフレーム――モニュメンタル、対処しやすさ、不可思議さ――は、組み合わせることでも効果を発揮します。ひとつに絞る必要はありません。最初のペーパークリップから物々交換を始めるにあたって、メイナスとトムは、モニュメンタルな挑戦（物々交換で「自動車」を手に入れるつもりなんだ！　誰かの生活を一変させられるかもしれない！）の一翼を担うチャンスがあると周囲に知らせただけではありませんでした。自分たちの依頼に応じるのはじつにたやすいということ（僕たちと何かひとつ交換してくれればいい）も明確に伝えていました。この二つのフレームの組み合わせは、非常に効果的でした。

　強力な三つのフレームすべてを組み合わせた例のうち私がとくに好きなものが、自宅の片づけ方を紹介する、ある書籍にあります。正直に言うと、個人的にはこれほど興味のないテーマはありません。ところが、それまで聞いたこともなかった著者の書いた小ぶりなその本を見たとき、私はくぎ付けになりました。それは近藤麻理恵さんの『人生がときめく片づけの魔法――改訂版』と題する本でした。人生がときめく＝モニュメンタル！　魔法＝不可思議さ！　片づけ＝扱いやすさ！　短いタイトルのなかに三つのフレームがすべて含まれていたのです。[10]

　近藤麻理恵さんの卓越したフレーミングの成果はいかに？　四〇の言語に翻訳され、国際的な大ベストセラーとなり、合計で一一〇〇万部以上を売り上げています。さらに、視聴者の家を一緒に片づけるテレビ番組まで制作されました。これこそが、三つの単純なフレームを習得した者がもつ力です。近藤麻理恵さんはこの力についても証明する必要があったのでしょうか？　もちろんです。実証できましたか？　間違いなく。では、もしもその著書が、英語版の副題の「日本式整理整頓術（The Japanese Art of Decluttering and Organizing）」というタイトルで出版されていたら、同じような快挙を成し遂げられたでしょうか？　それは、ご想像にお任せします。

実際のフレーミング

モニュメンタル	対処しやすさ	不可思議さ
大規模　誰でも　すべて　銀河　地球全体　惑星　全人口　宇宙　世界 **極端さ**　つねに　10億　至福　破滅　深淵　無限の　危機　悪魔　けたはずれの　大惨事　神のような　狂喜　蔓延　永遠の　存亡の　常軌を逸した　法則　伝説　ミレニアム　100万　絶対に　革命 **劇的**　軍隊　戦闘　裏切り　衝突　勇気　危険　大胆　欲望　敵　爆発　恐れ知らず　殺す　殺人　権力　反乱　ライバル　生存競争　脅威　戦争	**容易にできること**　習慣　コツ　勝負　計画　微調整 **短時間**　1日　1時間　即時　1分　一瞬 **効果的**　～になる　できる　DIY　～をする　手助けする　～する方法　働きかける　解決策 **小さな数字**　1、2、3、トップ10…… **連帯感、負担を分かちあう**　私たち　ともに	**不確実性**　もし　ありえない　ありそうもない　なぜ **変化**　かき立てる　新たな　火付け役　転換 **創造性**　芸術　想像する　革新　独創的な　ユニークな　驚異 **隠された秘密**　告白　宗教儀式　神秘的な　暴露する　秘められた　目に見えない　嘘　迷信　科学　秘密　意外性 **超自然的**　魔法をかける　魔術　顕現　怪物　精霊

三種類の重要なフレームについて学び終えたあなたは、いたるところでそれらを目にしはじめ、自分がその影響を受けていることに気づくでしょう。あなた自身がフレームの活用を始めるにあたって参考となるヒントを上に示しておきます。

要するに、フレーミングとは**絶大な**力の**秘密**を解き明かすための**単純な**ツールにほかならないのです（この一文に仕組んだ私の企みにお気づきですか？）。

第5と1／2章　あなたはどんな業界で働いていますか？

この章では、ある新しいフレームによって、私の仕事に対するアプローチがどれほど劇的に変わったかをご紹介したいと思います。

ユニオンスクエア・カフェやグラマシータバーンなどの有名レストランをいくつも経営するダニー・マイヤーは、イェール大学経営大学院で講演を行なった際、新たなフレームをひとつ提案しました。「みなさんは全員、ホスピタリティ産業に身を置いているのです」と彼は私たちに語りかけました。マイヤーは、私たちに新たな視点から自分の仕事を見つめ直すよう勧めたのでした。

教鞭を執りはじめた頃、私は自分の講義内容について熟知していることを証明しなければと必死で、「ジェダイの心理操作術《マインドトリック》」を教えるのが仕事だとうそぶいていました。それが私の授業に謎めいた印象を与え、私はジェダイ・マスターのような存在になっていました。ところが現実には、私はショーの主役と演出家と舞台監督をすべて兼任しようとしていたにすぎませんでした。

担当するＭＢＡ講座は移動も多いため、授業の段取りや必要な機材などに気を取られながら、教室に駆け込むのがつねでした。結束の固いコミュニティをほんの数週間で築くには、厳しい社会規範や規則が必要だと考えていたので、私を補佐するティーチング・アシスタント（ＴＡ）には、それらを順守させるようプレッシャーをかけました。提出物や評価物は山ほどあり、締め切りを守らない者が出るたびに、私はいらだっていました。

あるとき、私がとくに気に入っていたＴＡがこう不満を漏らしました。「先生の講義を履修したあと、一緒に働けたら楽しいだろうと期待していましたが、頑張っていい仕事をしようという気持ちを、先生はちっとも引き出してくれませんね」私はカチンときました。彼女をやる気にさせるのも私の仕事なの？　また、学生たちは授業の前にも後にも私のまわりに群がってきましたが、一人ひとりの話に耳を傾ける余裕はありませんでした。私は注意を授業に、私が輝《シャイン》ける場所に集中することで節約していたのです。それ以外の時間は、ただただ忙殺されていました。

ダニー・マイヤーが提示したホスピタリティのフレームは、私にこんな疑問を抱かせました。

受講者に教えるのではなく、彼らをもてなすと考えたらどうなるだろう？

この新しいフレームはすべてを変えました。私は正真正銘、注目の対象を自分自身から学生たちへシフトすることができたのです――パーティで大事なのは、何と言ってもゲストなのです。授業における力関係も一変しました――ホストはゲストを管理するのではなく、もてなすのです。それから、ホストは誰かに何かをするよう命じるのではなく、すばらしい体験に加わりませんか、と人々を誘うだけでいいのです。

このフレームは、みずから課した厳格な基準から私を解放してもくれました。ジェダイ・マスターは完璧であることを求められますが、ホストはパイを焦がしても、ソファに猫の毛が落ちていてもとがめられません。学生はすべての授業に出席し、すべての課題をこなして、教師を喜ばせることを期待されますが、ゲストは遅れてきても、先に帰ってもかまいませんし、カーペットにワインをこぼしても、ホストに個人的な恨みを買うことはありません。やはり成績はつけなくてはなりませんが、これまでのような厳しい規則はどれも必要なくなったのです。

この新しいフレームによって、私は学生たちの経験にそれまで以上の注意を傾けられるようになりましたが、その一方で、彼らに対する責任感からは解放されました。パーティのホストは、すべてのゲストに最高の時間を楽しんでもらえると保証することはできません。それは、ホストにはいたしかたのないことだからです。それでも、キャンドルに火を灯し、音楽をかけて、酔客が車を運転して帰らないように気を配ることはできます。そして言うのです。「お会いできて嬉しいわ。来てくださってありがとう」と、心から。

新しいTAを採用するとき、私は彼らの協力を求めることにしました。「これは私たちのパーティで、私たちはそのホストなのです」と。私たちは授業の開始時間ギリギリに駆け込むのではなく、早めに教室に行って、にこやかにゲストを迎えました。学生の名前も懸命に覚えました。細やかな気配りのできるホストは、ひとりで座っている人を見つけ出します。私も見習って、遅れを取りつつある学生に声をかけるようにしました。叱責するためでなく、現状を確認するためです。ホストにはゲストどうしの交流を促す役目もあるので、私も在室時間《オフィスアワー》（教授が教授室を開放して、学生からの相談や質問などに応じる時間）には一対一ではなく、グループで面談をするように改めました――私の比重を減らし、学生どうしの活発な意見交換を促すのです。

学生には、私たちは何でも話し合えると伝えました。授業のあとはたいてい、予定や急ぎの用件を入れずに教室に居残りました。これはオンライン授業に移行せざるを得なくなってからも変わりません。私は学期が終了してからも、希望する学生が訪ねてこられるようにオフィスアワーを続けました。また、授業への出席を強制するのをやめ、出席もとらなくなりました。ホストならば、ゲストにはみずから望んでパーティに来てほしいと願うものです。授業にはいつも、学生自身の自由な選択で約九〇パーセントが出席していました。一度も欠席しなかった受講生も数多くいました。

とはいえ、大学院の授業であることに変わりはありません。それでも、学生たちをゲストだと考えていると、だんだんと私にとって仕事はパーティのようなものだと感じられてきて、私はより満ち足りた良い教師になれます。あなたも、自分がホスピタリティ産業に身を置いていると考えたら、物事がどう変わるかと想像してみてはいかがでしょうか。でなければ、どのような「業界」で働きたいか、と。

第6章　あなたのなかの二歳児

愛民治國、能無知乎。

（中略）

長而不宰。

［人民を愛し国を治めるのに、知恵によらないままでいられるか。（中略）成長させても
支配はしない］

『老子』（蜂屋邦夫訳注、ワイド版岩波文庫、二〇一二年）

次のエピソードは、私の家族についてよく物語っています。父はあるとき、小さなガラガラへビを生け捕りにしてコーラの瓶に詰め、私の祖母に郵送しました。すると祖母は、大喜びしたというのです。父の反骨精神は、親から受け継いだものでした。父がその跳ね返りぶりを初めて明確に示したのは六歳のときのことで、ピアノのレッスンをやめようと決心して家出をしたのでし

た。何週間も前から必要なものを揃えて、リュックを背負い、妹のキャシーを連れて窓から抜け出しました。二人は森に隠れていましたが、心配した両親が学校に問い合わせ、警察まで出動する騒ぎとなりました。二人はまだまだ隠れていられたのですが、父親の声が聞こえたとたん、キャシーが裏切って大声で呼びかけました。「パパ！」

幼い頃の父との思い出に、とくに忘れがたいものがあります。警察のヘリコプターが私たちを探してサーチライトを下生えに走らせるなか、父と真夜中の森を駆け抜け、バシャバシャと小川に入ると、潜って身を隠したのです。たいした悪事を働いたわけではありません。ただ打ち上げた花火が大きすぎ、しかもそれは、父がブラックマーケットで中国から取り寄せたので違法だったというだけです。父は誰も傷つけないなら、規則や規範、さらには法律さえ気にしませんでした。自分の人生の主《ボス》は自分であるべきだという信念を貫いていたからです。

もしあなたが父の実際の上司《ボス》で、父がその仕事を気に入っていたとしても、彼はあなたに反発するでしょう。もしあなたが父の妻で、深く愛されていたとしても、やはり彼はあなたに反発するでしょう。森の中に的を設置するのをやめて、銃を撃つのは射撃練習場だけにしてほしいと、義母にしごくまっとうな要求をされたときも、父は「弾丸トラップ」と呼ばれる金属製の大きな箱をひそかに購入していました。嵐になると、義母が留守で、近所の人たちが雷鳴に気を取られているときを見計らって、父が弾丸トラップを暖炉に設置してくれ、一緒に二二口径ピストルを撃ったものです。父は一部の人たちよりは反抗心が強いかもしれませんが、これは彼に限った性向ではありません。むしろ、反発したいという衝動こそが、ある意味、父がほかの人と変わらないことを示す証拠と言えるでしょう。外部からの制限、あるいは説得さえも脅威と捉えるのは、自然な反応なのです。

私たちの脳は、脅威の検出を重視します。生死にかかわるからです。災難を回避するために、ワニは脅威となりそうなものはないかと、絶えず周囲をうかがっています。すばやく反応できるように、脅威の検出は迅速に行なわれます。これはときに、はやとちりによる過剰反応を引き起こします。キュウリに怯えてパニックになったネコの映像を、ネット上で目にしたことはありませんか？　見た目がどことなくヘビに似ているため、食事中のネコの後ろにそっとキュウリを置くと、ネコはその長い緑色の物体が目に入ったとたん、床から勢いよく飛び上がって、壁やテーブルなどにぶつかりながら逃げるのです。ネコには悪いけれど、笑ってしまいますよね。

人間の脳もネコとそれほど変わりません。ただし人間の場合、脅威を示す画像をそのほかの画像よりもすばやく識別するだけでなく、脳はそのような脅威について、自分が何を見ているのか気づく前に私たちに警告します。恐怖症が専門の研究者アルネ・オーマンは、実験の参加者に電極を装着して、何枚もの写真を見せながら彼らのようすを観察しました。そのなかには、花のような無害な写真もあれば、クモやヘビのような脅威となりうる写真もありました。どの画像も提示時間はわずか三〇分の一秒でした。これほど短い時間では、ほとんどの人は被写体を意識的に認識することはできません。しかし、ワニは反応しました。一瞬だけ現れたヘビやクモの画像を見て、参加者は汗をかきはじめたのです。[1]

ではここで、実験をしてみましょう。次の不鮮明な画像を見て、それぞれがトリ、ネコ、サカ

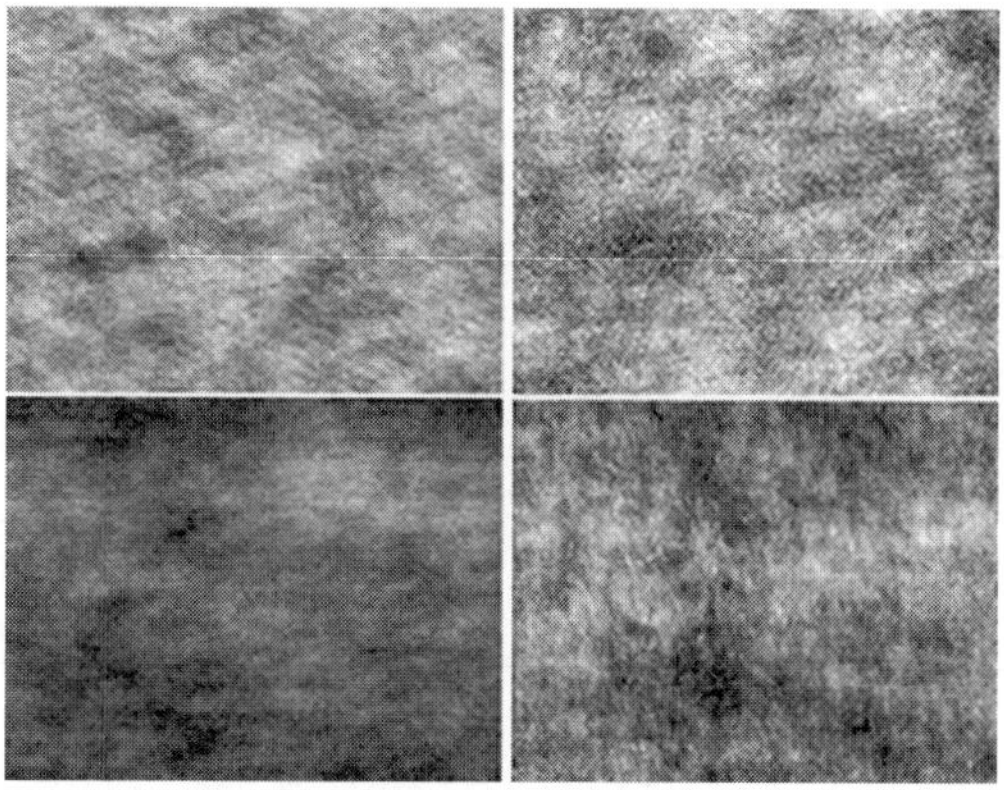

A　B　C　D

ナ、ヘビのうち、どれだかわかりますか？

ひとつもわからなくても、ご心配には及びません。私もです。しかし、推測してみるように言われると、参加者の本能は危険へと向かいます。あなたはネコ（D）やサカナ（C）、あるいはトリ（A）を当てられましたか？　ヘビ（B）はどうですか？　脅威の検出について研究する川合伸幸と賀洪深が、実験参加者にこれらの写真を提示したところ、脅威となりにくい動物を言い当てられたのは約半数でした。その一方で、Bをヘビだと正しく推測できた人は、七五パーセントにも達したのです。[2] 研究者たちは見えにくさの段階をさまざまに変えてテストしましたが、そのすべてで、ヘビはほかの動物よりも正確に認識されました。ヘビは脅威となりうる存在だからです。

　ワニは危険に対して並外れて敏感です。たとえあなたがまったくの善意であっても、影響力を行使しようとすれば、時間、注意、金銭などの貴重なリソースを奪われかねないと、相手に警戒されるかもしれません。まったく理に適わない場面で、ノーと言ってしまう人がいるのはこのためです。あるいは、あなたのすばらしいアイデアを聞こうともしないうちに。要するに、事の成り行きを決めるのはワニなのです。

外部からの影響への反発を誘発するのは、脅威の検出だけではありません。あなたは誰もに共通する**損失回避性**というバイアスにも直面します。利益を得る機会と損失を被る機会を比較評価するとき、人は利得よりも損失をはるかに重視します。ダニエル・カーネマンとエイモス・トヴェルスキーが実施したこの現象に関する研究は、一九七〇年代に行動経済学の分野を勢いづかせ、最終的に二〇〇二年のノーベル賞受賞へとつながりました。過去五〇年にわたって積み重ねられてきた無数の実験から、人は規模が同じ場合、損失を利得よりも約二倍重視する傾向があることが今ではわかっています[3]。たとえば、私たちは一〇ドルの損失を避けるために、二〇ドルを得るのと同じだけの努力をするわけです。働きかけをする側にとっては、この比率よりもそれが示している発想の本質のほうが重要です。つまり、ある変更を行なう価値があると感じてもらうためには、格段に優れていなくてはならないということです。この心理的な計算式に従えば、現状維持が好まれる結果となるからです。

人々がもっとも手放したくないものは自由です。自由と認識しているものが奪われたり、脅《おびや》かされたりすると、人はかならず怒り、それを取り戻すためなら何でもしようとします。何らかの行動を強制されていると感じると、私たちはそれを拒否するだけでなく、逆のことをして反発することもあります。私たちのなかの二歳児が主導権を握るのです。誰かが自分をコントロールしようとしているほんのわずかな兆候でも見つけたら、この二歳児は叫びだします。**お前はぼくの**

チキンゲーム
このニワトリを見ないでください。

ボスじゃない！　ぼくにあれこれ命令するな！

この現象は**心理的リアクタンス**と呼ばれています。

　二歳の幼児に対して実際に行なわれた、名高いリアクタンスの実験があります。[4] 研究者は幼い子どもたちを研究室に招き、二種類のおもちゃのうち、どちらで遊びたがるかを確かめました。ひとつはすぐに手に取れる場所にあり、もうひとつは高いプレキシガラス製の仕切りの向こう側に置かれていました。お察しかもしれませんが、子どもたちは一貫して、仕切りの向こう側のおもちゃを選びました。それがどちらのおもちゃであるかは関係ありませんでした。私たちは選択の自由を望むので、誰かがそれを制限しようとすると、反発したくなるのです。「イーゼルから絶対に目を離さないでください」と言ったとき、ダレン・ブラウンはこの指示が私たちのなかの二歳児を刺激して、逆にあたりを見回すことになると承知していたのです。

これで、してやられた理由がわかりましたか？

以前、勤めていた会社の経営が傾きかけたとき、従業員たちはボーナスがカットされても理解を示しました。ところが、コーヒーよりも値段が高いからという理由で、小袋入りのホットチョコレートを休憩室に置くのをやめることを経理部が決めると、私たちは激怒しました。しばらくは廊下で立ち話をするたびに、かならずホットチョコレートが話題にのぼったほどでした。

ところがあるとき、自分がこれまでホットチョコレートを飲んでいなかっただけでなく、誰かが飲んでいるのを見かけたことさえ、記憶にないことに思い当たりました。それなのになぜ、こんなに腹が立つのでしょうか？ そこで私は、誰かが不満をこぼすたびに、ホットチョコレートを飲んでいたかどうか確かめました。すると、みんな口を揃えてこう言いました。「いいえ、私は飲まないわ。だけど、やっぱりこんなのひどいわ」つまり、私たちはホットチョコレートがなくなることに我慢がならなかったわけではありません。いつか気が向いたときにホットチョコレートを選ぶ自由を失うことが、どうしても許せなかったのです。

行動主義心理学者のB・F・スキナーは、人々が宝くじというかたちで政府に金銭を支払うことを嫌がらないのは、それが選択の問題だからだと見抜きました。[5] しかし、税金を支払うよう強制されると、その税金で賄われている道路や学校などの公共サービスに頼って生活していながら、多くの人が憤慨するのです。納税の義務は、パンデミックのあいだはマスクをしなくてはならないことに似ています。どちらも公益のためではありますが、反発を招く危険性をはらんでいます。

二〇一〇年には「ミートレスマンデー」という運動が、人々に肉の消費量を減らすよう促そうとしました。肉がなければ食事ではないと考える人もいます。しかし、週に一日、肉を使わないおいしくてボリューム満点の料理を食べられるとしたら、どうでしょうか？　少しは耳を貸してくれるようになるかもしれません。これもまた、小さな一歩です。

グーグル・フードチームは、カリフォルニア州マウンテンビューに置かれた本社で、ミートレスマンデーを試験導入する決定をしました。まずはパイロット・プロジェクトとして、九月の毎週月曜日に実施し、二軒のグーグル・カフェで豚肉、牛肉、鶏肉の提供を停止する（魚料理は提供する）ことになりました。本社の敷地内にあるそのほかの二二軒のカフェでは、これまでどおり毎日肉料理を提供するので、ほとんどの人はとくに気にしませんでした。しかし、腹を立てた従業員は、ためらうことなく不満を吐き出しました。フードチームにはこんな苦情が何件も寄せられました。

私の生活に口を挟もうとするのはやめろ。従来どおりの食事サービスを従業員に提供したくないのなら、すべてのカフェを閉めればいい。冗談で言ってるんじゃない。こんなバ＊なことはやめるんだ。でないと、マイクロソフトかツイッターかフェイスブックに移る。向こうは、こんなク＊みたいな真似はしないからな。

反発はEメールにとどまりませんでした。憤った従業員たちは、ミートレスマンデーを実施しているカフェの目の前で、抗議のためのバーベキューを催しました。グーグルはこうした意見を尊重し、同社のミートレスマンデーの試験導入は幕を閉じました。
今思えば、問題の大部分はフレームにありました。「ミートレス（肉なし）」という言葉は正確ではありますが、損失を強調していました。**当社はみなさんから肉を取りあげます。**つまり、グーグルは従業員の自由を制限しようとしていたわけです。また、このプロジェクトの含意も問題でした。なぜ従業員はミートレスを実践するように勧められるのか？　それは健康にいいから、食べられるはずの家畜の幸福のため、あるいは地球に優しいから、などでしょう。しかし率直に申し上げて、どれも誤解を生みかねない説明ですし、言われたほうは自分が批判されているような気持ちがして、ますます反発したくなります。場合によっては、嫌がらせのためだけに、より頑なな態度をとるかもしれません。[6]では、野菜中心の食事を推奨する効果的なアプローチとはどんなものなのでしょうか？

イーサン・ブラウンは、イヌ五匹、ウマ二頭、ネコ一匹、カメ一匹、ウィルバーという名前のミニブタ一頭を飼っています。子どもの頃、彼の家は酪農場を所有していて、彼は動物が大好きでした。彼は肉も好きで、とくにハンバーガーには目がありませんでした。お気に入りはロイ・ロジャーズのダブル・R・バー・バーガーで、溶けたチーズのかかったクォーターパウンドの牛肉パティの上に、薄切りのハムを重ねたものがサンドされていました。うーん、おいしそう！しかし、イーサンは哲学的な少年で、どうしてイヌのことは可愛がるのに、ブタは切り刻むのかと考え込みました。イーサンは動物の肉を食べるのをやめ、次いでベジタリアンをやめ、また動物を食べるのをやめました。たやすいことではありませんでした。

それでも、畜産が化石燃料と同じぐらい地球環境を損なっているかもしれないと知ったときに、イーサンはもう二度と肉食には戻らないだろうと悟りました。彼は当時、水素燃料電池の開発に携わっていました。水素燃料電池は石油に代わる、より持続可能な新たなエネルギー源です。そこでイーサンは考えました。家畜に代わる、より持続可能な新たな肉の供給源をつくり出せないだろうか、と。

イーサン・ブラウンは、肉のフレーミングの変更を試みました。肉の定義を、特定の外見と味をもつ、タンパク質と脂質と香味成分の組み合わせとし、かならずしも動物由来でなくてもいいと考えたらどうだろうか？　イーサンは、研究室で植物由来のタンパク質の実験をすでに行なっていたミズーリ大学の二人の教授に連絡を取りました。研究チームはしだいに大きくなり、イーサンは植物からタンパク質分子を分離して再組織化し、鶏肉、牛肉、豚肉の味と食感を生み出す方法を開発しました。チームはドイツ風ソーセージやミートパティ、ビーフステーキやソーセージを試作しました。さらにビーツ果汁で血の赤色まで再現しました。彼らの製法による植物由来の代替肉の生産では、動物由来の食肉に比べて水の使用量を九九パーセント、土地の使用面積を九三パーセント、温室効果ガスの排出量を九〇パーセントも削減できるというのです。

自身も肉が好きだったイーサンは、この構想が反発を呼ぶことを予期していました。ある食品が「健康的」とフレーミングされると、それをおいしくないという意味に解釈したり、[7]自分のふだんの食習慣をとがめられているように受けとめたりする人がいることを承知していたからです。

さらに肉好きの人たちは（誰でもそうですが）当然、自分の選択のせいで悪者とみなされるのも嫌がるでしょう。[8]

これらすべてを踏まえて、イーサンはミートレス・バーガーのよさを道徳的な観点からフレーミングしないことにしました。それよりもおいしさに焦点を当て、自社の新製品を「ビヨンド・ミート（肉を超えた）」と名付けました。肉と似ている、でももっとうまい！　このようなフレームにベジタリアンは反発するかもしれませんが、イーサンは肉好きの人たちに売り込もうと考えていたのです。そこで彼は、ビヨンド・ミート製品をスーパーの健康食品の棚ではなく、食肉売り場に置いてもらいました。また、ベジバーガーにありがちな紙製のカラフルなパッケージは採用せず、ほかの肉製品のなかで浮かないようにセロハン包装のトレーで売り出しました。

イーサンのチームは、健康的になろうと誰にも強要するつもりがないというメッセージを明確に発信するため、ファストフード店とタッグを組んで、植物由来の代替肉を使った選択肢をレギュラーメニューとして提供することを目指しました。低カロリーのウサギ肉ではなく、ジューシーなチーズバーガーや熱々のミートボールを挟んだサブマリンサンド、スモーキーなブレックファストソーセージ・サンドなど、すでに大人気のメニューの植物由来肉バージョンをつくるのです。ビヨンド・ミートはけっしてモラルの高さを標榜せず、そのマーケティング戦略に高圧的なところはみじんもありませんでした。

競合各社は著名人に対価を支払って製品のプロモーションを依頼していましたが、イーサンのチームは正反対のアプローチを採りました。彼らはなんと、有名なアスリートにコンタクトをとって、**資金提供を打診した**のです。カイリー・アービング、クリス・ポール、シャキール・オニールといった面々は、投資家として同社に加わりました。

二〇一八年にはまだ、「植物由来肉」という言葉を聞いたことがあるアメリカ人は、ほとんどいませんでしたが、翌一九年の終わりには、すでに食べた経験のある人が四〇パーセントを超えていました。しかもその大部分が、肉好きの人たちだったのです。ビヨンド・ミートの売り上げはその年、三倍の九八五〇万ドルに達しました。二〇二一年には、ビヨンド・ミートの製品は世界八〇カ国の一〇万軒ものレストランやスーパーで取り扱われるようになっていました。ビヨンド・ミートとの共同開発により、ピザハットはビヨンド・イタリアン・ソーセージを使用したパンピザを販売し、マクドナルドは、ビヨンド・ミートと共同で開発したマックプラントという新しいハンバーガーを発売することをすでに公表しています。イーサン・ブラウンは億万長者に何度もなれるほどの資産を手に入れ、母校の卒業式で訓辞を述べることになりました。「ミートレス」や「健康的」という言葉に対する反発を予想して、「おいしさ」に注意を誘導したことが功を奏して、イーサンは動物肉に代わる、健康的でより持続可能な選択肢を消費者に提供することに成功したのです。

ミートレスマンデーとビヨンド・ミートの例は、人を動かそうとするときに心理学がいかに重要な役割を担うかを鮮やかに描き出しています。あなたのものすごいアイデアを圧力とみなすか、誘いとみなすか？　つらい損失と捉えるか、魅力的な利益と捉えるか？　次節では、あなたの提案に誰かが反対している、もしくは反対する可能性があると思われるときに、何ができるかについて考えていきたいと思います。厄介な対立に陥らずに相手の反発を受けとめるにはどうすればいいか、ノーと断られたあとに相手に嫌がられずに再訪するにはどうしたらいいのかを学んでいきましょう。

合気道の達人のように異議をいなす

合気道の神髄は、相手の攻撃に対してその勢いを受け流し、両者ともに傷つかずに相手を制することにあります。「合気道」とは、「〈気〉に合する道」の意味をもちます。これからご紹介する異議への対処戦略は、この精神に通じています。言い換えれば、穏やかな攻撃法といったところでしょうか。攻撃に攻撃で応じれば、相手はさらに反撃してきて、みずからの見解や決断にますます固執するでしょう。ですから、そうならないための方法を次にご紹介します。これは一歩ずつ進める段階的なプロセスではなく、オプションを好きなだけ選べるメニューのようなものです。

相手の反発の目撃者となって真意を掘り下げる

セールスの達人は、ノーと断られても、状況次第で何度も足を運ぶことはすでに述べました。彼らが（迷惑がられるどころか）歓迎されるのは、再訪の許可をあらかじめ取りつけているうえ、反発に向き合う術《すべ》を心得ているからです。相手がまだイエスと言える態勢になくても、彼らは自分自身が拒絶されているとは捉えません。そうではなく、相手のノーを受け入れて、そこに関心を寄せるのです。反論したり、諦めたりはしません。たとえ相手の言い分が不愉快だったり耳に痛かったりしても、身を乗り出して耳を傾けるのです。

目撃者となるというのは、判断を交えずに相手の反発を観察することを意味します。反論したり、途中で言葉を挟んだり、自分の言い分を主張したりせずに、ただ相手に注意を集中して、じっくりと耳を傾け、自分が見て取ったことや直感したことを言葉で伝えます。こうして、相手が自分の感情を吐き出し、胸のつかえを下ろす余地をつくり出すのです。

反発は目撃してもらいたがるものです。相手が何に異議を唱えようとしているのか察知できたと感じたときや、特定の問題に対する相手の反発を感じ取ったときには、合気道の体さばきに倣って、相手より先にそれを言葉にしましょう。「時間が足りないとお考えでしょうか」、「大きな金額のように思われるかもしれません」、「ディレクターを務めるには、私は少し若すぎるように思われるかもしれませんね」といったぐあいです。反対する相手の気持ちを汲み取って、それを言葉ではっきり伝えると、相手の注意が頭の中の声から解き放たれて、こちらの話を聞いてもらえるようになります。同時に、相手の見解に理解を示すことで、自分が賢明で道理をわきまえた人間だとアピールすることにもつながるのです。

とはいえ、毎回正しく心中を推し量らなくてはならないわけではありません。「腑に落ちない点がおありなんですね」と言うだけでも、十分効果的な場合もあります。相手の気持ちを慮《おもんぱか》る態度を示せば、ある種の連帯感が生まれてきます。相手がすでに異議を表明している場合（たとえば、すでにあなたのアイデアを試したけれど失敗した、など）は、あなたの反論を予期しているでしょう。そこで、反論する代わりにひと呼吸置いて、相手が話を続けるのを静かに待つのです。また、相手の気持ちをオウム返しに代弁して、目撃者となるのもひとつの方法です。「ああ、そんなひどいことが」、「不満に思われたのも無理はありません」、「私があなたでも、同じように感じたでしょう」――もちろん、つねに本心から出た言葉でなくてはなりません。

さらに一歩進んで、相手の反発の本質をそっと探ってみてもいいでしょう。反発に直面して守りに入るのではなく、関心を寄せれば、相手に警戒を緩めるよう促せます。「もう少し詳しく教えていただけませんか？」、「それで、どうなりましたか？」、「ご意向は承知いたしましたが、もう少しお聞かせ願えますか？」。相手に寄り添うこのようなアプローチは、敵意や疑念を静めるだけでなく、多くの情報を引き出します。

「詳しく教えてください」が不適切なら、相手の発言を疑問形で繰り返して、心を開くよう水を向けることもできます。[9] 相手が気乗りしないと言ったなら、「なるほど、乗り気ではないのですね？」と問いかければいいのです。この合気道の体さばきは、「私はあなたをきちんと理解できているか確かめたい」という気持ちを伝えます。人は誰でも理解されたいものなので、もしあなたが誤解しているようであれば、相手は詳しく説明してくれる可能性が高く、役立ちそうな情報を得られるでしょう。また、まだ触れられていない問題点がほかにあるかどうかを確かめるために、探りを入れてもいいでしょう。「ほかに気がかりな点はありませんか？」、「ご懸念はこれだけではありませんね？　話し合うべきことがほかにもおありでは？」、「ほかにはどのような懸念をお持ちですか？」など。誰かが不満を漏らしているときにはいつでも、たとえそれが自分とは無関係でも、このアプローチは試せます。聞かれた相手はきっと、あなたに好意を抱くでしょう。

相手の選択の自由を肯定する

厳密に言えば、人間にはいつでも選択の自由があります。たとえあなたが、誰かの頭に銃を突きつけて財布を出せと脅していても、相手は渡すかどうかを自分で選択しなくてはなりません。しかし、あなたが自分の思惑を押しつけるならば、相手は選択の自由があると感じられなくなります。そして、強要されていると思った人は（その場であれ、時間を置いてからであれ）反発して、逃げ道を探すでしょう。

誰かを動かしたいとき、私はよく主導権はそちらにある、どちらを選んでもかまわないと伝えます。これには、利他的な理由と自分本位な理由があります。利他的と言えるのは、人は主導権を握っていると感じると、満足感が深まるからです。一方で自分本位とも言えるのは、すでに述べたように、ノーと言いやすい状況をお膳立てすると、相手がイエスと答えることに、より前向きになるからです。相手がつねに応じてくれるわけではありませんが、断る場合、たいてい相応の理由があります。さらに、強要されずにイエスと言った人は、自分の選択に対する自負が芽生えます。その結果、決断への満足感が深まり、それを貫き通す力にもなります。たとえば、人は嘘をつくように促すささいなナッジに応じてしまうと、その嘘を信じ込みやすくなることが研究から明らかになっています[10]（このような方法で影響力を行使したいとは思いませんが、それでもやはり興味深いですよね？」）。

あなたは依頼してもいいか許可を求めるという方法でも、相手の選択の自由を肯定できます。周囲の人は絶えず、私たちにいろいろなことを押し付けてきます。ミーティングへの招集、ブログのリンク、気に入るかもしれない本、ちょっとした有益な助言、などなど。押し付けがましい物事への本能的な反応は、万人共通で「ノー」だという事実は抜きにしても、この種の人間になりたくはありません（ある実験では、無料でお金を配っていることを告げる張り紙を見て、通行人は五〇ドル札を渡そうとする研究者を避けるために、足を止めずに素通りしたり、道を渡ったりしました）[11]。そこで、一方的に押し付けるのではなく、あなたのすばらしいアイデアをできるかぎり端的にまとめて伝えて、さらに詳しい話を聞きたいか尋ねるのです。「ご興味をもてそうな内容がありましたか？」、「リンクをお送りしましょうか？」。

依頼する許可を求めるときには、こんなふうに言ってみましょう。「アドバイスをいただいてもよろしいですか？」、「何がいけなかったのか、話し合うことは可能でしょうか？」、「私の今後のキャリアについて、意見交換をさせていただけませんか？」、「私の給与について話し合う機会を設けていただけませんか？」。また、都合のいい日時を尋ねるのもいいでしょう。日時の約束をするということは、できるかぎり心を開いてこちらの話を聞いてくれる用意があることを意味します。さらに、どのように連絡を取り合うのがいいか、相手の希望を訊くのも一案です。Eメール、電話、テレビ会議、コーヒーを飲みながらの会談など、さまざまなかたちがあります。強いこだわりのある人の場合、相手の意向を容れずにあなた好みの連絡方法を押し付けられれば、すでに何かを犠牲にしたように感じてしまうでしょう。

助言を分け与える前に同意を求めるのは、合気道の体さばきと同じです。人は生来、プレッシャーをかけられると反発するものですが、同時に好奇心も湧きます。相手は助言など求めていなかったかもしれませんが、「私の話はあなたのお役に立つかもしれません。お聞きになりたいですか？」と問われれば、好奇心から断るのは難しくなります。これもまた、ツァイガルニク効果の実例です。そして、これにイエスと答えた相手は、聞くと決めたのは自分であるため、あなたのアイデアに対してより前向きになります。

少し奇妙に聞こえるかもしれませんが、自由に選べると言葉にして告げることでも、あなたは相手の選択の自由を認められます。[12] 当然ながら、あなたが選択の自由を相手に与えているわけではありません。選択の自由は誰もがもともと持っているのですから。それにあなたは、どんな結果になっても自分は等しく満足だと言っているわけでもありません。たんに「あなたはもともと自由だ」という基本的な事実を言明しているにすぎないのです。しかし、プレッシャーをかけないだけでなく、プレッシャーをかけていないことを明確に知らせれば、あなたが今後もそのような真似をするつもりのないことが相手に伝わります。相手の気持ちを軽くするフレーズをいくつかご紹介しますので、使ってみてください。「無理にとは言いません」、「遠慮なくお断りください」、「お忙しいことは承知していますので、断られてもやむなしと考えています」、「完全に納得なさるまでは、イエスと言わないでください」、「すべてあなたにお任せします」。あるいは、「私はあなたのボスではありませんから」と言ってみてもいいかもしれません。私はこれらのフレーズをよく使います。それは便利だからでもあり、ほんとうにそう思っているからでもあります。私は正しい選択だと心から納得したときにだけ、相手にイエスと言ってほしいのです。

上下関係が存在する場合、選択の自由を相手にどのように伝えるかについては、注意したいところです。自分よりも地位が高い相手には、「すべてあなたにお任せします」と言っても効果はないでしょう。相手は自分の一存で決断できることを先刻承知だからです。しかしこの場合も、「お忙しいことは承知していますので、断られてもやむなしと考えています」なら快く受け入れられるかもしれません。忙しい人は、あなたがそれを認めてくれたことに感謝して、あなたの感情を損ねたくないと思うはずです。一方、自分よりも地位が低い相手に対して選択の自由を再確認するときには、うっかり相手にプレッシャーをかけてしまわないよう注意が必要になります。「すべて君に任せるよ」と告げたとしても、あなたの口調から「だがもし決断を間違えば、私は君にひどく失望するだろう」というメッセージが伝わってしまえば、相手はけっして自由だとは感じられないでしょう。

婉曲な依頼で反発を和らげる

依頼を拒んだ相手を翻意させるのは、容易ではありません（これは、少し前に取り上げた心理的な欠点に関連しています。人はいったん決断すると、自分の決断により重みを感じる傾向があります）。そのため、相手が頑なにならないような仮定の質問を投げかけて、その人の気持ちを正しく推し量るのが、よりよいアプローチと言えるでしょう。私はこの手法を**婉曲な依頼**と呼んでいます。*

婉曲な依頼とは、たとえばこんな感じです。「ひょっとして、このような話にご興味はありませんか？」、「もし……とお願いしたら、どう思われますか？」、「……するとしたら、どう思われますか？」、「けっしてご決断を急《せ》かしているわけではありませんが、一〇が全面的な合意、一が合意不可能だとしたら、いま現在、私たちは一から一〇のあいだのどのあたりにいるとお考えですか？」。

婉曲な依頼が効果的な理由はいくつもありますが、貴重な情報を得られるリスクの低い手段として役立つことが多いです。絶対に合意できない事柄について話し合っても、自分や相手の時間を無駄にするだけで無意味です。また、すでに全面的に合意している場合も同様です。さらに、婉曲な依頼なら、たとえうまくいかなくても、どちらもあまり嫌な思いをせずにすみます。たとえば、あなたが友人のひとりに恋心を抱き、交際に発展する可能性を探りたいと思っているとします。あなたが仮定のこととして訊いた場合（「今度二人でデートするっていうのは、どう？」）、友だちのままでいるほうがいいと言われても、少しは傷つくでしょうが、失うものはそれほど大きくありません。ただの思いつきにすぎませんし、きっと今までどおり、友だち付き合いをしていけるでしょう。しかし、単刀直入に「デートしない？」なんて訊いて、はっきり断られたら、気まずくて友だちのままではいられないかもしれません。

---

*営業や販売の経験がある方ならおわかりでしょうが、これは「テストクロージング」（商談の途中段階で、顧客の購入意思がどの程度かを確かめる手法）の考えかたに通じるところがあります。

婉曲な依頼は、求職活動に際して照会先《レファレンス》として挙げることの了承を求めたり、推薦状を依頼したりするときにも、賢明な手立てとなります。「私の推薦状を書いていただけませんか？」と尋ねる代わりに、「頼もしい推薦状を書いていただいても、不都合はございませんか？」や「力強いお口添えをいただければと思うのですが、差し障りはございませんか？」と訊いてみましょう。このアプローチを用いると、相手は断りやすくなります。これこそあなたの望むところです。なぜって？　婉曲な依頼のおかげで、せっかくのチャンスを台無しにしかねない、いいかげんな推薦を免れるからです。そして、もし推薦者となることを引き受けてくれたなら、その人はみずからの自由意志でそう決めたのですから、全力であなたを支援してくれるでしょう。

気立てのよいブロントサウルス

セールスの達人は、有望な顧客のもとには、断られても六、七回は足を運びます。では、「平均的な」セールスパーソンはどのくらい再訪すると思いますか？　三回です。では次に、平均的な人（営業や販売以外の職種の人）は、ノーと言われたあとに何度再チャレンジするでしょう？そう、ゼロです。粘り強さという長所はもっと評価されるべきです。

私の教え子たちに人気のある影響力のモデルに、**気立てのよいブロントサウルス**があります。この穏やかな草食恐竜は、ノーという返事を受け入れない、諦めの悪い性格です。これは一見、受け身のテクニックのように思われ、その方法はじつに単純です――待つこと以外にほとんど何もしません。とはいえ、目につかない片隅で幸運を祈りながら、**ただ待つのではありません**。巨大でひときわ目を引く存在だったブロントサウルスのように、不安などみじんも示さずに、見える場所に留まり続けます。**こんにちは！　私は（まだ）ここにいます。状況を確認しているだけですよ！**　気立てのよいブロントサウルスは辛抱強く、礼儀正しく、粘り強いのです。自分の希望を伝え、引き下がる。再度足を運んで確かめる。さらに待って、また確かめる。これを必要なだけ続けるのです。気立てのよいブロントサウルスには誰も腹を立てられず、かといって無視もできません。そして、このような善良な存在を拒絶し続けることは困難です。粘り強さと穏やかさは抗いがたい組み合わせとなりうるのです。

　ジャーナリストで作家のジェシカ・ウィンターは、気立てのよいブロントサウルスが満席の飛行機の座席をどんなふうに手に入れるのかを描いています。[13]係員に席を確保できる見込みはまったくないと告げられたあなたは、きっと何とかなるでしょうと感じよく答えたあと、その場を離れます。ウィンターは続けてこう書いています。

> 　あなたは静かに立ってほんの少し前かがみになり、両手を軽く握り合わせて、どこか祈るような姿勢をとる必要があります。そして、ゲート係の視界の端に入るようにします。彼があなたの存在を見逃しようがない程度には近く、プレッシャーになるほど近くはない絶妙な距離です——しかし、あなたの目はつねに、係員の顔を穏やかに見つめていなければなりません。そして、理解のある、幸せに満ちているとさえ言えるような表情をつくります。質問されたとき以外は、話しかけてはいけません。ゲート係が何か言ったときには、

相手があなたであれ、ほかの搭乗希望者であれ、共感を込めて頷きます。これを続けていれば、ゲート係はやがて、あなたに座席番号を渡してくれるでしょう。こうして、気立てのよいブロントサウルスはいつでも座席を確保できるのです。

私の教え子だったティアゴ・クルスは卒業後、大手コンサルティング会社から採用の申し出を受けたとき、法外な条件を打診しました——社用車を一台使わせていただくことはできますか？　ＭＢＡを取得したばかりの者に社用車を与える企業など、私は聞いたことがありませんが、ティアゴはイエスと答えたくなるような人物で、会社側は承知しました。ところがその後、彼は会社から謝罪を受けることになります。なにしろ、マネジャーでさえ社用車の供与を認められていないのです。それを聞いたティアゴは言いました。「ああ、それは残念です！　まあ、何か解決策が見つかるかもしれませんしね」彼は翌月、再度状況を問い合わせ、自分でもとんでもない要望だとは思うけれど、実現に向けて何らかの方策を考えてもらえたらどれほど嬉しいかを伝えました。しかし、答えはやはりノーでした。その翌月も、やはりノー。それでも彼は諦めず、粘り強く友好的な態度を崩しませんでした。おまけに、いつでも前向きでした。毎月欠かさず、状況確認を続けていたところ、なんとも驚いたことに、会社は解決策を捻《ひね》りだしたのです。

粘り強く交渉しつつ相手に敬意を示すには、また問い合わせてもいいか、そしてそれはいつがいいかと尋ねるのがお薦めです。そうすると、フォローアップの際に「以前、金曜の午後にご連絡してかまわないと伺いましたが、変更はありませんか？」と訊くことができます。フォローアップのときには、相手の言葉や言葉以外のかたちで示されるヒントを見逃さないでください。ここが、あなたが歓迎されているか、迷惑がられつつあるかを見極める正念場なのです。

ノーと言われたら毎回、粘り続けろというのではありません（恋愛においては、ご法度ですのでご用心を）。時間を無駄にするのは避けたいところです。優秀なセールスパーソンが働きかけを続けるのは、自分のアイデアを聞き入れてくれる見込みがあり、かつ力を尽くしてくれそうな相手を見出したときだけです。そのような関係にのみ注力するのです。マーケティング用語で言うなら、有望な見込み客と認めた相手にだけ時間を費やすわけです。どんな相手のもとにも、足繁く通うのではありません。

異議への対応はこんなふうに

異議への対応の授業では、学生たちにロールプレイングをしてもらいます。実際に体験したシチュエーションを一緒に再現する相手を見つけ、相手に自分の役を演じてもらい、自分は反発を示している人物を演じます。学生たちはたいてい、上司やチームメイトとの問題のように、仕事や学校に関連した状況を選びます。ところがニヴ・ワイゼンバーグは、子犬を飼うことに反対している妻への対応を一緒に考えてほしいと希望しました。ニヴは物静かですがユーモアがあり、ぜひとも成功したところを見たいと思わせるような学生でした。クラスのみんなが、ニヴがその子犬を飼えるよう応援していました（なんといっても……子犬は可愛いですから）。

ニヴとの合気道の練習は、次のような運びとなりました。

反発の目撃者となって真意を掘り下げる

ニヴ：ぼくたちが子犬を飼うことについて、きみにとって一番の問題は何なのか、教えてくれないか？

妻：大変だからよ。トレーニングのことだけじゃない。子どもをもつようなものなの。

ニヴ：子どもをもつようなものって？

妻：散歩にトレーニング、外へ散歩に連れていくために家に戻ってくる必要があるでしょ。ケージに入るトレーニング中は夜も吠えるし。それに、旅行へ行くにもいろいろ面倒が増えるわ。

ニヴ：確かに大変そうだな。でも、全部を自分ひとりでやらなきゃならないと思っているように聞こえるけど。

妻：ええ、まあ。あなたは犬を飼ったことがないし、自分がしようとしていることがどれほど大変なのか、わかってないから。

ニヴ：きみは余計な仕事をたくさん増やされたくないんだね、わかったよ。そのほかにも、子犬を飼うことについて、気にかかっていることはない？

妻：そうね、私たちのベッドで犬が一緒に寝るのは絶対にイヤ。よく眠れないと、私がイライラするの、あなたも知ってるでしょ？

相手の選択の自由を肯定する

ニヴ：アハハ、たしかに！　じゃあ、ぼくたちは犬の世話と眠りについて、解決策を見つけなきゃならないわけだ。それにもちろん、きみが望まないかぎり、子犬は飼えない。

妻：ええ、そうね。

婉曲な依頼で反発を和らげる

ニヴ：聞いてもいいかな？　じゃあ仮に、きみは子犬の世話を何もしなくてよくて、子犬は別の部屋で寝かせるから、起こされることもないとしたら、子犬と一緒の生活は楽しめそう？

妻：私が犬を大好きなことは知ってるでしょ。だから、姉の旅行中はズミの世話を引き受けてたんだもの。でも、世話をするために、ランチタイムに職場から家に戻ってこなくちゃならないことには、ストレスを感じていた。それに、あなたは新しい仕事を始めようとしている大事な時期よ。仕事がどうなるのか、どこに住むことになるのかさえわからないのに、子犬の世話までできるはずがないでしょう。

気立てのよいブロントサウルスであれ

ニヴ：わかった。このことについて話し合えてよかったよ、ありがとう。それと、今はまだ子犬を飼うような状況じゃないっていう、きみの意見はもっともだと思う。仕事と住まいの件が片付いたら、ちっちゃくてとってもかわいいワンちゃんについて、またきみの考えを訊いてもいいかな？

妻：いいわよ。でもまずは、仕事を見つけなきゃ。
ニヴ：了解。よーし、やるぞ！

これはただのロールプレイングにすぎませんし、このときの会話でさえ、合気道の体さばきをもってしても、ニヴの妻のノーを魔法のようにイエスに変えることはできませんでした。それでもニヴは、子犬を飼うことに対する妻の反対がいくぶん和らぎ、もっとタイミングがよければ、妻もまた話し合いに応じてくれるかもしれないという手ごたえを得ました。合気道の体さばきは、こんなふうに役立つのです。練習を通して、あなた自身の抵抗感の一部は薄らぎ、こうした対話をうまく進めるうえで参考になる言い回しも学べるでしょう。

「ノー」のもつ力について説明したときに、「ノー」はそれだけで十分意味が通ると言いました。それは事実ですが、かならずしも未来永劫「ノー」であるという意味ではありません。相手の懸念を探り出せれば、その人が今後協力したり、考えを翻したりする可能性があるかどうかが見通せます。相手の意向や知性、基本的な権利である選択の自由を尊重していれば、よりスムーズに相手を動かすことができるでしょう。影響力を行使するためのスキルが向上するにつれて、あなたは反発を歓迎するようにさえなるかもしれません。反発は交渉相手の人となりについて、快諾よりも多くのことを教えてくれるものです（もちろん、快諾も大歓迎ですが）。

そうそう、ニヴの件ですが、彼は粘り強く向き合いました。そして彼と妻は、二人で出した結論に満足しています。これがティンクです。

他人の反発の目撃者となることは、ときに重い負担に感じられます。それは、あなた自身のなかにも、対処しなくてはならない反発を抱えているからです。つまり、頭の中の声にとらわれてしまっているのです。でも、それは誰でも同じです。和やかな会話の最中でさえも、自分が同じような経験をしたときのことを思い出したり、次に何を言おうか考えたりと大忙しです。見解の対立があるときには、このような衝動はさらに増幅されます。ワニは耳に入る情報のほとんどをフィルターで除去し、裁判官はろ過されてきたあらゆる情報に痛烈な非難を浴びせます。この精神的プロセスによって、意見の合わない相手の人物像は歪められて誇張され、私たちは実際よりもずっと極端な印象を抱いてしまうことになるのです。

こうした事実の歪曲《わいきょく》は、私的な領域でも、仕事や政治の領域でも、どんな場面でも起こりえます。アメリカでは、民主・共和どちらの党員も、反対陣営の人々の見解を実際よりも過激なものと考えがちです。見解の分かれる移民のような問題となると、民主党員は共和党支持者が国境を

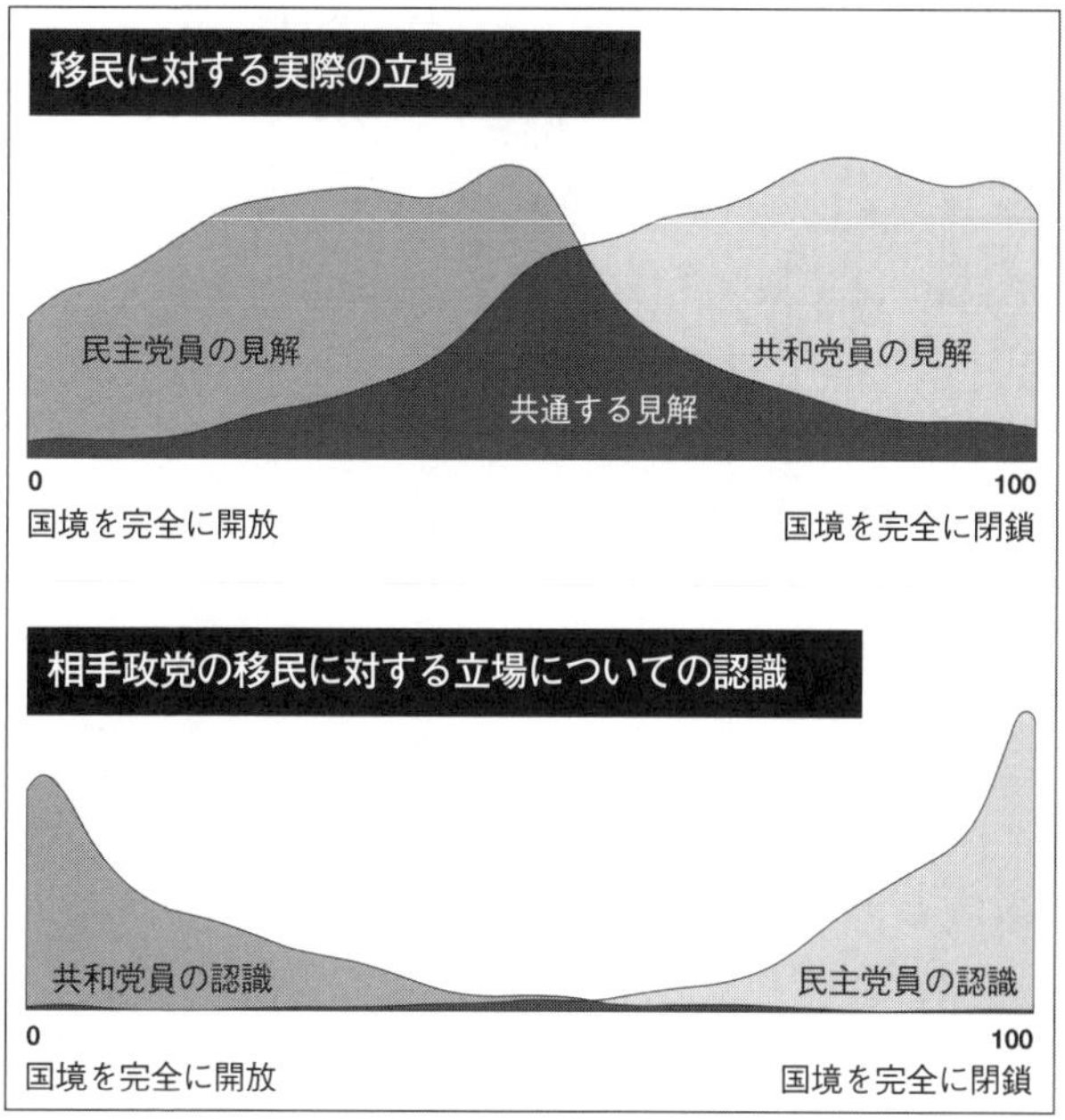

完全に閉鎖しようとしているとみなし、一方の共和党員は、民主党支持者が国境を完全に開放しようとしていると考えます。しかし、どちらも間違いです。両党の移民に対する考えかたには、重なり合う部分が相当にあります。

この現象は**偽の極性化バイアス**[1]として知られ、さまざまな分野の研究に記されています。宗教団体や民族グループのメンバーは、実際以上に周囲から批判的な目で見られていると思い込むものです。また、銃規制や人種差別、宗教のような激しい議論を呼ぶ多くの問題について、私たちは対立陣営の人々の考えが自分とどの程度異なっているのかを見誤ります。[2] みずからの見解を強く信奉するほど、相手の見解を極端に歪曲しがちです。[3]

このギャップを埋めるカギは、**耳を傾けて聴く**ことにあります。傾聴の第一歩は、じつは相手の声を聞くことなのですが、この点は見過ごされています。社会心理学者のジュリアナ・シュローダーとニコラス・エプリーは、同じ内容でも、ただ文字で読むよりも肉声で聞いたほうが、その情報の発信者をより有能で、思慮深く、知的だと感じることを見出しました。我われとしては、彼らを採用したい――肉声を聞いてこう決断を下した「我われ」には、経験豊富な採用担当者も含まれているのです。また、誰かに異論を呈されたとき、それが肉声である場合には、私たちはやすやすと聞き流すことはできません。[4] 相手も同じ人間で、自分と同じように考え、感じているのだと思い知らされるからです。

とはいえ、意見の対立から心を閉ざしたくなっているときに、相手に耳を傾けるにはどうすればいいのでしょうか？　授業で学生たちに一分間だけ、ペアの相手の話を注意深く聴いてくださいと指示すると、彼らはさまざまな雑念に気を取られてしまったと報告します（大部分は、**自分の番が来たら、何を話そう？**　という一事に要約されますが）。しかし、傾聴の目的をより具体的に設定すれば、注意を相手に集中することができます。

もっとも単純な目的は、**相手が何を考えているのかを聴き取る**ことです。自分の考えは脇に置いて、相手の意識的な思考を聴き取るよう心掛けてください。相手の心は読めなくても、言葉から推測することは可能です。

より掘り下げるためには、相手のワニの反応に注目して、相手が**何を感じているのかを聴き取**

ります。そのためには、相手の情動を「怒り」「不安」「誇り」など、あなたの感じ取ったとおりに分類すればいいのです。声に出しても、出さなくても。相手の感情を言葉で表現することには、あなた自身の脳にかかるストレスを軽減する効果があり、[5]集中力の維持に役立ちます。また、あなたのなかのワニに、相手の感情を経験させてみてもいいでしょう。もちろん、あなたの感じることは相手とまったく同じではありませんが、相手に対する親近感は深まります（真意に少しは近づけるでしょう）。

さらに掘り下げるためには、**言葉にされない思いを聴き取り**ます。あなたのなかのシャーロック・ホームズを解き放ち、推理と直感の両方を働かせるのです。ヘンリー・キッシンジャーはかつて、この種の傾聴こそが外交を成功させるためのカギであると述べています。この手法は驚くほど有益ですが、推測を誤る可能性は拭えません。またこのような傾聴は、話し手自身が気づいていそうにないことや知られたくなかったことを自分が察知したと思った場合には、優越感を生むおそれがあります。そのような感情は抑制するように努めてください。今のところ、あなたは仮説を立てているにすぎません——ということは、間違っている可能性もあるのです。

さらに一段と深く掘り下げるためには、**言葉にされない価値観を聴き取る**ことが必要です。相手がその論点にこだわるのはなぜなのか？　相手が憤慨しているとしたら、根底にあるどんな主義主張が脅かされたり損なわれたりしているのか？　相手が有頂天になっているとしたら、どんな価値観が満たされたり、正しいと認められたりしているのか？　このもっとも深い形式の傾聴は、対立や不満があるときにとりわけ有効ですが、どんなときでも活用できます。あなたはたいてい、相手と同じ価値観のささやきを自分のなかにも見つけられるはずです。それができれば、耳を傾けている相手に共感を抱いたり[6]、心を通わせたりもしやすくなります。

ひととおり耳を傾け終えたら、あなたの聞いたことや直感したことを相手にフィードバックして、どれだけ理解できているかを確かめ、より正確な情報を引き出しましょう。相手の感情を言葉にしてやると、相手は自分が注目され理解されていると感じて、恐怖やストレスを処理する脳部位である扁桃体の活性が低下します。[7]このとき、相手の言ったことをオウム返しにするのではなく、あなた自身の解釈――つまり相手の話していないことを付け加えます。これはさらに深い話し合いへ誘《いざな》う役割を果たすので、お互いの理解がいっそう深まるでしょう。同時に、相手が自分自身の理解を深める絶好の機会ともなります。

ある友人が以前、家庭内の揉めごとに数週間頭を悩ませていたときに受けたセラピーでの出来事について話してくれたことがあります。家庭内で意見の対立が白熱してくるとかならず、妻とティーンエイジャーの娘はどちらも、彼を味方につけようとするのですが、彼は板挟みになるのが嫌でたまらないというのです。この話をじっと聴いていた彼のセラピストはこう言いました。

「あなたは良好な人間関係をとても大切にしているようですね」

このあとに続いた沈黙のなかで、友人はすべて合点がいったという強い感覚を覚えたといいます。そのときまで彼は、このような耐え難い状況を自分の優柔不断さや弱さのせいにしてきました。みずからの思いをより明確に、何の判断も交えずに示してもらえたおかげで、大きな心の重荷を下ろせたのです。

あなたはセラピストではありませんし、何十年もの傾聴の経験もありません。けれども、正しく言い当てる必要はないのです。見極めようとする姿勢が大切なのです。相手の話に特定の目的をもって――相手の考えや感情、あるいは言葉にされない思いや価値観、あるいはそれらすべてを理解する――耳を傾けたら、あなたが誠心誠意を尽くして聴き取った推測を何の判断も交えずに伝えれば、相手はあなたが懸命に理解しようとしていることを察して好感を抱くでしょう。

これはあなたの能力を測る試験ではなく、対話です。価値観に注目して聴いていたのなら、こんな言葉をかけるといいかもしれません。「あなたは（　　　　　　）について強い思いがあるようですね」（括弧の中には、学業、正義、創造性、自由など、あなたが見て取った価値観を入れます）。あなたの推測が的外れだったとしても、相手は明確に正してくれるでしょうから、相手への理解は深まります。聴き取ったことをフィードバックすれば、双方がその対話に抱く印象が変わります。打ち解けた雑談なら親密さが増しますし、見解の相違がある場合には、敵対的な感情を抑制して、仲間意識を高めるのに役立つでしょう。

共感チャレンジ

相手の価値観を理解するために話を聴く練習として、教え子たちには「共感チャレンジ」という演習に挑んでもらいます。このチャレンジでは、自分が関心を寄せるテーマについて、自分とは見解の異なる三人の話を聞いてもらいます。各人との対話を始めるにあたって、相手は賢明で悪意がないという前提（フレーム）に立ちます。そして相手が自分の立場を説明しているあいだ、その根底にある価値観を聴き取ります。最後に、聴き取った価値観を相手にフィードバックして、妥協点を探ります。これでチャレンジは終了です。

この共感チャレンジの課題を学生に与える前に、私は自分でも試してみました。それは二〇一六年、アメリカ大統領選挙の二カ月前のことでした。私は当時、賢明な善意の人々がなぜ共和党のあの候補に投票しようとするのか理解できませんでした。そこで、まずはそうした人たちの声を聞いてみることにしたのです。リベラルな友人のなかには、私のプロジェクトに気分を害する人もいました。「どうしていつも私たちばかり話を聞かなくちゃならないのよ?」しかし私には、自分がほんとうの意味では話を聞いていなかったことがわかっていました。偽の極性化バイアスのせいで、私は尋ねもせずに、相手の見解を大げさに歪めていたのです。

そんなわけで、私は三人の共和党支持者との面談を手配しました。

ひとりめはニューヨーク在住の正統派ユダヤ教徒の男性でした。彼は車にトランプ支持のステッカーを貼っているせいで、見知らぬ人から日常的に嫌がらせを受けており、友人や家族とも軋轢《あつれき》が生じていました。なぜドナルド・トランプを支持するのかと訊くと、彼はヒラリー・クリントンに対する批判を声高にまくしたてました。彼が話し終えるまで、私は黙って聞いていました。そしてこう言いました。「クラクションを鳴らされても、怒鳴り散らされても、バンパー・ステッカーを貼り続けているところをみると、あなたはドナルド・トランプの熱烈なファンなんですね。ぜひともお伺いしたいのですが、彼のどこが好きなのか、教えていただけませんか?」

彼は自分の信仰と、自分が信じるもののために迫害されることについて語りはじめました。彼にとって、トランプの娘とその夫がユダヤ教徒であることは、大きな意味をもっていました。次いで彼は、重い病気に侵された正統派ユダヤ教徒の少年の医療費を、ドナルド・トランプが肩代わりしていると聞いたと話しました。

その話が事実かどうかは、私には知る由《よし》もありません。私の目的が議論に勝つことにあったのなら、その話の真偽を問題にしたでしょう。ですが、私はしばらくじっと黙ってから、こう述べました。「あなたはほかの人を助けることを、とても大切に思われているようですね」

「もちろんです。あなたもそうでしょう」

「それから、英雄的な人物がお好きなようです」

彼は声を立てて笑いました。「そうかもしれません」

「私もです」

私たちはさらに、正統派ユダヤ教徒のコミュニティにおける生活や、私が教えているクラスについて話を続けました。自分の英雄に忠実であろうとしたり、人助けをしている人を助けようとしたりすることには、私も共感できます。ですから、もしこの男性のドナルド・トランプに対する信念に賛同できたなら、私もＭＡＧＡ〔トランプの選挙スローガンであるMake America Great Againの略〕のバンパー・ステッカーを貼ることになっていたでしょう。私たちの対話は友好的に終了しました。

意外なことに、残りの二回も同様でした。何度か口をぐっとつぐまなくてはならない場面もありましたが、相手の人物は賢明で悪意がないという前提に立って対話に臨んだことが功を奏しました。二度目の面談では、ロシア人移住者の自由への熱い思いに心の底から共感しました。三度目の対話では、真実を希求する弁護士の切なる思いが、我がことのように感じられました。

三回の対話で大統領候補者に対する意見を変えた人は、ひとりもいませんでした。それは目的ではないのです。しかし私は、相手に対する共感を育《はぐく》み、ほかの問題で合意するための基礎となりえる共通点を見出すことができました。さらに、私と見解の異なる人たちが、かならずしも一枚岩でないこともわかってきました。面談者の見解は三者三様の経験に基づいていて、候補者に対する熱意のほどもさまざまで、それぞれが異なる理由からトランプの政策に共鳴していました。このような結果は、予想もしていませんでした。実際に相手に耳を傾けなければ、自分の見解を他者に投影していることは、容易に見過ごされてしまうのです。

共感チャレンジに取り組んだ教え子のなかには、その経験で劇的に考えを変えた者もいました。中絶に反対していたある学生は、中絶に賛成する理由を説明する親しい友人の話に耳を傾けました。その友人は、レイプされて妊娠した過去を打ち明けたのでした。教え子は、同じような状況になれば、自分も中絶を考えるかもしれないことに気づきました。また、親の取り決めた結婚をめぐる家族内の対立を解消した学生もいました。両親は自分たちの価値観が否定されているわけではないと実感すると、娘が大学に残ることに、より柔軟な態度を示すようになったそうです。さらに、かつて非難を浴びせられた家族に連絡をとったＬＧＢＴＱの学生たちは、予想以上に深い愛情をそこに見出しました。

授業で行なった傾聴の演習も共感チャレンジも、私たちが意見の対立に穏やかに向き合う助けとなり、相手の頑なな主張の源を探るように促してくれます。ブラック・ライブズ・マター運動についても、もしあなたの兄弟が警察官で、その身の安全を案じている場合に抱く感情と、あなたが身の危険を感じている黒人男性で、周囲の人々を怖がらせないためにつねに口を閉ざしていなければならない場合に抱く感情とでは異なるということを、受け入れられるようになるのです。

このような対話は、つねに調和を見るわけではありません。白熱することもあります。しかし、調和に向けて努力するのです。共感を抱くとは、誰が正しくて誰が間違っていると裁くことではありません。私たちはただ、同じ人間どうし、相手を理解しようとするだけでいいのです。じょうずに耳を傾け、寛容な姿勢を示して、相手の経験を受けとめるために目の前の懸案事項をいったん棚上げすることで、共感とは実際にどのようなものなのかを互いに伝え合うわけです。このようなかたちで心を通わせられれば、私たちの感情と理性は（自分も含めて）影響を受け入れやすい状態に開放されるのです。

第7章　創造性に富んだ交渉

ザンビアのひなびた地域にある広大な禁猟区にほど近い小さな村で、グロリア・スタイネムは女性たちとともに、荒れた土地の真ん中に広げた防水シートの上に座っていました。彼女は少し前に、性的搾取を目的とした人身取引に関する会議に出席したばかりでした。村の女性たちは、人身取引組織によって最近、二人の若い女性が連れ去られたと嘆きました。グロリアは女性たちに助言を与えるのではなく、こう尋ねました。「同じようなことが二度と起きないためには、**何が必要ですか？**」

彼女たちの答えは、「電気柵」でした。

電気柵？

女性たちが言うには、トウモロコシがある程度の丈まで育つと、ゾウがそれを食べに出てきて畑を荒らすので、村人は飢えに苦しみ、搾取に遭いやすくなるということでした。

「わかりました。もし私が資金を集めたら」とグロリアは問いかけます。「土地をならして、柵を設置するために必要な作業をしてくれますか？」

女性たちは承諾しました。そこで、グロリアは数千ドルの必要資金を集め、女性たちは石や切り株を手で取り除きました。グロリアが次に村を訪れたときには、ゾウの被害に遭うことなく、豊かに実ったトウモロコシを目にすることになりました。そして柵が設置されて以来、村で性的な人身取引の犠牲になる若い女性はいなくなりました。

「何が必要ですか？」

私はこれを**魔法の問いかけ**と呼んでいて、人を動かすときのお気に入りの戦略です。

ＭＢＡコースの学生だったとき、私は心臓手術に用いる医療機器を製造するガイダントというバイオテック企業でインターンをしました。ガイダントは新しいステントシステムの投入にあたり、市場の大部分を獲得できると見込んでいました。しかし予想外のことに、市場自体も急拡大して、あっという間に需要が供給を上回ってしまいました。嬉しい悲鳴ではありますが、ピンチには違いありません。ガイダントが雪崩のように押し寄せる注文に応えるためには、従業員は感謝祭もクリスマスも返上して、週七日、三交代制で働く必要がありました。

この対応の実施の可否は、同社の最高幹部のひとりだったジンジャー・グレアム[1]の決断にかかっていました。彼女は強制的に時間外労働を命じることもできましたが、それでは社員の士気が下がるでしょう。そこで、彼女は従業員に状況を説明して問いかけました。「私たちが力を合わせてこの注文に応えるためには、**何が必要ですか？**」と。従業員は意見を出し合い、会社への要望をまとめたリストを作成しました。そこには、ピザのデリバリー、深夜の帰宅時のタクシー利用、ベビーシッターからクリスマスプレゼントのラッピングまでが含まれていました。ジンジャー率いる経営陣がこの要望に応えると、従業員たちは二四時間体制で業務に励みました。生産高は新記録を達成して、売り上げは三倍に伸び、誰もがたっぷりとボーナスを受け取りました。これは交渉の成果ではなく、共同で成し遂げた偉業のように思われました。実際、その両方だったのです。

　昇給や昇進の交渉は大きなストレスがかかるので、一度も経験したことのない人も多いでしょう。[2] しかし、魔法の問いかけを使って、交渉を気まずさや敵対心のない状況にフレーミングし直すには、どうすればいいか考えてみてください。魔法の問いかけは、あなたも上司も望む結果——あなたが気分よく充実した仕事を成し遂げる——への道標となります。こんなふうに訊いてみてはどうでしょうか。「次のキャリアステップに進むために、私には**何が必要でしょうか？**」、「この役職の給与の範囲内で最高額を得るために、私には**何が必要でしょうか？**」。

　あなたがマネジャーなら、このような質問をする従業員をどう思いますか？　あなたはたぶん、喜んでこう言うでしょう。「では、今後必要となる条件について説明します」ある時点で、あなたの部下は再度話を持ち出すかもしれません。「以前、私が昇給するには、それこれが必要だと伺いました。こちらが私の成果です。これでお力添えいただけますか？」あなたの出した条件が満たされていたら、部下の希望を通す支援をしてやりましょう。

　魔法の問いかけは、顧客から子どもまで、誰にでも効果を発揮します。同じ人物に繰り返し使えますし、相手にこの戦略の仕組みを教えたとしても、それは変わりません。私の教え子や友人や家族は、互いに、そして私に対してもこの問いかけを使います。というのも、私はこれをみんなに教えるからです。そのため、この質問を受けると、私たちはつい笑ってしまうのですが、こう答えます。「必要なのは……」そしてそれは功を奏します。まるで魔法のように。この質問は、交渉においてあなたの期待に応える多くの役割を果たしてくれます。

第一に、創造性を促進する触媒として働きます。「何が必要でしょうか？」という問いは、従来の考え方を捨てて、新たなアプローチを探るように促す誘因となります。

第二に、魔法の問いかけは敬意を伝えます。この問いを投げかけると、あなたは相手側の状況や要望、あるいは合意への障害について、詳しくわからないと認めることになります。事情に通じているのはそちらですよ、と。これによって、脅威に対する相手方のワニの反応は和らぎ、この交渉が双方にとって望ましい結果をスムーズに生み出す可能性が広がります。そして敬意は、思いやりと同じように相互に示し合うものなので、全員の気持ちが上向きます。

第三に、魔法の問いかけは隠れていた重要な情報を掘り起こします。この問いかけがなければ、グロリア・スタイネムはザンビアの村の性的な人身取引の問題が、じつはゾウに端を発していることに、けっして気づかなかったでしょう。ジンジャー・グレアムも、クリスマスプレゼントを包装する人員を雇おうとは思わなかったに違いありません。情報収集はどんな交渉であっても不可欠ですが、相手方に真摯《しんし》に対応すれば、彼らは最良の情報源となりうるのです。

最後に、魔法の問いかけは話し合いの敵対的な雰囲気を一転させるだけでなく、協力へと向かわせます。これこそが、創造性、敬意、情報があなたにもたらす恩恵です。協力は交渉の過程をより容易で楽しいものにするうえ、合意した解決策を持続させる役にも立ちます。電気柵のアイデアを提案し、設置のための条件に同意した時点で、村の女性たちはその実現にコミットすることになりました。それはまた、電気柵が設置されたら、村を性的な人身取引から守るという暗黙の了解でもあったのです。

魔法の問いかけのおかげで、思いのほか簡単に、覚悟していたよりもすんなりと解決につながることは少なくありません。とはいえ、ことはいつもそれほど単純とは限りません。魔法の問いかけは通常、さらなる議論を促します。つまり、私たちはふたたび、交渉の場へと押し戻されるのです。

交渉は合意を目指す対話にすぎません。それがすべてです。影響力についてこれまで学んできたことは、どれも交渉に活かせます。タイミング、フレーミング、反発への対応など、すべてです。これまでは、あなたにすばらしいアイデアがあって、相手にイエスかノーかを問う、あるいは自分の論点を相手に伝えようとする、もしくは相手と心を通わせようとするといった状況を取り上げてきました。交渉では、これに複雑な層が一枚重なります。単純なイエスかノーではなく、行きつ戻りつする議論が加わるのです。

では、交渉することにほとんどの人が強い抵抗感を抱くのはなぜでしょうか？　私が調べたところでは、人々は交渉について説明するとき、「緊迫した」「攻撃的な」「下心のある」「熾烈《しれつ》な」といった言葉を使いました。しかしこれらの表現は、彼らの実際の経験（たいていあまり多くはない）というよりはむしろ、心の中の不安について述べたものであることが判明しました。重要性の高い交渉の大半は密室で行なわれるので、私たちが目にする交渉と言えば、おおむねフィクションです。そして、小説家や脚本家は劇的な演出を好むので、彼らの作品には無理やりゼロサムゲームに引きずり込もうとする横暴な人物が登場します――私の勝ち、お前の負けだ、ハハハハハ、哀れなカモめ。けれども現実には、このような高姿勢の交渉がなされることはほとんどありません。あるとしても、経験の浅い交渉担当者がそうなることを恐れていたせいでつけ込まれたというケースが多いです。

経験不足がどのような展開を招くかを、私は授業で目の当たりにしています。数週間にわたって、学生たちは真摯に対応し、堂々と主張し、人を動かす方法を身につけてきました。相手がイエスと言いたくなる人物にだんだんと近づいていたわけです。ところが、ペアになって模擬「交渉」を始めたとたん、学生たちの多くは急に気持ちが張りつめ、なかには学んだことを何もかも忘れてしまう者もいます。自分の言い分を押しとおし、最後通告を突きつけ、嘘をつき、相手から搾れるだけ搾り取ろうとします。そうでなければ、完全に降参してこう言うのです。「わかったよ、全部好きにしろ！」これは両方とも、脅威に直面したワニの反応です。厳しい態度で交渉に臨んでも、結局は行き詰まるか、一方が降参するかのどちらかです。行き詰まってしまえば、誰の得にもなりませんし、降参からは白紙に戻りかねない危うい合意しか生まれません。あなたの予想に反して、現実の世界では、高圧的なアプローチは成功率が低いのです。

演習を終えて感想を聞くと、強気な交渉を行なっていた学生の言葉に驚くことがあります。一部の学生は、強硬な戦術と相手を欺く行為を交渉術の一部とみなしていたのです。そして多くが、騙《だま》されてカモにされまいと、必死に自分を守っていただけだと考えていました。これは経験の浅い交渉担当者によくあるパターンですし、ほとんどの人は自分を交渉の素人だと感じています。なにしろ、国際的な和平交渉や刑事事件の司法取引、あるいはM&A案件などに人生をかけて取り組んできたわけではないのですから。ときおり小さな買い物で値切り交渉をすることぐらいはあるでしょうが、重大な結果がかかった交渉にはほとんどかかわったことのない人が大部分だと思います。万が一そんな状況に陥ったとしたら、代理人や弁護士に依頼して代わりに交渉してもらうことになるでしょう。多くの人がカモにされまいと必死になるのも、不思議はありません。自分には交渉の心得がないと感じているからです。

けれども、そんなことはないのです。覚えていますか、私たちはオムツをしていた頃から交渉をしていました。そして、今も絶えずしています。家族や同僚や上司との日常的なやりとりのなかで、どうしたらできるか、誰がやるかについて、折り合いをつけているではありませんか。「宿題が終わったら、ゲームをやってもいいよ」、「仕事終わりの一杯、何時にする?」、「あの新規プロジェクトを引き受けたら、こちらの案件は続けられません。誰に引き継げばいいでしょうか?」。こうしたときには交渉をしているという実感はありませんが、それらはまさしく交渉なのです。

見知らぬ相手との交渉やお金のかかわる取引さえ、通常は思いのほか悪くないものです。交渉しなくてはならないという考えに拒否感を覚えたり、その過程にストレスを感じたりすることはあるかもしれませんが、終わってみれば気分がいいという場合がほとんどです。交渉全般について「熾烈な」と形容した人たちに、あなたが経験した直近の交渉について教えてほしいと尋ねたところ、八割の人が「満足」や「自信がついた」など、ポジティブな感情を抱いたと回答しました。そしてほぼ全員が、合意に達していたのです。

交渉事に熟達した人たちは、双方が納得できる解決策を模索します。たとえば、交渉がひとつのパイをめぐるものだとしたら、達人は小さなパイを焼いて独り占めし、あなたにパイくずを眺めさせておくような解決策は求めません。そうではなく、全員がお腹いっぱいになって幸せな気持ちで帰っていけるように、大きなパイを焼き、切り分けてみんなに配ることを目指します。「カボチャが苦手なの？　そう、リンゴはどう？　よかった、ではアップルパイにしましょう。じゃあ、アイスクリームを買ってきてくれる？　あと、できればバターピーカンも」

あなたはすでに、交渉の達人になるための道を順調に歩んでいます。たとえ交渉の達人になるとはどういうことか、まだよくわからないとしても。この章では、交渉にまつわる準備や協力、そしてカモにされる心配をしなくていいように、めったに出会わない横暴な交渉相手に対して譲れない一線を画する方法を紹介していきたいと思います。私はこれまで何百人もの教え子や友人を、就職、昇給、昇進、仕事上の取引や大きな買い物などにまつわる重要な交渉で、満足な結果を得られるよう導いてきました。離婚の場面でさえも、交渉がうまくいけば、みんなの心がいくぶん軽くなるでしょう。

私のもとに交渉の助言を求めにくる人はよく、私が以前うそぶいていた「ジェダイの心理《マインド》操作術《トリック》」のようなものを教えてもらえるのではないかと期待しています。つまり、相手を自分の意思に従わせる魔法です。しかし、私たちはすでに、それが得策でないことを知っています。そんなことを目論《もくろ》めば、相手の反発を招きますし、たとえ事がうまく運んだとしても、恨みを買うでしょう。ということで、私はこれからあなたに、対話に役立つ有益な戦略をご紹介します。しかし交渉術の神髄は、何を言うかではなく、交渉に臨むマインドセットと、話し合いが始まる前に行なっておく準備にあります。

より大きなパイを作るための材料を集める

交渉の多くは、始まりもしないうちに失敗に終わっています。というのも、私たちはそのような交渉がそもそも不可能だと思い込んでいるからです。交渉をより頻繁に行なうようになれば、交渉はつねに可能なのだと次第にわかってきます。いつも成功するとは限りませんが、挑むことはできます。たとえば、こんなふうに訊いてみてもいいでしょう。「無理なお願いかもしれませんが、あなたの魔法のお力でどうにかしていただけないでしょうか?」あなたがユーモアを交えて真摯に尋ねれば、腹を立てる人はいません。

交渉とはそういうものか、とここで悟ったあなたは、意気が上がるのを感じているでしょう。それと同時に、気づかぬうちに通り過ぎてしまった多くのチャンスを悔やんで、心がうずくかもしれません。ほとんどの人がこれまで、自分の両親の助言や手本に従ってきたと思いますが、そういったものは人それぞれです。それに、社会経済的な偏りもあります。社会学者のジェシカ・

カラルコは著書『チャンスを勝ち取る（*Negotiating Opportunities*）』に、ミドルスクールで一年にわたって実施した研究について記しています。カラルコは、より多くの支援、より良い評価や環境を求めて交渉しようとするのはどんな生徒なのかを調査しました。また、親たちからは子どもにどんな行動をとるように教えているのかを聞き取り、生徒の要望がどのように受け取められているのかを知るために、教師とも面談しました。

結果は明白でした。中流家庭の子どもが教師と交渉する頻度は、労働者階級の家庭の子どもに比べて七倍も多かったのです。[3] 要望を認めるかどうかの判断について、教師にバイアスはありませんでした。彼らはどの生徒にも、できるかぎりイエスと答えるよう努力していました。しかし、カラルコの指摘によると、「中流家庭の子どもが〈ノー〉を返答と受けとめることはまれでした。彼らはそれを、交渉のやりとりにおける教師側からの最初の一手とみなしていました」。中流家庭の子どもたちは、より創造性を発揮できる、より心地よく感じられる、あるいは処罰を軽くしてもらえる状況を求めて交渉しました。これに対して、労働者階級の家庭の子どもたちは、自力で問題を解決しようとして、より多くの時間をかけて悪戦苦闘しながらも、中流家庭の子どもに比べて成果を挙げられませんでした。これを受けてカラルコは、中流家庭の親は子どもに人を動かす力をつけるように説き、労働者階級の親は身を慎むよう説くと述べています。

ここで見えてくるのは、特権とは少なくとも一部は交渉で手に入れるものだということです。可能性や優位性に満ちた世界への扉を開くためには、まず交渉が可能であることを知る必要があります。そして次に、抵抗なく交渉できなくてはなりません。これは子どもの学校生活に限った話ではありません。経営コンサルティング企業のアクセンチュアが、世界中のエグゼクティブ数千人を対象に実施した調査から、仕事に関する最大の不満は、報酬の低さとチャンスの欠如に集中していることが判明しました。それにもかかわらず、エグゼクティブの大部分は昇給や昇進について、一度も交渉を試みたことがないというのです[4]（ただし、交渉した場合、三八パーセントが要望どおりの結果が得られ、二五パーセントは希望以上の厚遇を得ました）。彼らは賢明で成功している人たちです。子どもに教師と交渉するよう諭《さと》している者もいるでしょう。それなのに、自分自身は同じように上司と交渉してはいないのです。たいていの人は、労働条件の交渉に恐れをなして尻込みをしてしまいます。

しかし、交渉はかならずしも恐ろしいものではありません。どんなことでも交渉は可能だと気づいて、ひとつめのハードルを飛び越えたら、次の一歩は、ゼロサムゲーム、すなわち勝つか負けるかというマインドセットの克服です。このマインドセットはワニの防御反応を引き起こして、交渉には禁物の態度を私たちに取らせたり、交渉を一切しないように仕向けたりします。創造性を発揮して、魔法の問いかけを投げかけられれば、交渉は勝つか負けるかの問題ではなく、双方が価値を高めるチャンスなのだと気づけるでしょう。

協力してより大きなパイを焼く

交渉について詳しいキンバリー・エルスバック教授は、ハリウッドの映画製作会社のエグゼクティブ五〇人のもとに持ち込まれた脚本の企画を六年間にわたって調査し、首尾よく契約にいたった売り込みにはどんな特徴があるのかを探りました。映画会社がゴーサインを出せる企画は数がかなり限られていますし、脚本家は大ヒット作を一本出せば一躍名をあげることができるため、どちらにとっても並々ならぬ大きな賭けです。エルスバックによると、成功した売り込みと不首尾に終わった売り込みの最大の違いは、前者が協調的な話し合いだったことにあります。そこでは両サイドから質問が出され、アイデアが共有され、「私たち」という代名詞が使われていました。これはたんなる個人的な相性の問題ではありません。売り込みに長けた人たちは、このような対話を促す推進力をみずから生み出していたのです。そのような人物のひとりの言葉を借りれば、「相手を刺激して、好奇心をかきたてることを目指す。それができたら、次は自分のチームの仲間になってもらうんだ」。交渉が最高にうまくいけば、あなたは当初用意していた提案よりも良いアイデアを携えて、その場を後にすることができます。

そこで、あなたがより良いアイデア、より大きなパイを手に入れるために役立つ三種類の質問を以下にご紹介します。

価値を創造する質問

交渉の前、最中、後に、さらに良いアイデアを思いつければ、新たな価値を生み出すチャンスが期待できます。あなたが自分自身に問う、また、必要とあれば相手方と議論するべき質問はこうです。

どうすればこれを私にとってより良いものにできるだろう？
どうすれば彼らにとってより良いものにできるだろう？
ほかに誰が恩恵を受けられるだろう？

これらは大きな夢への誘いです。質問はまず、内なる自分との密かな対話から始まるので、ワニの快楽中枢を存分に働かせてみましょう（問題点を指摘する裁判官の声には、どうかまだ耳を貸さないでください）。

どうすればこれを私にとってより良いものにできるだろう？　転職の交渉で求めるべきものは、もちろん金銭面の待遇です――より高い給与、契約金、転居費用、ストックオプションの積み増しなど。ことによると、あなたの学生ローンまで肩代わりしてくれるかも！　新しい街で家を探すための旅費を新たな雇用主が負担してくれるとしたら、最高だと思いませんか？　おまけに、家を買うまでのあいだの家賃も補助してくれるとしたら？　仕事でさらに良い成果を出せれば、専門分野の会議に出席する際の資金援助や、人員を増やすための予算さえ獲得できるのです！また、たとえば、あなたが専門知識を一段と深められるように、二つめの修士号を獲得する費用を負担すると新たな雇用主に言われたら、あなたは感激するでしょう。

しかし、金銭的な報酬だけで満足してはいけません。大きな夢を抱きましょう。あなたは自宅で仕事をするほうが幸せで、生産性も高まるかもしれません。もっと言えば、バミューダ諸島のビーチだっていいわけです。そうそう、雇用主の負担で受講するつもりの講座のために、もちろん金曜日は休暇をもらう必要があります。あるいは、転居が生じる場合の最大の懸念は、子どもの保育園を見つけることかもしれません。人気の園には長い待機リストがありますが、新しい雇用主はなんとかねじ込んでくれるでしょうか？　また、パートナーは仕事を必要としているかもしれません。もしかすると、あなたの大きな夢は、気分が向かないかぎり、部署の会議に二度と出席しないことかもしれません。それは可能でしょうか？

頼みもしないものを得られることはまれですし、思いつかないことは頼みようもありません。ですから、この創造的な段階には時間を費やすだけの価値があります。しかも楽しいのです。あなた自身の状況と話し合いの展開を勘案して、どのような要望をいくつ提示するかを決めます。話し合いの成り行き次第では、最後にひとつふたつ法外なお願いを付け足してもいいかもしれません。容易に承諾してもらえる望みを考えておくのもいいでしょう。そして、「ほかにどのような選択肢がありえますか？」や「ほかにも何かご提案いただけることはありますか？」のような簡単な質問で、交渉が自分にとってより良い結果につながる道を探り続けてください。

私の教え子や友人は、先に列挙した待遇はもちろん、そのほかにも多くの特典を交渉によって手に入れました。最初から無理だと諦めて、奇跡の実現を邪魔しないでください。

夢を抱くことは大事ですが、交渉を最善のかたちで進めるには、創造性と準備のどちらも欠かせません。そこで、価値を創造する質問を活用して従来の限界を打ち破る一方で、あなたの主張を支える裏付けを収集し、現在取り組んでいる特定の交渉の進めかたについて助言を求め、交渉相手となる人物についての情報を入手するのです。

この段階に入ると裁判官の出番となり、今後予想される反発に向き合う準備に取り掛かります。現在の職場での交渉では、会社の人材繫ぎ止め策――他社からのオファーに対抗するための予算が確保されているか、など――について調べておくと役立つかもしれません。仕事に関するどのような交渉においても効果的な参考基準となるのが、同じ役職や組織、あるいは業界の人たちの報酬額です。こうしたデータに加えて、ほかの人たちがこれまでにどのような待遇を交渉で獲得できたのかについて、友人や同じ業界の仲間、学校の同窓生、採用担当者（もし同じ職場にいるなら）、さらには、面接の際に出会って親しくなった人たちからも情報を集めるといいでしょう。そのような人たちに接触したときには、交渉についての助言も求めてみてください。相手が隠し立てせずに快く協力してくれることに、あなたは驚くかもしれません。

さて、これで価値を創造する第二の質問、**どうすれば彼らにとってより良いものにできるだろう？** を掘り下げる準備が整いました。この質問は、あなた自身が何を与えられるのかを自由に考えるきっかけとなります。また、対話を通してじっくり耳を傾ければ、相手が重視していることと、つまりその価値観、もっと具体的に言えば、優先事項や懸念を理解できます。これは、あなたが直接話をしている人だけでなく、その人物が代表する個人や組織（存在するならば）にも当てはまります。代表者と所属する企業の関心事はつねに一致しているという考えは、よくある誤りですので気をつけましょう。彼らがその取引で得られるものは、会社に比べれば微々たるものなので、成果を最大にするよりも面倒を最小限にとどめるほうを優先するかもしれません。これは覚えておいて損はないでしょう。

最初の二つの質問と同様に、価値を創造する第三の質問、**ほかに誰が恩恵を受けられるだろう？**　も、まずは内なる自分との意見交換から始めて、交渉のなかでより多くの情報を集めます。あなたの知っている人や大切な人のなかに、恩恵を受けられる人がいるでしょうか？　相手方の知っている人や大切な人はどうでしょう？　この交渉は、あなたがロールモデルの役割を担う好機となるでしょうか？　あなたが合意に達すれば、それを足掛かりにほかの人もより良い何かを成し遂げられるでしょうか？

交渉で合意のカギを握る要素は、ほとんどの場合に共通しています。それは夢とデータです。そして入念な準備を怠らなければ、カモにされることはありえません。あらゆる交渉事のなかでもとくに敬遠される、自動車の購入を例にとりましょう。まずは、理想の車を思い描きます。あなた好みの特徴を兼ね備えたモデルを探し、インターネットでリサーチしたり、販売代理店を訪ねたりします。そして、希望の車種がはっきりと決まったら、最安値に近い価格のものを探します。販売店に足を運ぶ前に、アップグレード・パッケージの内容やローン、保証延長サービスなどのオプションの費用についても把握しておきましょう。あなたの望みどおりの車を納得の価格で見つけられれば、あとは楽勝です。

高額な商品の交渉をするときには、ほかの選択肢についても調べておきます。離婚の協議をするなら、法律的なアドバイスを受けるべきです。思い切った夢を抱く――と同時に準備も抜かりなく。準備が十分に整っていれば、豊富な知識を携えて交渉に臨めるだけでなく、相手に対して真摯に、自信をもって接し、存在感を示すことができます。ベテランの交渉担当者は、経験の浅い担当者の二倍もの質問を投げかけ、二倍もの時間、相手に耳を傾けます。[5] 自分が創造性に富み、主導権を握っていると感じると、人は幸福感が増します。たとえ交渉相手の幸せなどどうでもいいと思っていても（もちろん、あなたは気にかけているでしょうが）、相手の機嫌は損ねないほうが得策です。気持ちの満ち足りた人は懐がより深くなり、創造性も増して、より良い契約の成立につながり、契約を誠実に履行する見込みも大きくなります。そして多くの場合、寛大さは信頼と互恵関係を育みます[6]（しかし、これには例外もあり、それについてはのちほど取り上げます）。

ここからは、価値を創造する質問が、大がかりな交渉で効果を発揮した実例をご紹介します。それは、私のコーチであるマンディ・キーンとの会話から始まりました。マンディは私に魔法の質問を教えてくれた人です。

私は博士研究員《ポスドク》のとき、初めて講演依頼を受けました。それはある業界が主催する健康増進をテーマにした会議での講演で、その業界もテーマも私の専門外でしたが、声を掛けてくれたのでした。いいわね！　私は自分が手がけた健康に関する唯一の研究について話すことで合意しました。以前、同僚のラヴィ・ダールと行動経済学のナッジを実際に応用するフレームワークを構築して、エリン・ラテリスとロー・キチュルーとともに報告書を発表し、そのなかでこのフレームワークを従業員の健康支援に利用する方法について論じていたのです。

会議でこの研究についての講演をすることで合意すると、主催者に「健康に対する社会的影響」をテーマにした付随する会合の基調講演も依頼され、私はほぼ何の知識もないのに、引き受けてしまいました。学術界に入る前の私には、教壇に立つために学ばなくてはならないことが山ほどありました。データベース・プログラミングにイタリア語、それからいい男をナンパする方法も。会議がまだ何カ月も先だったときには、引き受けてよかったと思っていました。しかし、期日を目前にして何の準備もできていない私の頭のなかには、「しまった！」の文字が駆け巡っていました。私はマンディに、会議での講演の準備には何日もかかるだろうと話し、学術的な研究が私の本来の仕事で、よりによって大学で職を得ようとしているときに、こんなことに時間を割いている場合ではないのだとこぼしました。

「それなら、あなたは誘いを受けるべきではなかったのかもしれないわね。少なくとも、二つめのほうは」とマンディは言いました。「でも引き受けてしまった。今からでも断れるの？」

「無理ね。来週だから。約束したことだし、会議のプログラムにも載ってる。キャンセルという選択肢はない」

「じゃあ、この出来事からあなたが得られる成果は何かしら？」

「義務を果たして……そうね、こんなことは二度としないという教訓を得る、とか？」

「なるほど……。あなたを奮い立たせるような成果は何か得られそう？　大変な準備をして参加するだけの価値があると思わせるものが？」

「この講演で教授の職は手に入らないけど、コンサルティングの口ぐらいは舞い込むかも」

マンディは、金額で表すとしたらどれぐらいか、と訊きました。今回私がつぎ込む時間が報われるためには、どれぐらいのコンサルティングの依頼が来れば足りるか、と。

「そうね……大金を稼ぐにはそれに見合った努力が必要だけど、私にそんな時間はない。でも、がぜんやる気がでるような金額っていうなら……たとえば、五万ドルぐらい？」

この状況をどうすれば私にとってより良いものにできるか考えるよう私を促したマンディは、次に魔法の問いかけをしました。「あなたがこの講演をきっかけに五万ドル分のコンサルティング業務を獲得するためには、**何が必要かしら？**」

この質問で私の考え方は一変しました。「まずは、名刺を作る必要がありそうね」

それを聞いたマンディは声を立てて笑いました。「いいわね。じゃあ、プレゼンテーションについてはどう？　あなたが望むコンサルティングの仕事を得るために、どう役立てられる？」

「ええと、できるだけ価値の高い講演をしなくちゃ」

「では、それはどうやって？」（マンディは実行意図へと私を誘導していたのです）

「正直言って、私には出席者がどんな困難に直面しているのかも、この会議がどのようなものなのかもまるでわからないの。でも、共同研究者のエリンとローも出席することになっているから、二人に訊いてみるわ」

私はさっそく準備に取り掛かりました。大急ぎで名刺を発注し、会議に先立ってエリンとローと楽しくも有意義なディナーをともにして、できるかぎり有益で実用的な講演ができるよう準備に勤《いそ》しみました。それでもまだ、二つめの会合でどんな講演をするかを考え、スライドを作成する必要がありました。

エリンとローの助力を得て、最初の会議はうまくいきました。講演後、廊下を引き上げていると、「ゾーイ！」と私を呼ぶ声がしました。聴衆のなかにいた女性がひとり、あとを追って駆け寄ってきました。

「あなたの講演、とてもよかったです。それで、ぜひお話ししたくて。ミシェル・ハツィスです。グーグルで働いています。明日の朝食、ご一緒しませんか？」

「ありがとうございます。でも、ごめんなさい」私は答えました。「明日の会合の準備をしなくてはならなくて」

彼女が名刺を渡して立ち去ろうとしたとき、頭のなかでマンディの声がしました。**何が必要かしら……？**と。

「ちょっと待って、ミシェル。やっぱりお会いしたいわ。朝食、ぜひご一緒させて」

その朝食は、期待どおりすばらしい時間となりました。ミシェルは最高に頭が切れてユーモアに富んだ人物でした。彼女はグーグル・フードチームのディレクターに就任したばかりで、行動科学に基づいて同社の新たなグローバル・ガイドラインを策定する方法を模索していました。そのなかで、私のフレームワークこそ自分たちが必要としているものかもしれないと考えたというのです。これは大規模プロジェクトになる予定でしたので、その後数週間にわたって話し合いを重ねたうえで、ミシェルは私をコンサルタントとして採用したいと告げました。このようなプロジェクトに携われば、報酬も名声も手に入り、人生は一変することになります。この仕事は、多くの理由から胸の高鳴るようなチャンスと言えましたが、一方で莫大な時間を要するものでもありました。

どうすればこのプロジェクトを私にとってより良いものにできるだろう？　そう自問した私は、学術研究に集中するために、プロジェクトに費やす時間を短縮したいと考えました。そして、企業のガイドラインの作成というよりはむしろ、公表可能な研究として取り組んでいければ――大学の研究職を希望する私の助けとなるので――そのほうがはるかに望ましいと気づきました。はたして、そんなことが可能だろうか？

どうすればミシェルにとってより良いものにできるだろう？　そう自問したとき、彼女も共同研究に興味をもつのではないかと私は考えました。ミシェルは博士号をもった研究者で、イェール大学に強い思い入れがあるようでした。イェールでの私たちの研究に参加を希望するかもしれない。私はこれらの考えをミシェルに伝え、さらなる話し合いが重ねられて、最終的にグーグルとイェール大学顧客インサイトセンター（ＹＣＣＩ）の学生および職員のあいだで、リサーチ・コンサルティング・パートナーシップが締結されました。ＹＣＣＩはラヴィ・ダール率いるシンクタンクです。私たちが公表した共同研究の成果は、学術誌や教科書、そして《ハーバード・ビジネス・レビュー》誌にも掲載されました。私はコンサルティング料を要求しませんでしたが、ＹＣＣＩを通じて研究予算として寄付を受け取ることになりました。さらに、グーグルとのプロジェクトのおかげかどうかはわかりませんが、この翌年、念願かなってイェール大学の教職員となることができました。

ほかに誰が恩恵を受けられるだろう？　その答えは、「多くの人たち」です。グーグルにとって、私だけでなくイェール大学と組めたことの利点は大きかったのです。同社の課題に多くの賢明な頭脳が取り組み、プロジェクトは迅速に進展しました。グーグルは私たちの行動経済学のフレームワークに基づいて、食事に関する新たなガイドラインを策定し、その結果、五万人に上る当時の従業員はより健康的な選択ができるようになりました。また、イェール大学の学生も、私たちと共同で一連の研究プロジェクトに参加する機会を得て、ナッジによって野菜の摂取量を増やしたり、見境のない間食を減らしたり、使い捨てのペットボトルを避けたりするように人々を誘導するためにはどうすればいいのかといった課題に取り組みました。学生たちはコンサルティングの経験を積み、履歴書にグーグルのプロジェクトを書き加えることができました。なかには、グーグルに職を得た者もいました。

イェール大学とグーグルを超えて、著名なメディアに掲載された私たちの研究結果をきっかけに、他の組織でも食事に関する方針の見直しが行なわれました。このプロジェクトは実りの多い産学連携の実例ともなり、他の組織も追随しやすくなりました。このような産学連携は一般的だと思われるかもしれませんが、それは違います。私たちほど双方にとって有益な連携は、今まで聞いたことがありません。ウィン、ウィン、ウィン、ウィン、ウィン……。これらの成果はさらに拡大を続けました。グーグル社員の休憩室をデザインした建築事務所は、私たちの発見を活用して、他社から移籍してきた従業員がより健康的な選択をするための支援まで決断しています。そして私はと言えば、仕事を超えて、ミシェルは親しい友人で、大好きな人のひとりとなりました。

数年が過ぎた頃、私はマンディに告げた金銭的な目標のことをふと思い出しました。ほかのプロジェクトに集中するため、いよいよこの件から離れることになったとき、グーグルとのパートナーシップによって受け取った、私の研究予算への寄付総額を算出してみました。すると、なんときっかり五万ドルだったのです。まさに奇跡です。

価値を創造する質問は、ミシェルと私のように、協力して取り組みたいと考えている人たちにとってすばらしいツールとなります。しかし、解決すべき問題がある場合にも、同じように役立ちます。

教え子のナタリー・マーはあるとき、影響力が強すぎることが原因で問題を引き起こしました。彼女はイェール大学の卒業生データベースを使って、寄付金集めのクラス課題に取り組んでいました。彼女は知りませんでしたが、卒業生に寄付を求める行為は大学にしか許されていないのです。大学の募金活動を統括するディベロップメント・オフィス（ＤＯ）がナタリーの寄付金集めの件を耳にして、私のもとにすぐにやめさせるように求める丁寧な通知を送ってきたとき、私は謝罪して、二度と同じことが起きないようにすると約束することもできました。ところが、私はここで興味をかきたてられたのです。なにしろ、ＤＯの職員はみんな、人を動かすエキスパートに違いないからです。

私はＤＯのリーダー二人とコーヒーを飲みながら、現状について話し合いました。私としては、恐怖心を伴う募金活動は自信を培うことにもつながるので、学生たちに演習させたいと考えていました。彼らももちろん、この点については理解を示しました。その一方で、彼らにとっては、大学のために寄付金を集めることと同じぐらい、卒業生に度重なる寄付の依頼で嫌な思いをさせないことも重要でした。

私たちは問題を解決する建設的な方法について模索しはじめました。関係者全員にとってより良い状況をつくるには、何が必要だろう？　そして、ほかに誰が恩恵を受けられるだろう？　互いに活発に意見を出し合って議論したので、寄付金集めの夕べを共催しようと最初に言いだしたのが誰だったのかは、今となってはわかりません。寄付金集めの夕べで、教え子たちは卒業生に電話をかけて、奨学金のための寄付を募ることになりました。学生たちは何週間という長い期間ではなく、その一晩で募金活動の演習を行ないます。卒業生たちも、授業や教授といった共通の話題について、現役学生と話すことを喜んでくれるかもしれません。そのような打ち解けた会話から、卒業生は大学との連帯感を強くして、寄付にも前向きになるでしょう。未来の学生は奨学金を得られ、ＤＯは目標を達成できます。私自身も、かつての教え子たちとひさしぶりに話ができるのが楽しみでした。この問題解決のための話し合いに、問題への対処という実感はなく、交渉とすら感じられませんでした。

電話をかけた学生たちはその晩、数万ドルの寄付金を集めました。大成功に終わったこの企画は、毎年の恒例行事となりました。終了後には打ち上げパーティとあいなり、ピザとビールとイッカクのコスチュームでおおいに盛り上がりました。今回の貢献者ナタリーには翌年、私のティーチング・アシスタントをお願いしました。彼女は卒業後、一年間の休暇をもらえるよう交渉して世界中をめぐり、その後はバイオテック・スタートアップの事業開発部門を率いて、感染症対策としてウイルスをプログラミングで改変する研究への投資を何百万ドルも獲得しました。ウィン、ウィン、ウィン、ウィン、ウィンです。

どうすればこれを私にとってより良いものにできるだろう？
どうすれば彼らにとってより良いものにできるだろう？
ほかに誰が恩恵を受けられるだろう？

協力を引き出すその他の方法

協力を促すきわめて単純な方法のひとつが、相手に選択権を与えることです。たとえあなたが、相手にとっての最善策は明白だと思っていても、選択肢をひとつしか提案しなければ、相手はプレッシャーをかけられているように感じかねません。**複数の選択肢**を与えることで、相手に主導権を握らせて、反発を和らげるのです。それに、比較対象がまったくない状況で何かを評価するというのは、容易ではありません。これは良いのか、悪いのか？　賢明なのか？　高いのか？　速いのか？　**でも何と比較して？**

マーケティングの准教授ダニエル・モションは、テレビやカメラのような商品を購入する場合、単独で商品を示されるよりも、別の選択肢とともに紹介されたほうが、購買意欲のわく可能性がはるかに高いことを発見しました。モションが実施した幅広い実験では、選択肢をひとつしか与えなかった場合、九七パーセントもの人たちが購入せず、決断を保留しました。[7]

複数の選択肢を与えたとしても、助言することはできます。たとえば、建築士ならこんなふうに言うでしょう。「二通りの設計案をご用意しました。第一案のほうがお客様のご希望どおり、共用スペースに外光をたくさんとり込めますので、私としてはこちらをお勧めします。しかし、第二案のほうが主寝室は広くなっています」内容的に劣る選択肢と比較してあなたの提案のメリットを認識した相手方は、あなたを信頼できる人物とみなすとともに、決断の主導権を自分が握っていると実感できます。あなたはさらに、協力して創造性を発揮するよう相手に働きかけてもいます。さらなるオプションについて一緒に考えれば、より良いアイデアにたどりつくかもしれません。

価格や対象範囲、納期、支払い条件など、複数の項目について交渉しなくてはならない複雑な取引では、いくつかのパッケージを用意して、そこから選んでもらうといいでしょう。たとえば、あなたが建築士だとしたら、打ち合わせごとに時間制で料金の発生する契約、設計と許認可手続きをすべて含んだより高額のパッケージ、建設の計画管理まで含めたさらに高額なパッケージといった具合です。パッケージは、どれが選ばれてもあなたが同程度の満足を得られるように設計してください。このやり方は、商業では「**同時に複数かつ同等のオファーを行なう戦略**[8]（**MESO**、日本の伝統的な汁物と同じように発音します）」として知られています。相手は提示された選択肢のなかから選ぶかもしれませんし、選ばない場合にも、相手が何を重視しているのかを知る手掛かりとなって、その後の会話で協力関係が進展するでしょう。

あなたが良い・より良い・最良、もしくは大・中・小といったタイプの選択肢を提示するのなら、人は一般に中間の選択肢を好む傾向があることを心得ておくとよいでしょう。両極端のものに比べて、中間の選択肢は現実的で、選択した理由を正当化しやすいと感じられるからです。さらに、中間の選択肢は、たいていの状況や人々に適しているように思われます。ある科学博物館で行なわれた実験で、来館者はレインポンチョを選ぶように言われました。平均的な背格好の人たちは、ポンチョの実際の大きさなど気にもせずに、「ミディアム」と書かれたものを選びました。[10]彼らはポンチョを見て確かめることができ、ミディアムサイズのなかには相当に小さいポンチョもあったというのに、です。経済学者のカール・シャピロとハル・ヴァリアンは、中間の選択肢を好む傾向に着目して、彼らが**ゴルディロックス戦略**[11]と呼ぶ手法を見出しました。それは、相手にとって理想的だと思われる提案をするときは、相手の要望にはるかに及ばないと思われる選択肢と、相手の要望をはるかに上回ると思われる選択肢とともに示すという方法です。すると中間の選択肢は、過大でも過少でもなく、ちょうどよく感じられます。これは相手が必要としていない選択肢に誘導しているわけではなく、決断を延期せずに行動を起こすよう背中を押しているだけなのです。

厄介な相手と交渉する

大半の人は協力に対して前向きで、勝つか負けるかの駆け引きよりも協力を好みます。そのため、あなたが交渉を始める際に好意と柔軟性を示せば、たいてい相手からも同じように温かく寛容な姿勢を引き出せます。しかしときには、こちらからどのようなアプローチをしても、頑なで難しい相手もいます。それにはさまざまな理由がありえますが、多くの場合、悪意はありません。不安から守りに入っている。経験が浅い、あるいは、あなたから厳しい交渉を仕掛けられると思っている。出し惜しみをしているわけではないけれども、すでに譲歩できるぎりぎりのラインに達している、といったところでしょうか。少数ながら、あなたが身もだえするのを見ておもしろがる輩もいます。そういう人物は、握手の際に手首を捻って、自分の手が相手の上にくるようにして優位を示す「アッパーハンド」のような子供じみた真似をするものです。

相手にどんな思惑があるにせよ、協力する気のない人とは、片手では拍手ができないのと同じで、共同で事を進めることはできません。したがってこのような場合は、建設的な話し合いをしようとか、協力して新たな妙案を生み出そうとか、努力をするだけ無駄です。厄介な相手との交渉をやり遂げると決めたとしても、こちらの相対的優位性《レバレッジ》を示し、自分の希望と限度を明確に伝えることとくらいしかできません。これ以上の建設的な成果は望めないのです。

レバレッジ

交渉におけるレバレッジとは、各陣営が相手にプレッシャーをかけるために活用できる力です。相手が望むどのような条件が手中にあるか？　合意に達しなかった場合、相手は何を諦めなくてはならないか？　反対に合意に達した場合、有形無形を問わず、どんな望ましいものを手放さなくてはならないか？

ティナ・フェイのシチュエーション・コメディ『サーティー・ロック』で、アレック・ボールドウィンは、テレビネットワークの重役を務める横暴な男ジャックを演じています。そして、アドリアーニ・レノックス扮するシェリーは、ジャックの雇ったトリニダード島出身のベビーシッターです。ジャックはシェリーの勤務時間を減らすことにしたのですが、シェリーは週ごとの料金は変わらないと告げます。

ジャック：どういうことだい？　半分の時間しか働かないなら、実質的には値上げじゃないか。
（無言のシェリー）
ジャック：……きみが食料品店へ行ってジャガイモを買うとしよう。四キロのジャガイモ一袋が、そうだな……四〇〇ドルだったとする。それなのに……その店の接客係《コンシェルジュ》に、二キロのジャガイモ一袋も四〇〇ドルだと言われたら、ひどいと思わないか？」
（無言のシェリー）
ジャック：私が言いたいのは、きみの働きは高く評価しているけど、この料金は、ちょっと……法外じゃないか。
シェリー：では、どうしますか？
ジャック：……きみは自分が優位に立っていると思っているんだろうが、それは違うぞ。私はあんな赤ん坊のことはどうだっていいんだ。まだ数週間の付き合いだし、アヴェリーの胸が好きなこと以外、リディと私に共通点などないからね……それに、リディは私に似ていないようだから、進化論的に言えば、私はあの子を食い殺したくなるはずさ。要するに、きみは手当の減額を受け入れるか、辞めてほかの仕事を探すかしかないってわけだ。これで形勢逆転かな、シェリー？　さあ、どうする？

（赤ん坊が泣きだす。シェリーは帰り支度を始める）

ジャック：帰らないでくれ。きみの家族を全員大学に行かせてやるから。

外の世界では、ジャックは人並み以上の金も権力も地位ももち合わせています。この雇用関係においても、彼はシェリーを解雇できるので、力をもっていると言えます。これがレバレッジです。レバレッジの大きさは、シェリーがどのくらいこの仕事を続けたいと思っているかで決まりますが、それはほかの仕事の選択肢や彼女の気持ち次第です。私たちには推測するほかない何らかの理由で、シェリーは手当の減額を受け入れるぐらいなら、仕事を失ってもかまわないと考えています。一方ジャックは、辞めてほしくありません。彼は多忙なエグゼクティブで、シェリーに辞められたら、こまごまとした育児をみずからこなし、信頼できる新しいベビーシッター探しに奔走しなくてはならず、リディの母親とは大げんかになるかもしれません。そんなわけで、見かけに反して、シェリーのほうが大きなレバレッジをもっていたのです。その結果、彼女は勝利を収めました。

交渉相手がなかなか厄介な人物だと気づいたとき、あるいは、そのような交渉の準備をしているときには、レバレッジに注目しましょう。相手はあなたの望むどんなものをもっているのか？

あなたは相手の望むどんなものをもっているのか？　両者はそれぞれ何を（プライドも含めて）失うことになるのか？　より良い選択肢を得られないか？　もしあまりレバレッジを効かせられないと感じたら、その判断が誤っている可能性がないか検討します。傍目《はため》には、シェリーが大きなレバレッジをもっているようには見えなかったかもしれませんが、実際は有り余るほどでした。また、本人は気づいていないかもしれませんが、従業員はマネジャーに対して、子どもは親に対してレバレッジをもっていますし、何らかの理由であなたやあなたとの関係、あるいは、あなたとの今後の取引を重視している相手に対して、あなたはレバレッジを効かせられます。

自分にレバレッジがある場合には、やるべきことはあまりありません。そしてこれは私にとって、厄介な相手と交渉するときにぴったりの戦略です。事前の準備として、ほかにどんな選択肢があるか、自分の望むことは何か、どこで線引きするかを明確にしておきます。そして、交渉が始まったら自分の希望を相手に伝え、そのまま提示しておくのです。ちょうど、シェリーがやったように。これは交渉における「間《ま》」の力です。相手の意に沿うために大幅に譲歩したり、攻撃に応じたりする必要はありません。腹を立ててもしかたないですし、意見交換などするだけ無駄です。建設的な解決策はないかと自問したり、仲間に支援や助言を求めたりするのはかまいませんが、厄介な相手に対しては、物事をできるだけシンプルに保っておきましょう。

腹を立てずにノーと言うのは、精神修養に近い場合もあります。私はときおり、気立てのよいブロントサウルスの平静を保とうと努力します。「申し訳ありませんが、できません」、「残念ながら、それは不可能です」、「それはまるで現実的ではありません」。またときには、フラストレーションを激しく吐き出すこともあります。「まったく、何てこと！」、「冗談でしょう！」、「ふん、今まで聞いたなかでも最悪のアイデアね！」。厄介な相手が落としたボールが足もとに転がってきたら、落ち着いて投げ返しましょう。間を置き、そして言うのです。「さて、どうしますか？」冷静に自分の条件を設定して、相手に決断を委ねればいいのです。

面目を保つためのプランB

あなたがもし交渉戦略をひとつだけ知っているとすれば、おそらくそれは捨て身のはったりでしょう。「きみは手当の減額を受け入れるか、辞めてほかの仕事を探すかしかない」がまさにそれです。でも、これは使ってはいけません。ジャックもうまくいきませんでしたし、私が見てきたかぎり、実際の交渉でももっとも失敗することの多いテクニックです。相手のプライドもあなたのプライドも脅かして、何もかも台無しにしてしまうおそれがあります。あなたは最後通告を突きつけるとき、どちらを選んでも何かを失う状況に相手を追い込み、選択の自由を奪っているのです。つまり、チャンスを失うか、あなたに屈服して面目を失うか、です。すでに説明したように、人は自由を奪われることを極端に嫌うので、あなたに強要されていると感じれば、相手はせっかくのチャンスを進んで手放すかもしれません。あなたのほうも、プライドが邪魔をすれば、はったりを貫き通さざるをえないように感じるでしょう。

友人があるとき、ギリシャで見つけたすてきな革のサンダルの話を私にしてくれました。彼はもう少しのところで、サンダルを買い損ねたといいます。その職人技は非の打ちどころがなく、靴屋の付けた値段以上だったとしても、彼は喜んで支払ったでしょう。けれども、ガイドブックによると、ギリシャでは言い値では買わずに、値切ることになっているそうなのです。商人がそれ以上の値引きを拒んだ場合でも、その場を立ち去ろうとすれば、最後にもう一段の値下げをしてもらえるとのことでした。友人がサンダルの値引きを頼むと、靴屋は値段の交渉には応じないと答えました。友人は粘りましたが、靴屋は折れません。どうやら、厄介な相手のようでした。そこで友人は、それならやめておきますと言って、立ち去るそぶりを見せました。彼のはったりは沈黙で受けとめられました。プライドを保つために、友人はそのままその場を離れました。これは四〇年も前の出来事ですが、彼は今なおそのサンダルのことを覚えているのです。

プライドに邪魔をさせない戦略が、**面目を保つためのプランB**です。このアプローチでは、控えめな姿勢で自分の強みを相手に示します。具体的には、そうならないことを願っていると（本心から）前置きしたうえで、ほかの選択肢に言及するのです――もしくは、選択肢の存在を知らせるだけでもいいでしょう。このアプローチは、相手方に脅威に対するワニの反応を引き起こしません。もし相手があなたの提案に応じれば、彼らは度量の広さを示したことになります。あなたは感謝し、相手は自分の示した寛大さに気分を良くするでしょう。一方、相手が応じられない、もしくは応じようとしなくても、あなたは自分を抜き差しならない状況に追い込んではいないので、まだ選択肢が残されています。

面目を保つためのプランBは、厄介な状況ではたいてい役に立ちます。外交官ならこんなふうに言うかもしれません。「よろしいですか、これが現在の政権下で私がご提案できる精一杯です。

しかし、近々選挙がありますので、その後のことについては何もお約束できません」あなたが顧客として何らかのサービスの不行き届きを経験し、それが解決されない場合には、こんなふうに言えるでしょう（事実でなくてはなりませんが）。「私はネット上によくレビューを投稿するんです。良いコメントを書き込むのが好きで。批判的なコメントはほとんど投稿しませんが、今回はあまりにも頭にきたので、そんな気にもなります。どうにかして、公正な解決策を見出せませんか？」

また、別の企業からのオファーを昇給交渉のレバレッジとして使おうと考えているとします。捨て身のはったりを噛ませれば、辞めざるをえなくなる可能性もあるので、こんなふうに言ってはどうでしょうか。「別のところからこのような好条件のオファーがあるのですが、それがここで叶えば本望です。同程度の給与をいただけるなら、かならずこちらに残ります」要望どおりの給与を得られたら、文句なし。会社側が応じられない、あるいは応じる意思がなくても、あなたにはまだ自分で決断する余地が残されています。面目を保つためのプランBを用いたときには、相手がどう反応しようとも、あなたにはかならず選択肢が残されます。そして、選択肢があるというのはよいことです。

厄介な相手と思われる人の多くは、たんにあなたの要求にイエスと答えられないだけです。しかし、適切なフレームと真心と柔軟な姿勢でアプローチすれば、相手はイエスと答えたくなるでしょう。そしてときには、もっとすばらしいアイデアを生み出す力になってくれます。メイナス

・マキャフリー（ペーパークリップを交渉で自動車に換えたあの教え子です）がパタゴニア（企業）と行なったパタゴニア（地理的な地域）に関する交渉は、特筆に値するものでした。メイナスは仲間とともに、パタゴニアのチリ側の一部をユネスコの世界遺産に登録することを目指すNGOに以前から協力しており、秋の休暇にそこへキャンプ旅行に出かけることになっていました。そこでメイナスは、ニューヘイブンにあるパタゴニアの店長にアプローチしました。「こんにちは。こちらの企業は環境保護に力を入れていらっしゃいますよね。ぼくたちも同じです。これは、ぼくたちが今まさにパタゴニアで取り組んでいるプロジェクトです。それで、もしよければ衣服などの装備を提供していただけませんか？　現地はとにかく寒いので！」

　店長は無料で提供することはできないと断りましたが、半額以上の大幅な値引きを申し出てくれました。すばらしい！　そのうえなんと、店舗で資金集めのパーティまで企画してくれました。しかも、知り合いの醸造所のオーナーが、無料でビールを提供してくれるかもしれないというのです。メイナスたちもほかの地元企業に声をかけて、パーティで行なうくじ引きの商品を寄付してもらったり、バンドを組んでいる友人に演奏を依頼したりしました。私たちもパーティに参加するため、揃ってパタゴニアのショップへ駆けつけました。みんなおおいに楽しみ、もちろん買い物もしたため、お店にもメリットが生まれました。こうして誰もが親しくなり、パタゴニアがすでにメイナスたちを支援していたこともあって、同社の重役のひとりは最終的に、三〇〇〇ドル分もの装備を無料で提供してくれました。メイナスの大胆な依頼をさらに上回る成果が得られたのです。

交渉がうまく進むと、当初の予想をはるかに超えて波及効果が広がることがあり、よいアイデアの種がどのような実を結ぶのかは、けっして知りえません。グロリア・スタイネムが訪ねてきたときに、ザンビアの村で荒れた土地に広げた防水シートの上に初めて集まった女性たちは、その後も会合を続けました。八年後には、このグループは近隣の村々の女性も加わって拡大し、女性が経営する養鶏場と仕立て業という二つのワーカーズ・コレクティブ〔労働者協同組合ともいい、労働者が組合員として出資し、その意見を反映して、みずから従事することを基本原理とする組織〕を立ち上げていました。彼女たちはこのグループをワカ・シンバ、すなわち「強い女性たち」と呼んでいます。

第7と1／2章　女性だけど交渉する

ジェニファー・ローレンスは弱冠二二歳でアカデミー賞を受賞し、《タイム》誌の選ぶ「最も影響力のある一〇〇人」にも名を連ねました。才能に恵まれ、裕福で、美しく、心が広く、それでいて地に足をつけた魅力的な人物です。ファンたちは、彼女こそ自分のスピリット・アニマル〔本来は自分の精神を象徴する動物を指すが、憧れや尊敬の対象についても用いる〕だと賞賛するＴシャツを身につけました。彼女は成功を手に入れました――しかも有り余るほどの成功を。社会不安障害に苦しむ向こう見ずなおてんば娘だったジェニファーは、ミドルスクールを退学すると、一四歳で親元を離れてニューヨークへ移り住みました。自分が何をしたいのかよくわかっていて、誰にも邪魔立てさせませんでした。彼女は間違いなくテムルの持ち主だったのです。

その行動力と成功ぶりから、ジェニファー・ローレンスはきっと、交渉もうまくものにするだろうと思われるかもしれません。ところが、二〇一四年にソニー・ピクチャーズエンタテインメントのＥメールシステムがハッキングされたとき、ジェニファーは世界中の人たちとともに、映画『アメリカン・ハッスル』の彼女の出演料が、共演者のブラッドリー・クーパーやクリスチャン・ベールに比べて何百万ドルも少なかったことを知りました。これに対して、ジェニファーはオンライン上に公開書簡を発表しました。[1] そこに彼女は、ハッキングの件を聞きつけ、何が起きていたのかを悟ったときのことを記しています。

ソニーに対する怒りはありませんでした。腹が立ったのは自分自身に対して。私は早々に降参して、交渉に失敗したのです。数百万ドルの問題で争い続けたくありませんでした。正直、大作の続篇が二本あったので必要なかったのです……当時は、これが得策だと思っていました。でも今回、インターネット上で報酬額を知って、共演している男優たちは、「面倒だ」とか「わがまま」とか思われることを少しも気にしていなかったことがわかりました。

ここには、詳細に読み解かなくてはならない問題がたくさん詰まっています。私がセールスやパブリック・スピーキングのような人を動かす技術についてのワークショップを催すと、ときおりジェンダーの問題が浮上します。交渉術のワークショップでは、かならず話題になります。そして、女性グループに交渉術を指導しているときには、全員に話したいことがありすぎて、予定していた内容を終えられることはほとんどありません。ぶちまけたい不満、訊きたい質問、与えたいアドバイス、祝福したい成功、分析を要する厄介な課題。よろしければ、あなたもぜひご参加を。

交渉を楽しめる女性はほとんどいません。私の調査では、交渉が好き、もしくは大好きだと答えた男性が四〇パーセントだったのに対して、女性では一七パーセントでした。すでに見たように、報酬の交渉は交渉事のなかでもとくにストレスが大きいので、女性が男性ほど前向きでないのも驚くには当たりません。世界的な人材紹介会社ロバート・ハーフによると、仕事のオファーを受けたときに交渉をする男性は六六パーセントに上るのに対して、女性は四六パーセントにすぎませんでした[2]――しかもこれは、仕事のオファーに関して条件交渉が可能であると、疑う余地なく知っている人たちなのです。この件についての救いは、ジェンダーギャップが縮まってきているということです。若い世代の女性は、親世代の女性より交渉する頻度がはるかに高くなっています。[3]交渉の経験は賃金格差を是正する助けとなり、交渉術のトレーニングは教育格差を埋める後押しをします。[4]

女性は男性よりストレスを受けやすい――生物学的な根拠があります――ことに加えて、パニックになると（「闘争か逃走か」ではなく）「思いやりと絆」で対応しようとする強い傾向があります。したがって、大きなストレスのかかる交渉で、男性が途方もない高望みをし、その野望を貫き通すことが多いのに対して、女性は相手を気遣い、平穏を保とうとしがちです。また、女性は男性よりもリスクを正確に見極める傾向にあります。これはウォール街の株式トレーダーとして、男性より女性のほうが好成績をあげる理由のひとつでしょう。そして、女性が現職候補を相手に選挙戦を戦いたがらない理由でもあります[5]――私たち女性は、リスクやストレスを勘案して、立候補しても無駄だろうと判断するのです。*

私のこれまでの観察結果に照らすと、女性は交渉を避けようとして、いきなり最低《ボトム》ラインを提示するきらいがあります。彼女たちにしてみれば、これは寛大な行為なのです。できるかぎりの譲歩を申し出ているわけですから、たしかにそのとおりです。しかし、相手はその数字がほんとうにボトムラインなのか確信できないため、ことは複雑になります。相手はそれを出発点とみなして、そこから一歩も引こうとしない態度を、頑固だとか出し惜しみだとか曲解するおそれがあるのです。そうなると、行き詰まりの状況にも、交渉にならないことにも苛立ち、悪くすると、腹を立てて交渉の席を立って、協力して建設的なより良い解決策を見出すチャンスを台無しにしてしまうかもしれません。ずばりと単刀直入に、紛れもない、ボトムラインの、これが通らなければ手を引くしかないオファーをするという決断そのものが悪いわけではありませんが、その場合、意思疎通と伝えかたがとくに重要になります。熱意を示す、真心を込める、敬意を払う、といったことです。

＊対立候補が現職の場合、現職が九五パーセントの確率で当選します。現職不在の予備選挙のほうが、女性が立候補する傾向が強く、当選率も高いです。二〇二〇年の選挙では、民主党の予備選挙の女性候補者は全体の三七パーセントでしたが、現職不在の選挙区では四〇パーセントを占めました。現職不在で男性候補と争ったケースでは、七三パーセントの確率で女性候補が勝利しました。一方共和党では、予備選挙の女性候補者は全体の二〇パーセントで、現職不在の選挙区では二四パーセントでした。現職不在で男性候補と争ったケースでは、五〇パーセントの確率で女性候補が勝利しました。

交渉すると考えただけで気が重くなる一因は、要求することじたい、あるいは要求が大きすぎることを批判されるのではないかという不安感です。これにはちゃんと根拠があります――要望に対して反発を受けることは少なくないのですから。ジェニファー・ローレンスが契約交渉をしていたちょうど同じ頃、アンジェリーナ・ジョリーは契約条件が過大だとして、「だだっ子〔brat〕」呼ばわりされていました。私たち女性が何らかの力を手に入れようとしたり、それを使用したりすると、女性に向けられるもうひとつのBワード〔bitch〕を吐かれることも少なくありません。その一方で、男性が偉そうにしていても、それを非難する人はいません。とはいえ、これは女性が自分の望むものを求めてはいけないということではありません。むしろ、求めるべきです。この事実はたんに、乗り越えなくてはならない性差別的な潮流が存在することを意味しているだけです。たとえば、女性は心優しいものだという期待、私たち女性が歯に衣着せずに痛いところをズバリと突くと、侮辱されたように受けとめられる傾向などです。こんなことは、もううんざり。私はいつも優しくできるわけではないし、そんな人がいるとしたら、たんにうわべを繕っているだけにきまっています。けれども、私に優しくあってほしいと期待する人たちの気持ちはわかりますし、友好的な態度をみじんも示さなければ、相手はそれを自分自身に対する攻撃と受けとめたり、私を批判したりするかもしれません。

物腰が柔らかいからといって、簡単に言いなりになるわけではありません。よく言われるように、優しさは弱さではないのです。私が何を求め何に同意するかと、相手とどうかかわるかは、まったく別のことです。真摯に接すれば、相手は喜びます。これこそ、私がいつも目指しているところです。それに、私自身も満ち足りた気分になれます。私は概して愛想のいい人間ですが、一方で自分の希望はきちんと主張します。交渉の限度をはっきりさせておき、ノーと言うときも、温かみと茶目っ気を添えて伝えるように努めています。「私をからかっているんでしょう?」、「そんなこと、できっこないわ!」、「ぜったい、ぜったい、ぜったい無理よ!」、「水責めに遭うほうがましだわ」。でも、それが私なのです。あなたもあなたらしく、やりたいようにやればいいのです。

何をどれだけ求めればいいのか、そして交渉の限度をどこに設定すべきかを考えるにあたっても、女性は不利な状況に置かれています。少なくとも、仕事に関してはそうです。女性は仕事関係の友人が男性より少ない傾向にあります。ハーミニア・イバーラは、社会的ネットワークについての研究で、男性は職場の同僚との交流が多いのに対して、女性は仕事とは無関係の友人との付き合いが多いことを見出しました。[6] ジェニファー・ローレンスがブラッドリー・クーパーやクリスチャン・ベールともっと親しかったら、気兼ねなく「ねえ、どんな条件を提示されているの?」と訊けたかもしれません。そして、男性の方々へ——どうか、みなさんの報酬の情報を私たちに明かしてください。ブラッドリー・クーパーや多くの男優たちが現在、女性共演者のために情報共有しようと訴えているように。頼みましたよ?

多くの女性が仕事に励み、課題をこなして、家に帰るよう教え込まれてきました。そうすれば、結果として働きにふさわしい評価と報酬が得られるはずだ、と。エグゼクティブコーチのタラ・モアは、これを「優等生体質」と呼んでいます。[7] タラは著書『繊細な女性のための大胆な働き方

——男社会でのびやかに成功する10のヒント』にこう記しています。「学校で女の子がうまくやっていけるのは、学校の求める能力や行動の多くが〈良い子〉であることと同じだから——つまり、権威を尊重してそれに従う、注意深く規則を順守する、他人に優しく、与えられた枠組みの中で成功する、など——だとしたらどうでしょう?」そしてこう続けます。「良い仕事をすればそれで十分だという発想は、教育の場でおおいに強化されます。というのも、学校でうまくやるために自分を売り込む必要はないからです。質の高い成果を挙げて、それを教師に提出すれば事足ります」しかし、教師は上司とは違い、学校は職場とは違います。私たちは昇給や昇進、魅力的なプロジェクトへの参加を求める必要があります。そして、現在行なっているすばらしい仕事について周知する方法を考え出す必要があり、仕事上で互いに助け合うために男女両方からなる強力なネットワークが必要です。

女性が男性と同じように高い交渉目標を設定した場合、男性と遜色ない成果が手に入ることが多いです。[8] これは、得られる成果がどのように要求するかよりも、どれだけ要求するかに大きく左右されることを示しています。経済を専門とするニナ・ルシーユは、オンラインプラットフォームで求職活動をしていた数千人のエンジニアのデータを分析し、ある発見をしました。「要求する報酬額の男女差によって、最終提示額の違いはほぼすべて説明がつく。女性に対する差別の証拠は見つかっていない。実のところ、履歴書の記載事項に基づいて勧誘を受ける件数は、女性がわずかに男性を上回っており、面接によって最終的なオファーを獲得する可能性にも、まったく男女差は見られない」[9] 言い換えれば、少なくともこの調査では、雇用主たちは女性にも男性と同程度の報酬を支払う用意があったということです。しかし私たち女性には、男性と同程度の報酬額を、必要なかぎり何度でも責任をもって要求する必要があるのです。

ここまでは、すでに進行中の交渉について述べてきましたが、交渉に関するとくに顕著な男女差は、女性は男性に比べてそもそも交渉が可能だと気づかないことにあります。数多くの調査やフィールドスタディや実験から、交渉における男女の違いは、状況が曖昧なときにもっとも大きくなることがわかっています。私の同僚バーバラ・ビアージの研究から、ウィスコンシン州が教職員組合との契約を変更して、教師の給与に関する裁量権を認めたのを境に、同州では男性教師の給与が女性教師を上回りはじめ、その差は毎年拡大していることが判明しました。男性はひとたび交渉が可能だと気づくと行動に移しました。しかし、女性はそれほど積極的ではなかったのです。[10]

マーケティング学教授のデボラ・スモールと同僚たちは、研究室に参加者を集め、アルファベットを組み合わせて単語をつくる〈ボグル〉というゲームをやってもらいました。このとき、参加者には三ドルから一〇ドルの報酬を支払う旨を伝えておきました。ゲームが終了すると、研究者のひとりが各人の得点を集計して三ドルを手渡し、こう言いました。「はい、三ドルです。三ドルでよろしいですか？」（もっとほしいと要求した人は全員、追加の報酬を得られました。要求し続ければ、最高で一〇ドルまで支払われました）。もっとほしいと要求した女性はわずか三パーセントでしたが、男性では二三パーセントに上りました。[11]

ボグルの実験をまとめた論文の共著者で、文字どおりジェンダーと交渉に関する著作（『そのひとことが言えたら……――働く女性のための統合的交渉術』）のあるリンダ・バブコック[12]は、自分自身にもジェンダーにまつわる盲点があったことに気づきました。人気のある授業指導の課題を博士課程の男子学生ばかりに割り振っていたのです。なぜでしょうか？　彼らがやりたいと申し出たからです。

　自分自身や大切な人のために、私たちはリンダ・バブコックの男子学生のように要求することができます。性別にかかわらず、私たちは要求しなくてはなりません。しかし、自分が力のある立場にある場合、相手に求められるのを待つ必要はありません。指導的な役割を担っているときには、権力と金と威信が、もっとも大きな声でもっとも頻繁に要求する人たちばかりに流れていかないように采配することができます。また、ある人の要望を聞き入れた場合には、同じ要求をできたはずの人にも、同じオファーをすればいいのです。自分の盲点について理解したリンダ・バブコックが採ったのが、まさにこの方法でした。リンダは授業指導の課題をより公平に振り分けることにしたのです。

　女性は他人のためであれば、男性と同じぐらい、あるいはそれ以上にうまく交渉できる[13]という話を、あなたも耳にしたことがあるかもしれません。これは私心がないからではありません。アプローチの違いにその理由があります。女性が誰かのために交渉するときには、より高い目標を掲げ、より粘り強く、より自信と思いやりに満ちていて、切迫感は薄まります。気持ちが軽くなって（ストレスが少なく）、その状況を自分とは切り離して捉えます。自分の交渉のときよりも気分が明るくなり、それが交渉相手にも影響して雰囲気がよくなります。とはいえ、私たち女性は、自分のための交渉でも同じようにふるまう方策を見つけだす必要があります。

ほかの人のために交渉すると考えたら気持ちが軽くなるのなら、自分のための交渉をする際に、それをフレームとして使ってみてください。考えてみれば、実際そのとおりなのですから。あなたは交渉のたびに、今後ほかの女性たちが交渉に成功するための地ならしをしているのです。あなたはロールモデルの役割を担っているわけです。それに、昇給を勝ち取れば、あなたはほかの人に対してより気前よくふるまえます。また、交渉によって労働時間を短縮できれば、ベストパフォーマンスを発揮できることが多くなり、ほかの人の利益にもなります。

ソニー・ピクチャーズのEメールシステムがハッキングされた翌年、ジェニファー・ローレンスはふたたび交渉のテーブルに着きました。今回は映画『パッセンジャー』の主演の件でした。彼女が目標として提示した報酬がいくらだったのかはわかりませんが、彼女が二〇〇〇万ドルという出演料を勝ち取って、ハリウッドで最高額を手にした女優になったことだけは確かです。しかも、共演したスター男優よりも八〇〇万ドルも高かったというのです。そして、ジェニファーは故郷ケンタッキー州にあるコセア小児病院に二〇〇万ドルの寄付をし、ルイビルに本拠を置く芸術基金の大口献金者ともなりました。

ジェニファー・ローレンスはかつて、必要のない二〇〇万ドルのために争い続けることを望まずに、交渉を諦めてしまいました。『パッセンジャー』の契約で交渉したときも、お金が必要だったわけではありませんが、このときの彼女には、それがどんな影響を及ぼしうるのか、彼女に憧れる何百万人もの女性たちに対して、みずからがモデルとなってこの行動を示すことがなぜ重要なのかがはっきりとわかっていました。交渉するという彼女の決断は、彼女にとっても、およびただしい数の女性たちにとっても恵みだったのです。

あなたが交渉すると決断したら、恩恵を受けるのは誰ですか?

第８章　闇の魔術に対する防衛術

サメについてとくに興味深く、同時にとくに危険な特徴のひとつが、その姿がきわめて見えづらいことです。吻部《ふんぶ》から頬にかけて点在する黒っぽい小孔を見つけるには、顔のそばまで近寄らなければなりません。この小孔は表皮の下にある、ゼリー状の物質で満たされた細長い管につながっています。管は相互に連結して集まり、瓶と呼ばれる膨大部を形成しています。この器官は、初めて記述した一七世紀の医師にちなんで**ロレンチーニ器官**と言われます。しかしロレンチーニ医師には、その役割がまったくわかりませんでした。一九六〇年代に入ってようやく、ロレンチーニ器官が第六の感覚として機能していることを研究者たちが突きとめました。この器官は周囲に存在する電気を感じ取っていたのです。あらゆる生物は微弱な電磁場を発生させていますが、サメはこの器官でそれを感知して、獲物が砂の下に潜んでいても位置を特定できます。このような電気受容器をもつ生物はほかにもいますが、サメの受容器は動物界でもっとも感度が高いといいます。ホオジロザメはわずか一〇〇万分の一ボルトの電位差さえ感知できます。サメは文字どおり力に引き寄せられるわけです。

　この章では、影響力の負の側面を掘り下げていきます。あなたの力が増大するにつれて、あなたをライバルともカモともみなすサメのような人物たちの注意も引きやすくなります。彼らは冷酷で、脅しも厭わず、だまし、操り、裏切って、ほしいものを手に入れるような人間です。彼らの目的は優位な立場のこともあれば、セックスのこともあります。しかし、たいていは金目当てです。


　ジェニーン・ロス[1]と夫のマットは、ファイナンシャル・アドバイザーを探していました。ジェニーンは作家で、摂食障害に苦しむ女性たちのカウンセラーでもあり、マットはビジネス関連のプロの講師でした。二人は大富豪というわけではありませんでしたが、何不自由ない暮らしを送っており、もう少し余裕をもてればと考えていました。

　ルイス・イザロは、この件に関して力になってくれそうな人物のように思われました。彼らはたいてい、ワインの産地に建つイザロの家で面会しました。イザロは上質な仕立てのスーツにグッチの靴を合わせ、オリジナルデザインのナンバープレートを付けたメルセデスに乗っていました。ジェニーンのワニ脳はこうした細部に気づき、そのすべてが彼女に**この男はお金について熟知している**と告げていました。イザロは有資格者ではありませんでしたが、二人は彼を税務コンサルタントとして雇うことにしました。夫婦の資産の安全を担保するため、イザロは信託証書を作成しました。

その後の数年間、ブックパーティやディナーパーティなどで親しく付き合ううちに、仕事としての線引きはしだいに曖昧になって、イザロと夫婦の関係は友人に近いものへと変わっていきました。そのため、公開前のテクノロジー関連株を購入できる独占的な機会がある――特別な顧客だけの特別なチャンス――とイザロが何気なく口にしたとき、ジェニーンはゾクゾクしました。**彼は私たちを特別だと考えているのね。**

「この機会に持てるものを全部つぎ込んでください。間違いなくビリオネアになれますから。万が一うまくいかなかったら、投資していただいた分は全額、私が責任もってお返しします」

突如として、ジェニーンとマットは秘密の扉をくぐり抜けて、一夜にしてビリオネアになれる世界へと案内されたのです。二人は蓄財に力を注いでいたわけではありませんが、この思いも寄らないチャンスに、欲望がかきたてられるのを感じました。私たちだって、二軒目、三軒目の家にボート、それにすてきな衣装を山ほどもっている人たちのようになってもいいじゃない？　話がうますぎる？　裕福な人たちはこうしてより裕福になる、つまり財産を活用して財産を増やすものでしょう？　イザロにはジェニーンとマットの資金を預かって投資する資格はありませんが、二人の友人です。そのうえ、これはリスクゼロのオファーでした。安全策をとって、二人は蓄えの四分の一だけをイザロに渡して、そのテクノロジー企業に投資しました。彼らはビリオネアになる必要はありませんでした。マルチミリオネアで十分だったのです。

一年半後、その株式が公開される直前になって、ジェニーンとマットは新規株式公開の詳細について話し合うために、ルイス・イザロに連絡を取ろうとしました。しかし、彼は影も形もなく姿を消していました。二人はパニックになって、何年も前からイザロが管理していた、もっと小口のほかの投資をすべて調べたところ、自分たちの資金がそれらの口座にいっさい入っていないことが判明しました。ルイス・イザロは長年、彼らの金をだまし取りながら、ずっと友人のふりを続けていたのです。

イザロの一件で心に傷を負い、すでに人生も半ばを過ぎたジェニーンとマットは、見掛け倒しのアドバイザーや一攫千金話など、もうこりごりでした。二人に必要なのは、慎ましくても堅実な利益が得られる安全な投資先でした。そんなとき、洗練された資産家の友人リチャードに、彼の父親が数年前に見出した投資ファンドに加わってはどうかと提案されました。そのファンドは市場で好成績を残していて、設立以来、一度も損失を出していませんでした。本来は家族や友人の口添えがないと投資できないのですが、イザロの一件で大金を失った二人に紹介してやりたいとリチャードは考えたのです。それに、世界第二位の規模をもつナスダック証券取引所の元会長以上に、資産運用を任せられる相手などいるでしょうか？

ジェニーンとマットは、当座預金口座の五〇〇〇ドルと、自宅の頭金として支払ったお金を除いて、手持ちの蓄えをすべてバーナード・マドフのファンドに投資しました。株式市場はときどき急落し、ミューチュアルファンドに投資している友人たちは、そのたびに不満をこぼしていました。しかし、株価の乱高下がマドフの顧客を襲うことはありませんでした。ジェニーンとマットは毎月、資金が着実に増えていることを示すドットマトリクス印刷の報告書を受け取りました。古風な見た目の報告書は安心材料ではありましたが、この状況はどこかおかしい気がしました。

イザロとのつらい経験のせいかもしれません。しかし、マドフのファンドへの投資について友人に意見を求められると、ジェニーンは投資先を分散するように勧めました。すべての資金を一カ所に投資するのは賢明ではないわ、と。しかし彼女自身は、すでに全財産をつぎ込んでしまっていました。

疑念はサイレンのようには鳴り響かず、そっとささやきます。そして、希望は明晰な思考力を鈍らせます。何年ものあいだ、ジェニーンはリチャードに、マドフはどうしてこのように着実な利益をあげられるのかと繰り返し尋ねました。そのたびに、リチャードはマドフの「スプリット・ストライク・コンバージョン」と呼ばれる高度な戦略について、長く入り組んだ説明を始めるのでした。コメディアンのジョン・オリバーはこんなジョークを言っています。「何か悪いことを企んでいるのなら、何か退屈なことでそれを覆い隠すことだ」マドフの戦略はあまりに複雑で退屈だったので、ジェニーンはいつも上の空になってしまうのでした。「彼の言っていることが何ひとつ理解できないまま五分もすると、彼の話をさえぎらずにはいられなくなりました」と、彼女は回顧録『失ってわかったこと（*Lost and Found*）』に綴っています。「私は理解の及ばない空白部分を、自分でつくり上げた想像で埋めていました。彼が逮捕される日まで、バーニー・マドフはリチャードの父親の親しい友人で、彼らは共同で小さな――非常にささやかな――投資ビジネスを始め、そこにはそれぞれの家族とごく親しい友人三〇人ほどがかかわっているのだろうと、私は信じていたのです。私のおめでたい想像は、完全な誤りでした」

二〇〇八年一二月一一日、ＦＢＩの捜査官がニューヨークにあるバーニー・マドフの自宅マンションのドアをノックしたとき、マドフにはその理由がわかっていました。

「無罪を裏付ける弁明があるなら、お聞かせ願いたい」

「無罪を裏付ける弁明などない」とマドフは応じました。

少なくとも一六年、おそらくは数十年の長きにわたって彼が操ってきたポンジ・スキーム（高配当を謳い文句として多くの資金を集める一方、実際に運用せずに、新しい出資者からの出資金を配当として支払う自転車操業で、破綻することを前提にお金をだまし取る投資詐欺の手口）はきわめて規模が大きく、その資産（実在したとすれば）と比べれば、ウォール街の錚々《そうそう》たる銀行も小さくかすんでしまうほどでした。ＦＢＩの調査によって、世界一三六カ国の三万七〇〇〇人が六五〇億ドルをバーニー・マドフのファンドに投資していた（あるいは、そう思っていた）ことが判明しました。

しかし、資金はすべてリチャードのもののようなフィーダー・ファンドを経由して入ってくるので、個々の投資家はこのような特別なチャンスに恵まれた、小さなグループの一員だと信じ込まされていたのです（リチャード自身、共犯ではなく被害者でした）。マドフはどこか神秘的な雰囲気を醸し出して、質問をうまくかわしていました。彼は根掘り葉掘り聞きたがる相手からは、資金を引き出そうとしませんでした。それに、バーニー・マドフに資金を提供するファンドマネジャーは高額のキックバックを受けられたので、深くは詮索しなかったのです。

ジェニーンとマットが全財産をマドフに委ねた頃にはすでに、ヘッジファンド、慈善団体、主要銀行、さらにはドリームワークス・アニメーションＣＥＯのジェフリー・カッツェンバーグ、ホロコーストを生き延びてノーベル賞を受賞したエリ・ヴィーゼル、ニューヨーク・メッツのオーナー、俳優のケヴィン・ベーコン（ベーコン数が示すとおり、彼はほんとうにすべての人とつながっているに違いありません）などが、彼の詐欺の餌食になっていました。マドフがすべての出資金を一度に横領していたら、彼の悪事は露見していたでしょう。しかし、途中で出資金を引き上げる投資家もいたので、かえってファンドが合法的に見えてしまったのです。引き上げられた分の出資金は、ジェニーンとマットのような新たな投資家によって補塡《ほてん》されました。これこそがポンジ・スキームの仕組みなのです。

マドフの顧客は愚かな人たちではありませんでした。詐欺師がカモとして狙うのは、成功している人々です――人並み以上の報酬を得ていて、[2]学歴が高く、[3]財務関係の知識も豊富です[4]（なにしろ、資産が多いのですから）。こうした人々は、自分のしていることを万事心得ていると思っています。少なくとも、信頼している人たちが抜かりなくやってくれていると。しかし、このマインドセットこそ、彼らがつけ込まれやすくなる元凶なのです。

私たちは嘘つきを見抜くのがとても苦手です。心理学者のポール・エクマンは、一万五〇〇〇人以上を対象にした数々の実験から、人間が嘘を見抜ける確率は、まぐれ当たりとわずか五パーセントしか変わらないことを発見しました。嘘を見破る高度な訓練を受けた専門家は自分の判断に相当な自信を持っていますが、それでも偶然より一〇パーセント高いだけです。[5]ポリグラフにも、法廷での証拠として採用できるほどの信頼性はありません。もしあなたが親なら、子どもが嘘をついていれば絶対にわかるとお考えでしょうが、たぶんそれも間違いです。私たちが頼りにしている合図――気まずさを示すサイン――は判断を誤らせかねません。真実を言っているのに気まずさを感じる人は大勢いますし、嘘をついているのにまったくの平静を保っていられる人も大勢います。多くの経験を積み重ねてきた人はとくにそうです。そのような人物にはとりわけ用心しなくてはなりません。そこで、嘘を見抜くには別のサインを探す必要があるのです。

アメリカでは毎年、成人の一〇～一五パーセントが何らかの詐欺に遭っています。しかしほぼすべてのケースに、被害者がどんなサインを探せばいいのか知っていたら、危険を察知できたはずの危険信号が存在していました。必要なのは、サメ探知器なのです。

心理操作《マニピュレーション》を示す危険信号

人の心を操って支配しようと企むマニピュレーターは、どれほど気をつけていても、手掛かり、つまりあなたを警戒させる危険信号を隠しきれません。けれども、ひとつめの危険信号にはなかなか気づけないものです。人の心を操るための戦術は、あなたをワニモードに誘導して、状況を冷静に評価せずに本能的に反応させるのが狙いです（だからこそ、自分以外の人間がターゲットになっているときには、はるかに容易に危険信号を見つけられるのです。あなたは裁判官モードですが、当事者はワニモードに陥っています）。狡猾なマニピュレーターは、あなたを動揺させて、生来の自衛本能があなたの不利に働くように仕向ける方法を熟知しているのです。

では、あなたがサメの関心を呼び覚ましてしまった可能性があることを示す兆候について、詳しく見ていきましょう。これらはどれも、それだけではかならずしも悪意の証拠とはなりませんが、こうしたサインのひとつに気づいたら、ほかにもないかとつねに目を光らせておかなくてはなりません。

危険信号その1――「エーテル」

サメの餌食になったと認めるのは、非常にばつが悪いものです。見知らぬ人に銀行口座の情報を教えるなんて、何を考えていたの？　夜の一〇時にホテルの男性の部屋を「仕事の打ち合わせ」で訪ねていくなんて、何を考えていたの？　はたまた、財布をなくして教科書を買うお金に困っている工学部の学生に、手持ちの現金をぜんぶ渡したってどういうこと？　誰にでもこのような経験があるでしょう。そして、この「何を考えていたの？」という質問の答えに、あなたはきっと驚くでしょう。

その答えは、「考えていなかった」です。少なくともいつものようには。ある詐欺師は、『詐欺師を出し抜け（*Outsmarting the Scam Artists*）』の著者ダグ・シェイデルに、自身の戦略についてこう語っています。「契約締結役のリーダーとして、俺の第一の目標はカモを〈エーテルで酔わせる〉ことだった。エーテルで酔うっていうのは、感情がかき乱されてひどく動揺したときに、上も下も分からなくなる、そんな状態のことさ。相手をその状態にもち込めれば、そいつが賢かろうがぼんくらだろうが、関係ないんだ。エーテルはつねに知性に勝るからな」

これはまさに、裁判官が介入する間もなく、過大な負担でワニが混乱をきたしたときに起きることです。私たちが危機に陥ったときによく奇妙な行動を取ってしまうのは、この錯乱状態によって説明がつきます。ある警察官が誤って自分自身を銃で撃ってしまったとき、彼は何度も411（電話番号案内）に電話をかけ、しまいにはオペレーターに電話を911（緊急通報）につないでほしいと頼みました。二〇〇一年九月一一日には、自分のいる高層ビルに飛行機が突っ込んだと気づくと、多くの人が身の回りのものをまとめたり、家族に電話をしたりして貴重な三〇分を過ごし、その後ようやくゆっくりと階段を下りはじめました。

詐欺師やそのほかのマニピュレーターは、私たちの感情を意図的にかき乱して、明晰に考えられない状態に追い込みます。さらに悪いことに、**エーテルで酔わされているときには、あなたはそのことに気づかない**のです。それはちょうど、自信満々に車のキーに手を伸ばす酔っ払いのようなものです。つまり、意識変容状態にあるのに、それを自覚していないわけです。あとから考えても、なぜあんな判断をしたのかわからない？　それがエーテルです。

感情が急激に高まると、あなたはこの無防備な状態に陥りかねません。ある晩遅く、私はメキシコの見知らぬ番号からの電話で目を覚ましました。強い訛りのある人物が、明らかに動揺したようすで早口でまくしたてます。「弟さんがひどい交通事故に遭いました」

なんですって！　心臓が激しく高鳴りはじめました。喉もカラカラです。

「意識がなく、今病院に向かっています」

誰が交通事故に遭ったって？　妹のマイカのことを言ってる？　フィラデルフィアの自宅にいると思っていたけど、旅行にでも行ってたの？　私は混乱して、不安に駆られ、どうにかして助けたいと思いました。そしてこう言いました。「私に弟はいないけど、状況を詳しく――」ここで電話が切れました。今思えば、もし電話の向こうの詐欺師がたまたま「妹さん」と言っていたら、私はどんなことでもしたでしょう。

欲もまた、よくあるエーテルの発生源です。アプトン・シンクレア〔アメリカの作家。資本主義社会の負の側面を告発する多くの著作をものし、政治活動にも積極的だった〕がかつて揶揄《やゆ》したように、「何かを理解しないことで給料をもらっている人に、それを理解させるのは至難の業だ」。情欲も強力なエーテル発生源ですし、怒りもそうです。ある詐欺師は得意げにこう語りました。「信じられないかもしれないけど、俺の上客の数人は、苦情の電話をかけてきて、製品が聞いていた話と違うと怒ってわめき散らす客だった。相手の気のすむまで不満を吐き出させて、落ち着いたところで仕留めにかかるって寸法さ。怒りも感情には変わりない。動揺や恐怖と同じぐらい使えるよ」

エーテルは肉体的に誘発することもできます。聖職者やシャーマン、将軍、カルト集団のリーダーなどはずっと前から知っていたことが、近年研究によって裏付けられました――打楽器の演奏や行進、ダンス、詠唱など、大勢でいっせいにリズミカルな行動をとると、人はより従順になります。力が満ちて、集団とひとつになるように感じて、より協力的になります。リズミカルな集団行動に、思考を混乱させるような大音量の音楽やストロボライト、睡眠遮断などが組み合わさると、エーテルの効き目はさらに強まります。興奮、陶酔感、不安、混乱、連帯感、魂の歓喜。これらはすべて、明晰に考えることを難しくします。エーテルの犠牲者には、誰でも、いつでも、どれだけ賢明でもなりえます。私たちはエーテルに酔わされていることに気づかない可能性が高いので、サメが周囲をうろついていることを察知するためのそのほかのサインを、以下でいくつか紹介していきます。なかでもとくに目に留まりやすいもののひとつは、エーテルによく似ています――それは切迫感です。

危険信号その2――切迫感

切迫感は、ドイツ語でTorschlusspanik（「扉が閉まることへの焦り」の意で、転じて最後の機会を逸するのではないかという不安を表す）として知られる、不合理な状態を生み出します。この言葉は中世に遡《さかのぼ》り、たそがれどきに城外で作業をしていた農民が、日暮れとともに城門が閉ざされて城外に締め出されてはたまらないと、城塞内の自分の家へと急いで戻ってくるときの焦りに由来します。

この古い言葉を現代に当てはめるなら、二〇二〇年に起きたトイレットペーパー騒動の原因が、まさにTorschlusspanikに相当するでしょう。新型コロナウイルスの蔓延《まんえん》によってサプライチェーンに混乱が生じると、世界各地で人々がトイレットペーパーを求めて店に殺到し、在庫をあるだけ全部買い込みました（何年分もの量を確保した人もいました）。これを見たほかの人たちも不安に駆られてTorschlusspanikが拡大し、店の棚は空っぽになりました。シドニーとカリフォルニアでは、トイレットペーパーを巡って乱闘騒ぎとなり、警察が出動する事態も起きました。香港では、武装強盗がスーパーマーケットから六〇〇ロールのトイレットペーパーを盗み出しましたが、現金の入ったレジは手つかずで残されていました。

切迫感は、その対象が時間であれ、供給量であれ、機会であれ、十分に確保できないことに対する恐れから生じます。取り残されることへの恐怖（ＦＯＭＯ）を感じると、私たちは通常では考えられないようなことをしかねません。神経科学者の研究によると、切迫感は価値判断にかかわる脳部位を過剰に刺激し（私はこれを手に入れなくてはならない！）、計画にかかわる部位の活動を阻害します（予算？　何のこと？）。私たちは提示されている取引条件を見て、これはよい買い物だと胸を躍らせますが、じつはそれが生み出す切迫感のほうがずっと刺激的なのです。

セールストークにはほぼ例外なく、何らかの形で切迫感をあおる要素が盛り込まれています。セールスパーソンはたとえばこんなふうに売り込みます。「わが社では、値引き交渉はお受けしておりません。しかし、本日限定のサービスをご用意しております。したがって、今日ご購入を決断してくだされば、お値引きが可能です。悪い話ではありませんよね？」

たしかに悪い話ではない、それどころか、かなりいい話ではないか？　しかし、当日購入限定のサービスというのは、裁判官に再考する猶予を与えずに、ワニに直感で決断させるための策略なのです。時間的な制約が課されているときや、ＦＯＭＯに苦しんでいるときには、賢明な決断は期待できません。私は大きな決断をするときにはかならず、即断せずに一晩考えることにしています。そして、私が誰かに大きな決断を迫るときにも、同じように一晩考えるよう勧めています。そうすれば、ワニと裁判官の両方がイエスと言っていることを確認できるからです。この方法を実践すれば、切迫感をあおる戦略はほとんどがはったりだとすぐにわかってくるでしょう。

相手がもし今日あなたに何かを売りたいのだとすれば、翌日になったからといって、あなたの申し出を断るとほんとうに思いますか？

あなた自身がサメとして切迫感をあおる戦略を使おうとする場合には、この戦略は裏目に出ることが多いと覚悟しておくべきです。三二万件の購買決定を調べたマーケティングリサーチの実験で、イギリスのグーグル・マーケットインサイトチームの研究者は、「本日限定！」や「残り二室のみ！」といった戦略が、彼らがテストしたあらゆる行動科学的な戦略のなかで、もっとも効果が低いことを発見しました。[6] しかも、相手をイラつかせる可能性がもっとも高かったのです。いえ、研究者の慎み深い言葉をお借りすれば、「否定的な反応を引き起こす」傾向が強いのです。

危険信号その3――独占性

独占性は利用可能性が限られているという点では切迫感と似ていますが、より巧妙な手口です。あなたの価値（すなわち資産）次第で、少数の特別な人だけに許された、独占的なチャンスへのアクセスを認められるのです。切迫感はあなたのなかの二歳児に訴えかけます（**これを逃すと手に入りませんよ**）が、独占性はあなたのなかのティーンエイジャーに働きかけます（**きみもイケてるグループの仲間に入りたくないか？**）。独占性はＶＩＰ専用バッジであり、アイビーリーグであり、セレブリティの集うイベントであり、ダイヤモンド／プラチナクラスであり、会員の紹介が必要なクラブやソーシャルネットワークです。独占性はステータスを約束します。あなたが潜在意識のどこかで、**私にその資格があるのだろうか？**　と自問しているとき、独占的なチャンスはこう応じます。**ええ、ありますよ、もしも……。**

独占性の戦術は、お世辞や不確かさやＦＯＭＯ、あるいはそれらすべてによって効力を増します。お世辞についての研究は、簡単に要約できます――すなわち、お世辞はたいてい効果を発揮する、と。たとえそれが事実でないと思っていても、何か魂胆があるとわかっていても、相手が「あなたはほんとうにすばらしい」と言っているコンピューターだったとしても。また、その地位を得られるかどうかが不確かなとき、私たちはとりわけ独占性の餌食になりやすくなります。そしてＦＯＭＯは、まさに火に油を注ぐのです。

一〇〇グラム当たり一三〇ドルを超える「コピ・ルアク」は、世界でもっとも高価なコーヒーです。生産地はインドネシアの丘陵地帯で、そこは現地で「ルアク」と呼ばれるマレージャコウネコの生息地でもあります。マレージャコウネコは、イエネコとオポッサムをかけあわせたような見た目の黄褐色の動物です。ルアクはコーヒーの果実（中にある種子がコーヒー豆）を好んで食べます。コーヒーの果実がルアクの消化管を通り過ぎるあいだに、消化されない種子はさまざまな消化酵素を吸収して、排泄されるときには酸性度が下がっているといいます。この糞の中のコーヒー豆を洗浄して焙煎《ばいせん》し、淹れて飲むわけです。

そう、世界で一番高価なコーヒーは、ルアクの糞からつくられるのです。[7] こう聞くとゾッとするかもしれませんが、西ジャワの高地を訪ねてセールストークに耳を傾ければ、あなたの一部はこう感じるでしょう。**どれだけ払っても、このルアクのコーヒーは飲まなければ！** けれども、西ジャワの高地に暮らす住民にとっては、コピ・ルアクは旅行者が買うべらぼうに高い品々の一例にすぎません（お察しのとおり、私も買いました。でも、それほど特別なものではありませんでした。また、のちに知ったのですが、大量生産のためにルアクへの虐待が起きており、いずれにしても、コピ・ルアクの八〇パーセントが偽物だそうです）。

バーニー・マドフが多くの人々からあれほどうまくお金を巻き上げられたのは、顧客を限定していたからでもあります。顧客になるためには、紹介が必要でした。カルト集団――自己啓発やビジネス、または宗教や霊的な目的を掲げた集団――では、独占性は高額で限定された人だけに許されるカリスマ的指導者との面会といったかたちをとります。少人数の研修会に参加するには何万ドルもの費用がかかり、ＶＩＰサークルは年会費が一〇万ドルを超えるところさえあります。こうした組織の多くは高圧的なセールス戦術を弄して信奉者たちを誘導し、持ってもいないお金を使わせたり、クレジットカードの与信限度いっぱいまで使い切らせたり、老後の蓄えを引き出させたりします。導師《グル》は自由な決断による選択だと言うのがつねですが、エーテルと独占性を組み合わせた心をかき乱すような手法を無防備な人たちに対して用いたのなら、それは自由な選択とは言えません。

独占性の引力は、考える時間を与えられればいくぶん弱まりますが、かならずしも完全に消え去るわけではありません。**ああ、エゴじゃないか。そこにいたのか。**ぐっと引かれるのを感じたら、サメがいないか周囲のチェックをお忘れなく。

危険信号その４――うますぎる話

マリア・コニコヴァが著書『The Confidence Game――信頼と説得の心理学』で述べているように、「〈話がうますぎると思われたときは、おそらくそのとおりである〉という警句は、誰しも聞いたことがあるだろう。しかし、自分自身のこととなると、この〈おそらく〉の部分にしがみつきたくなりがちだ[8]」。

うますぎる誘い文句はしばしば、切迫感をあおる策略をともないます。検討する時間が十分あれば、おかしな点に気づきはじめるからです。『リアル・ハッスル』というイギリスのテレビ番組では、出演者チームが何も知らない一般人に有名な詐欺の手口を仕掛け、隠しカメラでそのようすを追いかけます。〈ブラックマネー〉と題する回は、行商人が蚤の市でスプレーで塗りつぶされた紙片を大勢の客に向かって言葉巧みに売り込むと、しまいには客たちが押し合いへし合いしながら現金を振り立て、できるだけ多くの紙片を買おうと必死になるという内容でした。

裁判官モードの傍観者であるあなたから見れば、これがばかげた詐欺であることは一目瞭然でしょう。しかし、客たちは巧みな売り口上を聞かされています。いわく、造幣局が紙幣を刷りすぎてしまったけれども、通貨の破壊は犯罪なので、余剰分の紙幣を黒く塗りつぶして使えないようにしました。ところが、この紙幣を満載していたトラックが奪われ、新たな所有者が特殊な薬品のスプレーとローラーを使って、もとの新札の状態に戻す方法を考案したというのです。行商人はその手順を実演します。あなたの目の前で真っ黒な紙片が一〇ポンド札に変わり――そして、あなたはこの無効にされた紙幣一〇枚を、溶剤とローラーもつけてたったの一〇ポンドで買えるのです。これを聞いたあなたは、悪くない話だと考えます。無効にされてはいても簡単にもとどおりにできる紙幣一〇〇ポンド分、つまり、支払う額の一〇倍の価値があるわけです。しかし、ここで飛びつくべきではありません。行商人の一味は不正な金《ブラックマネー》を今すぐ売り払う必要があるのですから。

賢明な人がこんな作り話にひっかかることはありえないとお思いですか？　しかし、紙幣を洗浄するというこの種の詐欺は、世界中で成功を収めていて、賢明な人たちから何千ドルものお金をだまし取っています。詐欺の被害者は当然のことながらきまりが悪く、今回のようにいかがわしい取引に加担してしまったというような場合もあるので、警察に被害を通報することはめったにありません。

エーテル――弁の立つ客引き、興奮した群衆――から安全な距離をとれば、このオファーがうますぎる話だとすぐにわかります。強盗たちが無効にされた紙幣をトラック一台分と、それをもとに戻す手段をほんとうに持っているのなら、どうしてそれを九割引で売ったりするでしょうか？　それに、自分の犯罪をなぜこれほどおおっぴらに白状するのでしょう？　彼らの描いたシナリオは筋が通っていませんが、あまりにも展開が速いうえ、被害者たちは明確な証拠、黒く塗りつぶされた紙幣がほんものの一〇ポンド札に変わるところを目の前で見ているのです。社会的な証拠については言うまでもありません。ほかにも大勢の人たち（詐欺グループの仲間かもしれません）が、われさきに買おうと大騒ぎしているのですから。

危険信号その5――半面だけの真実

嘘はトラブルの明白なサインです。しかし、はったり、ミスリード、事実の歪曲、誇張なども危険信号です。事実をぞんざいに扱う人物は、あなたのこともぞんざいに扱うでしょう。あるヨガの指導者《グル》はかつて、自分はロサンゼルスの端から端まで車で一〇分で移動できると私に話しました。「霊的な進化を遂げると、時間の標準的な規則は当てはまらなくなる」からだといいます。のちに聞いたところでは、彼は複数の女性に性犯罪で告発されていました。どうやら、彼に当てはまらないのは、時間の規則だけではなかったようです。

　真実を伝えるかどうかは任意だという考え方が定着した裏には、少なからずマーケターの責任があります。映画『エルフ～サンタの国からやってきた～』で、ウィル・フェレルは北極で妖精《エルフ》に育てられた男を演じています。ニューヨークに到着してまもなく、彼は食堂の外に掲げられた掲示に目を留め、中に駆け込んで嬉しそうに声を上げます。「やったね！　おめでとう！　〈世界一のコーヒー〉だなんて。すばらしいよ、みなさん、お会いできて光栄です！」

　彼の無邪気な反応がおかしいのは、このような謳《うた》い文句を気にも留めないことが当たり前になっているからです。世界一のコーヒーなどと大げさに喧伝《けんでん》する掲示には何の意味もないと、誰もが知っています。しかし、よくよく考えてみると、意味がないわけではありません。要するに、このようなことを言う人は、それが真実かどうかなどまるで気にしていないことを意味しているのです。

　ある種のフレーズに、私はいつも耳をそばだてます。「約束します」、「神に誓ってほんとうです」、「一〇〇パーセント真実です」、「正直なところ」、「では、ほんとうのことを言いましょう」。その人はなぜ、自分が誠実であることを約束したり、保証したり、宣言したりする必要があるのでしょうか？　あなたに疑われていると思っているからにきまっています。これは悪い兆候です。半面だけの真実や一方的な約束には警戒すべきです。

危険信号その6——お金にまつわる呪術的思考《じゅじゅつてき》

自己啓発のコーチや精神的指導者の多くは、私たちの人生のあらゆる出来事は本人の考えかたに起因するという思想を抱いています。たとえば、富を肯定的に捉えて、豊かな生活を送っている自分を想像していると、お金が舞い込んでくる可能性が高まるといいます。つまり、富が私たちに引き寄せられてくるのです。プロテスタントのキリスト教信者にとって、これは「繁栄の福音」であり、精神性を探究する人々にとっては「引き寄せの法則」なのです。

裏付けとなる具体的な逸話は、それらの教えから自然に生まれてきます。豊かさを実際に享受している人は、意欲的にみずからのストーリーを共有しようとします。というのも、そのような幸運は彼らが優れていることの証となるからです。彼らは気高く、「目覚め《ウォーク》」、調和し、神に愛されているというわけです。

かつては完全に無一文だった人が、クレジットカードを手放すことで自分の信念を表明したところ、大いなる力によって助けられたといった話はしばしば耳に入ってくるでしょう。その一方で、貧しさや借金から抜け出せない人たちは、失敗が意味するところを自覚しているので、声をあげようとはしません。自分には価値がなく、大いなる存在に愛されていない証拠とみなされるのです。

バーバラ・エーレンライクはこの種の呪術的思考について、著書『ポジティブ病の国、アメリカ』にこう記しています。

「休暇でニューヨークから訪ねてきた妹は、手仕事で型押し装飾の施された革のショルダーバッグをピアノの椅子にドサッと置くと、こう言いました。〈見て、すてきなバッグでしょ？　私が顕在化《マニフェスト》したの〉妹は『ザ・シークレット』〔前述の引き寄せの法則をテーマにした自己啓発的な映画〕のＤＶＤを観て触発され、自分はこの品物にふさわしいと、これはまさに自分が買うためのものなのだと信じ込み、アメックスカードで支払ったというのです。[9]」

大金をつぎ込むように勧められている状況下で引き寄せの法則に巡り合ったときは、しばらく間《ま》をとりましょう。たとえその前提を受け入れるとしても、法則を信じる気持ちのせいで、私腹を肥やそうと目論む人々につけ込まれやすくなっていることに気づけるでしょう。

この章で取り上げる危険信号はどれもそうですが、お金にまつわる呪術的思考そのものも、サメの決定的な証拠というわけではありません。しかしこれは、もっとよく状況を確認して、今起きていることにうさんくさいところがないか確認するよう促す合図なのです。さらに、そこに独占性も一枚噛んでいたら（よくあります）、プラチナチームへの加入を即断するのは控えたほうがいいでしょう。カードを読取装置に通す前に、お金をマニフェストできるかもしれませんよ。

危険信号その7——断固としたノーを無視する

みなさんには粘り強くあれ、気立てのよいブロントサウルスであれと、私はすでにお勧めしましたか？　ええ、たしかに。しかし、ブロントサウルスは訪問の際には礼儀を守り、後日フォローアップに来てもいいかと許可を求めます。そして、帰ってほしい、あるいは、フォローアップをやめてほしいと言われれば、そうします。あなたが誰かの要求をきっぱりと断ったら、相手は手を引くべきです。それでもしつこく粘るのは、相手があなたの気持ちを意に介していない証拠で、これは重大な危険信号です。相手を気遣ってあなたが言葉を濁していたなら、何か誤解があったのだろうと考えても無理はありません。そして、その責任を感じることもあるでしょう。しかし、きっぱり断ったあともつきまとうのであれば、それは重大な危険信号にほかなりません。

危険信号その8——温かさと冷たさを使いわける

相手にもっとも精神的ダメージを与える対応が、優しさと冷酷さの入り混じった態度です。もしあなたの身近にこのような態度を示す人がいたら——親やパートナー、上司など——この希望と恐怖に満ちた毒入りカクテルの味をよくご存じでしょう。**今回私がやるべきことをきちんとできたら、これからはすべてうまくいくかもしれない。**つねに冷酷な相手ならば、少なくとも展開を予想できます。したがって心の準備ができます。ところが、それがわからないとなると、一時たりとも気を抜けず、絶え間ないストレスは人を現状に順応させます。すなわち、あなたはその状態を新たな日常として受け入れることになるのです。虐待を受けている人の多くは、自分の現状を正しく認識できていません。

場合によっては、二人一組で感情に激しく揺さぶりをかけてくることもあります。いわゆる良い警官・悪い警官戦術で、多くの映画のなかで描かれています。この手法はもはや、かつてのような警察の取り調べの定石ではなくなっています。一九四〇年代にはすでに、時代遅れとみなされていました。しかしながら、組織的な詐欺や狡猾に商品を売り込むような場面では、いまだによく使われています。

タイムシェアの売り込みは、高圧的な戦略を使うことで知られており、私も一度経験してみたいと思っていました。海辺で休暇を楽しんでいたときのこと、友人と私は高級リゾートのタイムシェアの紹介を聞けば、無料でスキューバダイビング体験をさせるともちかけられ、話に乗ることにしました。本格的な売り込みに先立って、カルロスという名の気さくな販売員は、私たちとすてきな朝食をとりながら雑談を交わしました。その後のプレゼンテーションに続いて、私たちは豪華なリゾート施設内を案内され、投資の勧誘を受けました。私たちは丁重に断りました。すると、彼は価格を下げました。私たちはふたたび断りました。勧誘は思っていたほど執拗ではありませんでした。さあこれで、ダイビングの準備は万端です。

しかし、むこうにはまだ無料体験を提供するつもりはありませんでした。カルロスの上司であるマネジャーがようすを見にくると、カルロスは彼に私たちが興味を示さないことを報告しました。マネジャーはシマリスを狙うタカのような目で私をにらみつけ、テーブルを挟んだカルロスの席に座りました。彼は私たちを詰問し、欲深い二枚舌だの、このチャンスについて真剣に検討するつもりなど最初からなかっただの、無料のスキューバダイビングをだまし取ろうとしているだのと非難を浴びせました。

もちろん、彼の言い分にも一理ありましたが、私たちは反論しました。これは彼の思惑どおりでした。彼は非難を浴びせて、私たちを弁明せざるをえない立場に追い込もうとしていたのです。**もちろん、リゾートには興味がありました。だって、どこからどう見てもすばらしい施設だし、タイムシェアはそれを手頃な料金で楽しめるうってつけの方法ですから。**弁明するにあたって、私たちはこのタイムシェアの利点を並べたてなくてはならないだけでなく、大きな後ろめたさを感じて、契約書にサインしてしまう可能性さえありました。それでも、私たちは断りました。マネジャーはペンを部屋のむこうへ投げつけ、憤慨して出ていきました。

その間ずっとショックを隠せないようすで立ち尽くしていたカルロスは、平謝りに謝って、ほんの少しだけ待っていてほしいと言い残して、上司のあとを追いかけました。戻ってくると、再度上司の態度について詫び、彼は今日災難続きなのだと釈明しました。カルロスはお詫びの品として、私たちに織地のブランケットとラム酒の瓶を手渡しました。そして、上司が大変申し訳なく思っている証として、これまで誰にも提示したことがないほどの破格の条件を申し出て、もし私たちがこの驚くべき特典を活用してくれたら、自分も最高の一日になると話しました。

ときとして、悪い警官は存在すらしない脅し役のこともあります。あなたの話している相手は、あなたの望むものを提供するのにやぶさかではないのですが、自分だけではどうにもならないというわけです。私は以前、小さな企業の経営者のもとで働いたことがあるのですが、彼の名刺には「副所長」と書かれていました。そこで私は「じゃあ、所長は誰なんですか？」と訊いてみました。すると彼は「いないよ」と答えました。「私はみんなにいい人だと思われたいからね」と。

　その場、もしくはそのすぐ外側に、好ましくない人物がいるときは、目の前の良い人は見かけどおりでない可能性があることを忘れてはいけません。

危険信号その９――嫌な予感

　ギャヴィン・ディー・ベッカーは、身の安全（と対人暴力）に関する世界屈指の専門家です。ベッカーによると、彼がインタビューした数百人に上る対人犯罪の被害者のほぼ全員が、危害を受けずに逃げられたかもしれない、嫌な予感を抱いていたといいます。[10] 彼らの中のワニが、**何かがおかしい**と警告を発していたのに、否認のプロセスが始動して、それを誤りとして退けてしまったのです。私たちは他人を悪く思いたくないために言い訳をでっち上げ、無礼を働くぐらいなら死んだほうがましだと考えます。ときに文字どおりの意味で。

　このような胸騒ぎが命を救うこともありますが、誤りだったり、おぞましい偏見を生んだりするケースも少なくありません。あなたの潜在意識の警報システムは、あなた自身と所属する集団の安全を守るように設計されていますが、一方で過保護なところがあります。嫌な予感はよく外れるので、私たちはそれを無視することを覚えます。真夜中に階段のきしむ音、あれは何？　子どもが水を飲みに行っただけでした。すると、次に家の中の音に気づいて目が覚めても、あなたはきっとまた何でもないだろうと考えて、ふたたび眠りにつくでしょう。

嫌な予感に従った場合と無視した場合のどちらについても、恐ろしい逸話が残されています。嫌な予感を無視したせいで命を落とす結果となることがある一方で、過剰反応が悲劇を生むこともあります。本能的な内なる警告が本物の危険を知らせているのか、偏見を抱かせる原始的な恐怖（**私と違う！　私たちの仲間じゃない！**）なのかを見分けるのは、ときに非常に困難です。

私の講義を聴講していたイギリスのある外交官は、二〇〇五年七月七日のロンドン同時爆破テロ直後の経験を明かしてくれました。このテロでは、地下鉄の車内三カ所と二階建てバス一台に仕掛けられた爆発物によって、五二人の犠牲者と七〇〇人超の負傷者が出ました。暴力が続くことへの不安が漂うなか、ロンドンの人たちは神経を尖らせていました。外交官が地下鉄に乗っていると、イスラム教徒のフチなし帽を被りダッフルバッグを持った、身なりのよい中東ふうの外見の男が車両に乗り込んできました。その見知らぬ男は席に座ってコーランを開くと、祈りはじめました。外交官は血圧が急上昇するのを感じました。**あのダッフルバッグには何が入っているのか？　彼はなぜ祈っているのか？　彼は自爆テロ犯で使命を果たそうとしているのではないか？　運転手に知らせるべきか？　警報装置のハンドルを引くべきか？　もし私の勘違いだったら？　たんなる敬虔《けいけん》な信者だったら？**

外交官は周囲に危険を告げはしませんでしたが、目的の駅に着く前に地下鉄を降りました。戸惑う気持ちと恥じる思いが相半ばしました。それと同時に、この状況に皮肉を感じてもいました。じつは彼自身、身なりのよい中東ふうの外見をした男で、ダッフルバッグの代わりに膨らんだブリーフケースを提げていました。自分もほかの人たちに嫌な予感を与えていたかもしれないのです。

正しい直感をそれ以外のものから区別する、秀逸な万能のアドバイスを私はもち合わせていません。これは深く暗いワニの領域です。本能的な反応や恐怖を意識的にコントロールすることはできません。私たちは誰しも何かしらの先入観をもっていますし、自分の先入観の一部については努力すれば自覚できるようになりますが、それをコントロールするのは不可能です。あなたがコントロールできるのは、そうした直感に対してどう行動するかです。あなたはいつもどおりに自分の生活を送っている人たちと、あなたの生活に介入してこようとする人物を区別して、対応を変えることができるのです。

あなたに働きかけてくる人に対して嫌な予感を抱いたときや、ここに挙げた危険信号のひとつに気づいたときはかならず、ほかの兆候がないか目を光らせてください。でなければ、必要に応じて毅然と断って、その場を離れましょう。そして、悪人からつねに身を守れる人間などいないことを覚えておいてください。そのような連中を跳ねつける高度な訓練を受けた人々でさえ同じです。過大な負担でワニが混乱をきたすと、裁判官の力は及びにくくなります。そのことで自分を責めてはいけません。とはいえ、少し訓練すれば、あなたは周囲の危険信号にもっと敏感になり、あたりをうろつくサメを見逃さない第六感を高められるでしょう。

第8と1／2章　天使と悪魔

マリーはそれまでに出会った誰よりもクールでした。私が一六歳、彼女は二つ年上で、私たちはイタリアへ渡り、一年間親元を離れて地元のホストファミリーと暮らすことになっていました。私はフランス映画が大好きなのですが、マリーにはその主演を務めていそうな雰囲気がありました。彼女は何もしなくても、自然と人目を惹くのです。彼女に見つめられると、丸裸にされたような気分になりました。そしてもちろん、彼女は容姿もすてきでした。豊かな濃色の睫毛《まつげ》にふちどられた明るい猫のような目。無造作に下ろした輝く長い髪。ぽってりとした唇と不揃いの歯並びは、なぜか完璧な組み合わせでした。彼女は痩せてはいませんでしたが、それについて他人がどう思おうとまったく気にしませんでした。そもそも、自分がどう思われるかに興味がなかったのです。

アメリカにいた頃は、私も友人たちも周囲に無関心なふりをしながら、内心では自分の一挙一動に対するあらゆる人のあらゆる反応にとても敏感になっていました。私はマリーに出会うまで、この強迫的なセルフ・モニタリングを自覚してもいませんでした。彼女は驚くほどに自然体でした。私もマリーのようになりたいと願いましたが、ほかの誰かのようになろうとして、ほんとうの自分に近づけるわけがないとわかってもいました。私は一時期タバコを吸っていましたが、それはマリーが視線を合わせたまま相手にかからないよう顔を傾けて煙を吐き出す姿が、あまりにも格好よかったからです。

一一月に入り、アメリカの感謝祭が近づいてきた頃、交換留学生のグループでアンコーナに集まり、アメリカ人の友人の家で祝日を祝いました。彼女のホストファミリーは外出していたので、彼女と私で生まれて初めてターキーを調理しました。一本の巨大なレッグだけでしたが、調理に何時間もかかり、味も最悪でした。それでも、オランダ人の友人がワインを数本持ってきていたので、飲むものには不自由しませんでした。酔っぱらった私たちは、お互いのセーターの袖に手を通し合ってパントマイムを演じたり、子どものように大笑いしたりしました。まあ、実際に子どもでしたが。

その日の午後遅く、マリーと私は友人たちに「チャオ」と別れを告げて、ほろ酔い気分で震えながら、バス停までの道を一キロメートル以上歩きました。予定時刻をとっくに過ぎていましたが、待てども待てどもバスは来ません。私たちは温かいものを思い浮かべながら、マリーのタバコをふかしていました。これからどうするか相談していたちょうどそのとき、濃い色のメルセデスがすっと停まりました。フィルムを張った助手席の窓が下りると、ハンサムな男の顔が現れました。

「寒そうだね」と男は笑いかけました。「どこまで行くんだい？」

男の言葉には強い訛りがありました。イタリア人ではありません。ウェーブのかかった黒髪、浅黒い肌、真っ白の歯。

「鉄道の駅まで行くバスを待ってるんです」

そのハンサムな男は連れに何か言うと、こちらに向き直って笑顔を見せました。「ちょうど通り道だ」男は車から出てくると、後部座席のドアを開けて紳士的に一礼しました。「どうぞ」

マリーと私は顔を見合わせ――肩をすくめました。男たちは私たちを口説くつもりでしょうが、マリーはこれまでもちらりと視線を送るだけで受け流してきました。駅まではたった一〇分の道のりですし、バスは来ないかもしれません。おまけにとんでもない寒さです。私たちは車に乗り込みました。

運転手は私たちに挨拶しましたが、イタリア語がわからないようでした。サングラスをかけ、運転に集中しています。ハンサムな男は私たちに話しかけ、どこから来たのか、イタリアに来てどれぐらいなのかなどと訊きました。出身地を尋ねると、男は答えずに当ててみるように言いました。私たちの回答に男は大笑いしました。そして、私たちのことをきれいだと褒めたあとで、冗談めかしてこう言ったのです。「でも、頭はそれほどよくないみたいだな？　いやいや、きみたちはとても賢いよ」

何かがおかしいと先に気づいたのはマリーでした。「私たちが行きたいのは駅よ」駅は町の中心部にありましたが、車は海沿いの道路を走っていました。

「これが駅に向かう道だよ」気さくなハンサム男がなだめにかかります。

「うそよ」マリーが言い返します。「ちがうでしょ。家に帰るのに電車を逃すわけにはいかないの」

男は子犬のような声を漏らしました。「わかったよ、ごめん。じつは、景色のいい道を通るように連れに頼んだんだ。でも、駅には送っていくから。俺たちは休暇で遊びに来たんだけど、イタリア人はすごく感じが悪くてね。でもきみたちは、すごくイカしてる。よそから来た者どうし、話をするのも悪くないだろう？　ほんの少しだけ？　何もしやしないさ」

私は不安になってきました。ホストファミリーが待っているとマリーが説明しているとき、私はマリー側のドアのハンドルがついていないことに気づきました。私のほうも同じでした。そこで、操作ボタンを押し、窓を開けて助けを求めようとしましたが、窓はロックされていました。私はマリーの脚に触れて、彼女に目で合図しました。マリーは私の視線をたどり、ドアに目を遣りました。

「ハンドルはいったいどこに行っちゃったわけ？」

誘拐犯が言い訳をしはじめます。この車は販売店に入荷したばかりで、メカニックがまだ――。

マリーはそこでさえぎると、こう言い放ちました。「今すぐ車を停めて、降ろすのよ」

男は誤解させて申し訳ないと謝り、怖がらないでほしいと言いました。しかし私は、男たちが何をするつもりなのか、もし怒らせてしまったらもっとひどいことになるのではないかと、怖くてたまらなくなりました。

ところがマリーは、猛烈な勢いで怒りだしました。彼女は前の座席を力任せにたたき、声を張り上げて叫びました。「車ヲ停メロ！　車ヲ停メロ！　車ヲ停メロッテンダ、コノ変態ヤロウ！」

誘拐犯は色男を演じるのをやめました。「やめろ、落ち着け、このクソ女！」

マリーが叫びながら座席を蹴り続けていると、運転手は母国語で文句をいいながら、海辺の道からそれました。マリーは激怒し、私は怯えていました。運転手が車を停めると、もはやハンサムではない男が車から出て、私たちのドアを開けました。「お前、マジでイカレてるな、ったく」

私たちは車を降り、私は金魚があえぐように冷たい空気を吸い込みました。

動物のトレーニングでは、「口があるものはすべて噛みつく」とよく言われます。小さくてかわいい生物だから、歯向かうはずがないと考えるのは早計です。私も見知らぬ人、ましてや大人の男を怒鳴りつけることができる人がいるとは、思いもしませんでした。恐怖にかられていても、礼儀正しく接しないなんてことは、私には考えられませんでした。けれども、マリーはラーテル〔別名ミツアナグマ。かわいらしい外見に反して、怖いもの知らずで獰猛〕であり、ドラゴンであり、悪魔でした。彼女は私に、私も口をもった動物なのだと教えてくれたのです。

リプリーが一〇歳のときのことです。私たちはホテルの屋外レストランで朝食をとっていました。周囲には誰もいませんでした。そこへ、ひとりの男性がトレーを持って近寄ってきて挨拶をし、天候のことを話しはじめました。私はほんとうにいいお天気ですねと相槌を打ちました。彼は話を続けようとしていましたが、私はそっけなく返事をして、「あっちへ行け」を意味する万国共通の丁重なシグナルに気づいてほしいと願っていました。

「ご一緒していいですか？」

「いいえ、申し訳ないけど、二人だけで食べたいの」

男は座りかけました。「ご心配なく。何もしませんよ。ただ、女の子と話すのが好きなだけで」

私は立ち上がり、手でやめるよう制して、怒鳴りつけました。「私たちの席に座らないで。お断りしたでしょう、ここにいられたら迷惑よ。むこうへ行って」

男は私に向かってムカつく女だと吐き捨てて、立ち去りました。リプリーは驚き、そして感心していました。娘も今では、自分も怒鳴りつけることができ、危険な目に遭う前に、いけ好かないやつには失せろと言えばいいのだと承知しています。

善良な人間だからといって、自分の身を守れないわけではありません。そして、保護者だからといって、天使のようにふるまってばかりはいられないのです。

第9章　より大きくより良い夢を抱く

影響力の大きい人間になるための道を前へ前へ進んでいくと、あなたはある時点で、これまでにないほど大きな夢を描く準備が整ったことに気づくかもしれません。周囲の世界を見回して、あなたはこう自問します。**どうしたらこの世界はより良くなるだろうか？**　すると、アイデアがやって来ます。そのアイデアは、あなたの注意を引くために鍋釜を打ち鳴らしたり、一度しかないあなたの刺激的で貴重な人生を何に費やすべきかについて合図を送ったりはしないかもしれません。ホタルのように静かにたたずんでいる可能性もあります。でも、あなたはその魔法を感じとり、こう思うでしょう。**誰が？　私が？**

より大きくてより良いあなたのアイデアは、創造性に富むものかもしれません——あなたにしか書けない本、来るべきユニコーン企業、世界を変える映画など。あなたの大きな夢は、基金やプラットフォームの創設、あるいは社会的な活動かもしれません。ひょっとすると、リスクを承知で、みずから築いた安定した暮らしから踏み出し、生きていると実感できる何かを探し求めることかもしれません。あるいは、あなたにふさわしい重要な問題――社会正義の実現、気候危機の解決、清潔な水、医薬品、教育へのアクセスをすべての人に保証すること――への取り組みかもしれません。はたまた、星や未踏の深海を目指すという夢かもしれません。

このような夢を追い求めはじめると、あなたは自分の中にも外にも好敵手を見出すでしょう。立ち向かうには、手の内の人を動かす技を総動員する必要があります。めちゃくちゃになることもあれば、見事な成果を生むこともあります。影響力の研究は科学ですが、その実践は芸術なのです。

もう一度チュニジアに歴史をつくらせよう

二〇一〇年末、北アフリカ沿岸に位置するチュニジアは、二三年にも及ぶジン・アビディン・ベンアリの独裁支配に苦しんでいました。同国の若者は失業率が三〇パーセントに達し、借金を抱え、貧しさから結婚もできず、家族を養う重荷を背負わされていました。無許可でリンゴを売っていたモハメド・ブアジジも、そうした若者のひとりでした。当局に秤などの商売道具を押収されたブアジジは必死に抗議し、知事との面会を求めましたが、門前払いされました。知事室の外の路上で固唾《かたず》をのんで見守る人々の前で、ブアジジは全身にガソリンをかぶり、火を放って絶叫しました。「どうやって生計をたてろというんだ！」

この炎が「アラブの春」に火を点けたのです。

ブアジジの葬儀には五〇〇〇人が駆けつけました。そこから抗議の声が高まり、反政府デモが各地へ拡大しました。五〇〇〇人が一万人になり、群衆が路上を占拠して、街の広場という広場へなだれ込み、ベンアリ大統領の辞職を要求しました。ベンアリは一月一四日に国外に逃亡し、その後アラブ世界で初めての真の民主的な選挙で、後継の大統領が選出されました。チュニジアの抗議活動に触発されて中東各地で抗議や暴動が起き、エジプト、リビア、イエメンでも独裁者が国民に追い落とされました。人々は団結して声を上げ、変化を求めました。世界は息をつめてそのようすを見守っていました。

ニュース報道をはりつくように追っていた者のなかに、ベラーベス・ベンクレーダというドイツとアルジェリアの二重国籍をもつ戦略家がいました。父親はアルジェリア戦争で民族解放を求めて戦った闘士でしたが、ベラーベス自身はドイツで生まれ育っていました。ドイツで反体制派といえば、髪の毛を長く伸ばして、グランジロックのバンドで歌うぐらいのもので、彼もまさにそうでした。ベラーベスはイギリスで国際関係を学び、気楽で実入りのいい仕事をドバイで見つけ、政府のメディア担当スポークスマンとして働きました。アラブの春まで、彼は仕事では知的な課題解決を楽しみ、プライベートでは快適な異国生活を満喫していました。しかし、民主主義が誕生しようとしているのを目の当たりにして、彼はあるささやきを耳にします。「お前は何をやっているんだ?」アラブ世界の民主主義は未熟で危うく、少しでも多くの支援を必要としていました。

ベラーベスは仕事を辞め、ムナタラ・イニシアティブという非営利団体を創設しました。その目的は、ディベートを通じて市民の関与を喚起することにありました。「ムナタラ」はディベートを意味するアラビア語です。自分の貯蓄をつぎ込み、できるかぎりの篤志を募った結果、わずか三〇日で最初のディベート番組の放映にこぎつけました。設立から二、三年のうちに、組織はアラブ地域全体に拡大しました。彼らは女性や若者、社会から取り残されたマイノリティを対象に、ディベートの研修会を開催しました。また、オンラインのディベートコンテストを勝ち抜いた参加者と著名な知識人が議論を戦わせるテレビ番組は、何百万もの視聴者を獲得しました。

活動は山あり谷ありでした。ベラーベスは民主主義への貢献を認められて、元アメリカ国務長官のマデレーン・オルブライトから賞を贈呈されましたが、ムナタラは自由な発言の推進に後ろ向きなアラブ首長国連邦の政府によって閉鎖を余儀なくされました。この閉鎖措置を受けて、ベラーベスは組織と自分の仕事の活動拠点をチュニジアへ移しました。

私がベラーベスに出会ったのは、彼がイェール大学のもっとも精選されたリーダー育成プログラムであるワールド・フェローの参加者として招かれたときです。彼は私の講座を聴講し、後方の席にブレザーにポケットチーフというでたちで座り、大きな影響力をもつ人物がよくするように、熱心に話に耳を傾けていました。授業以外のところでも話すようになると、彼には先見の明があり、私たちは気が合うことがわかりました。ポケットチーフを挿したキザな外見に反して、彼はどんな訛りでも物まねできるおどけた人物でした。そしてまた、すてきな父親でもありました。二人とも離婚していたので、私たちは同じ年の互いの娘を、ハロウィーンのトリック・オア・トリートに一緒に連れていったりもしました。仕事終わりには、卓球もしました。私たちはおおいに話し、おおいに耳を傾けて、恋に落ちました。ベラーベスに関して私がとくにすばらしいと思うのは、大きな夢を抱いていることです。次にご紹介するのは、私が目撃することになったある夢の物語です。

二〇一九年になっても、アラブ世界で真の民主主義が実現しているのはチュニジアだけで、同国は二度目の選挙を控えていました。これはチュニジアにとっても、その他のアラブの国々にとっても、自由で公正な選挙プロセスの基準を構築する前例のないチャンスでした。ディベートは大きな意味をもつはずです。私自身はワシントンＤＣの郊外で育ち、民主主義や大統領選の候補者による討論会を当然のことと考えてきました。誰もがあたりまえのように投票し、誰もがあたりまえのように討論会を観る——まあ、アメリカでは二つの政党からしか選べませんが。一方、革命後のチュニジアでは、七〇もの政党が結成されました。しかも、党員でなくても大統領に立候補できるのです。討論会なしでは、候補者を比較することはおろか、候補者が誰なのかを知ることすら難しいのではないでしょうか？　もっとも楽な道を進むワニは、なじみのある顔に投票するでしょう。討論会が行なわれなければ、チュニジアの選挙は知名度によって決することになります。

そこでベラーベスは考えました。**大統領候補者によるテレビ討論会を実施するには何が必要だろうか？**　彼にはそのような企画をした経験がありませんでした。公平を期するために言えば、アラブ世界には誰ひとりいないのですが。この壮大なアイデアが浮かんだとき、彼には厳しいささやきも聞こえていました。**自分を何様だと思っているんだ？**　しばらくのあいだ、ベラーベスは身のすくむ思いがして、反応できませんでした。しかし勇気をふり絞って、いつものように自問しました。**どうすればより良いものにできるだろう？**　政治的なエコーチェンバー現象〔SNS上で似たような意見の人々とばかり交流することで、特定の偏った意見や思想が増長されてしまう現象〕はアメリカでも問題となっていますが、チュニジアでは比べようもないほど深刻でした。同国では一三のテレビ局がニュース番組を放送しており、家族五人がそれぞれ異なる五つのチャンネルを観ていて、異なる見解と異なる事実を見聞きしている可能性があります。政治情勢に関する共通認識、もっと言えば、アメリカのような単純な対立構図すら存在しません。ベラーベスは思案しました。**すべての局で討論会を同時中継してもらうには、何が必要だろうか？**　前代未聞のことでしたが、挑んでみる価値は十分あります。

ベラーベスのこの大きな夢が実現する可能性は、ほぼゼロでした。実現のためには、大規模プロジェクトはもちろん、共同制作などいっさいしたことのない人々や組織に働きかけ、自分たちのエゴはいったん脇に置いて連携してもらわなくてはなりません。また、政党や政府やメディアに、討論会の重要性を訴える必要もあります。そして何よりもまず資金がなくては、このプロジェクトは始動することもできませんでした。

ムナタラは以前、ドイツ外務省の支援を受けていましたが、何年も前のことで、当時の担当者はすでに異動していました。**まずは頼んでみろ、頼むんだ、頼め。**ベラーベスは電話を手に取って番号を押すと、受付のオペレーターに中東・北アフリカ地域の文化事業を監督する部署につないでほしいと伝えました。担当部署につながると、ベラーベスはこの歴史的な好機について手短に説明しました。しかし、相手を尻込みさせてしまわないように、説明は小さな一歩から始めることにし、まずは比較的小さな企画、議会審議のテレビ中継のプロジェクトを売り込みました。彼は支援を得るために何が必要なのか尋ねました。すると驚いたことに、提案書を送るように勧められたのです。ベラーベスは、夢のプロジェクトの概要をまとめた二〇ページの資料を大急ぎで作成しました。

資金提供者、政治家、政府高官、放送局の参加をとりつけるためのどんなに小さなチャンスも逃さないために、ベラーベスには強力なフレームが必要でした。そこで彼が思いついたスローガンが「もう一度チュニジアに歴史をつくらせよう」でした。これはモニュメンタルなチャンスです。アラブ世界で史上初めて、大統領選の討論会をシリーズで放送し、歴史をつくるのです。とはいえ、手に負えない挑戦ではありません。なぜなら、チュニジアはすでに一度、アラブの春誕生の地として歴史をつくっているからです。民主化革命を成功させられたなら、もちろん討論会だって成功に導けるでしょう。そして、「チュニジアに……つくらせよう」は、かすかな謎とサスペンスの趣を添えています。はたして彼らにできるのか、と。

ベラーベスの助成金申請は何回もの修正を重ねて、ようやくドイツ外務省からプロジェクトへの資金提供が認められました。この青信号をきっかけに、大きな影響力をもつ人々の参加も加速しました。テレビジャーナリストで、中東放送ネットワーク〔アメリカ政府管轄の中東・北アフリカ向け国際放送局〕のプロデューサーでもあるファドワ・ジディは、この企画に強く触発されて、休暇を利用してドバイから空路で駆けつけ、長時間を費やして番組制作プランの策定におおいに力を貸してくれました。二週間の滞在期間の最後に、彼女とベラーベスは、ジョン・スカリーとスティーブ・ジョブズと同じ決定的瞬間を迎えました。このままドバイに帰ってしまったら、どんな機会を逃してしまうのだろうか、とファドワは考えたのです。ベラーベスはまだ彼女に報酬を払うことはできませんでしたが、彼女は夢の実現を信じてそのまま残り、最終的にムナタラと同組織が主催するすべての討論プログラムの最高執行責任者（COO）と制作統括責任者《エグゼクティブ・ディレクター》を務めることになりました。討論会が実現したら、彼女ならきっとすばらしい番組をつくってくれるでしょう。

ベラーベスはチュニジアの選挙管理委員会や国営放送局、さらには民放テレビ局連合のトップにも、「もう一度チュニジアに歴史をつくらせよう」の売り込みをかけました。また、大統領選の候補者による討論会を各局で同時中継するという大きなアイデアを、スイス外務省とジョージ・ソロス率いるオープン・ソサエティ財団にももち込みました。そのかたわら、アメリカ、チリ、ジャマイカで選挙候補者による討論会を取りしきった経験のあるオーガナイザーたちからアドバイスも受けました。また、ある著名な政治風刺作家の支援も獲得しました。作家はベラーベスに助言を与えるとともに、抵抗勢力を揶揄し続け、ついには敵方もこちらに与《くみ》することになりました。あらゆる予想を覆して、次第に連携がまとまりつつありました。

仲間たちの士気が高まり、ベラーベスがより多くのエネルギーと情熱をプロジェクトに傾けるようになるにつれて、彼が得るものは大きくなり、また一方で、失うものも大きくなっていきました。大胆にも壮大な夢を追いかけているときには、心は広く開いたままになるものです。ベラーベスの夢に実現の兆しが見えてくるにつれて、私の不安は次第に膨らんでいきました。毎日がジェットコースターのようでした。病の床にあった大統領が死去し、選挙の先行きが不透明になり、結局、二カ月前倒しすることが決まりました。これによりスケジュールはきわめて厳しくなり、ベラーベスはすべての合意が最終的に確定する前に、プレスリリースを出さざるをえなくなりました。この戦略はやがて、悪手でもあり好手でもあったことが判明します。

二回の討論会という無謀な構想が、大統領選と議会選の候補者による七回の討論会と春に放映する追跡番組からなるシリーズへと、夢の風船が膨らむにつれて、費用も三〇万ドルから一四〇万ドルへと跳ね上がりました。ベラーベスはこの費用を賄う資金提供の約束をどうにか取りつけましたが、現金はまだいっさい入ってきていないにもかかわらず、業者を雇い入れたり、宣伝費を支払ったりする必要がありました。当面の支払いに充てるために、ベラーベスはクレジットカードを限度額いっぱいまで使用し、私たちは退職基金を解約しました。ところが、さまざまな放送局の足並みがようやく揃ったと思われた矢先に、そのうちの一社が離反して、討論会のアイデアを盗んで抜け駆けをしようとしたのです。それに気づいたベラーベスはただちに記者会見をセットして、「公式」討論会の計画を世界に向けて発表しました。抜け駆けを試みたライバル局は結局、ふたたびこちらの陣営に戻ることを決めました。

討論会の計画が加速しはじめた頃、大統領選の様相も見えてきました。二六人が立候補に名乗りをあげ、そこには二名の女性、現職の首相、国防相、元大統領が含まれていました。ベラーベスのチームは候補者全員を説得して、第一弾の討論会への参加と、第一回投票で上位二名に入った場合は最終討論会への参加の約束を取りつける必要がありました。候補者のメリットは明らかです。知名度が上がり、政策を周知する機会が得られるのです。その一方で、潜在的なデメリットも明らかでした。すでによく知られた候補者にとってはうま味が少なく、討論が苦手な場合、支持を失うおそれがあります。そこでベラーベスは、面目を保つためのプランB――空席の演壇ルールを考案しました。**あなたの名前が書かれた空席の演壇を私たちは見たくありません。そのような事態にならないことを願っています。ふるってご参加ください。**

この戦術は成功し、二六人の候補者のうち二四人が参加に同意しました。つまり、どうしても参加できない二人を除いて全員です。参加できない候補者のひとりは、逮捕を免れるために国外に逃亡していました。そしてもうひとりは、最有力候補でしたが、資金洗浄と脱税の容疑で勾留されていました。ナビル・カルウィというメディア界の大物で、大きな買い物袋をいくつも提げて鳴り物入りで貧しい家庭を訪ね、その寛大なふるまいを自分の所有するテレビ局で放映するので、ナビル・マカローニと揶揄されていました。

チュニジアがほんとうにもう一度歴史をつくろうとしているのなら、世界もそれを知る必要があります。そこでベラーベスは外国の報道機関に目を向けました。プレスリリースがインタビューにつながり、それがさらなるインタビューと彼のモニュメンタルなフレームを引用したトップ記事の掲載へとつながりました。ベラーベスは毎日のようにテレビに登場して、自身のフレームを広めました。しかし、討論会そのものはアラビア語とそのチュニジア方言でしか放送されないので、どちらの言語も話さない人は、翌日に公式の翻訳が掲載されるのを待つしかありません。

しかし、ニュースにとっての真実の瞬間はつねに、事が起きている今このときです。そこで、ベラーベスとファドワは、国内屈指のフランス語と英語の通訳を雇い入れ、討論会をリアルタイムで一緒に見守り、翻訳されたディベートに耳を傾けるよう、外交官や外国人記者らを招待しました。討論会は誰でもアクセスできるかたちで、ウェブ上でライブ配信することになり、討論会が行なわれている真実の瞬間に速報を伝える準備も整いました。

二〇一九年九月七日に大統領候補者による初めての討論会が放送されたとき、自宅やカフェ、水煙草《シーシャ》バー、美容室のテレビはみんな、このイベントにチャンネルを合わせていました。チュニスの中心街で通りにまであふれ出した視聴者は、照明でキラキラと輝く青と赤のステージ上に置かれた八台の透明な演壇に並んで立つ候補者を見つめていました。イギリス大使のルイーズ・ド・スーザとフランス大使のオリヴィエ・ポワヴル＝ダルヴォールは、ＣＮＮ、ＢＢＣ、ＡＦＰ通信の記者をはじめとする数百人とともに、ベラーベスの用意した会場で放送を見守りました。世界中のニュースチャンネルがこの歴史的イベントを報道しました。そして、三〇〇万人のチュニジア人――有権者の半数以上――に加え、アラブ世界の何百万もの人々が各候補者の訴える主張に耳を傾けました。

なかでもとくに視聴者の注目を集めた候補がひとりいました。禿頭《とくとう》の憲法学教授カイス・サイードです。サイードは無所属の候補者で、自宅マンションから選挙運動を展開していました。その厳格そうな立ち居ふるまいに加え、チュニジア方言ではなく、堅苦しい改まった口調で標準的なアラビア語を話すことから、「ロボコップ」とあだ名されました。第一回投票が行なわれると、サイードが一八パーセントの票を獲得し、カルウィは一六パーセントにとどまりました。決選投票では、この二人が対峙することになりました。

この時点で、望むべくもないと思われた夢は結実しつつあるどころか、うまく、いきすぎているぐらいでした。いまだ勾留の続いていたナビル・カルウィは、第一弾の討論会への参加を阻まれたせいで第一回投票をトップ通過できなかったとして、投票結果に異議を申し立てる構えをみせていました。たしかに、それは否めません。そこでカイス・サイードは、カルウィが勾留されているあいだは、選挙運動を取りやめることに同意しました。討論会はおろか、選挙自体も予断を許さない状況のなか、ベラーベスはカルウィの釈放を支持する論説を公表し、ファドワは拘置所から討論会を中継する緊急対応策を練りました。

カルウィは結局、一〇月九日に釈放されました。直接対決となる最終討論会は、決選投票をわずか二日後に控えた、選挙運動期間の最終夜である一〇月一一日に開催されることに決まりました。つまり、この二時間の討論会は、この国の次期大統領を決めるうえできわめて重大な役割を担うことになるのです。

カルウィとサイードの論戦を観るのは、わけないことでした。なにしろ、ほかに観られる番組などなかったのですから。すべてのテレビ局とラジオ局が二人の討論会を放送したのです。これはチュニジア史上、もっとも多くの人々に視聴されたテレビ中継となりました。全人口一一〇〇万人のうち、六五〇万人がテレビで視聴し、それ以外にもラジオを聞いたり、オンラインのライブ中継を見守ったりした人々もいました。また、グローバルな放送事業を展開しているアラブ諸国向けの放送局や通信社を通して、エジプト、モロッコ、リビア、イラク、アルジェリアでも何百万もの視聴者が中継を観ました。広く世界に目を転じると、アメリカ史においても、これほど多くの割合の国民が視聴したテレビ番組はひとつもありません——ニール・アームストロングが月に降り立ったときは、惜しいところまでいっていましたが。

討論が始まった瞬間から、サイードのほうが準備が整い、説得力に富んでいることは明らかでした。相変わらずの堅物でしたが、その堅苦しさが彼に威厳を与えていました。カルウィの受け答えは要領を得ず、その場しのぎに終始しました。彼はときおり言葉に詰まり、その政策綱領は曖昧でした。討論会でこのようなお粗末な姿を見せては、大統領選での当選が危うくなることを見て取ったカルウィの妻サルワ・スマウィは、ファドワと制作チームが生中継を取りしきっていた部屋に駆け込みました。スマウィと彼女の弁護士は、番組をただちに打ち切るよう要求しました。制作チームが拒否すると、スマウィは夫にメモを差し入れてもいいかと訊きましたが、この要望も却下されました。番組は続き、カルウィのパフォーマンスは改善しませんでした。

二日後の一〇月一三日、チュニジア国民は得票率七三パーセントという圧倒的大差で、カイス・サイードを選出しました。ナビル・カルウィは敗北を認め、祝福の声明を出しました。チュニジアは歴史をつくったのです――またしても。これで同国の問題がすべて魔法のように解決するわけではありませんが、今回の討論会に触発されて、アルジェリアではその後まもなく、初めてのテレビ討論会が開催され、そのほかのアラブ諸国でも有権者たちが自問しはじめました――**なぜ私たちではないのか？　なぜここではないのか？**

ベラーベス・ベンクレーダは不可能と思われた夢を実現するために、私たちが本書で取り上げてきたアイデアや戦術の多くを活用しました。彼は拒絶を受けとめ、反発に対処し、交渉で合意を取りつけ、悪党やサメを見極めてうまくあしらい、価値を創出し、容易にし、真実の瞬間を活かし、カリスマ性を発揮し、強力なフレームを提供しました。けれども、彼はその間ずっと、人を動かすためのツールを使用していることをほとんど意識していませんでした。実践を通して、体に染みついていたからです。主導していたのは裁判官ではなく、ワニだったわけです。一方、数々の重大局面では、そうしたツールを何ひとつ使っていませんでした。ベラーベスはただ大きな夢を描き、思い切った依頼をし、気立てのよいブロントサウルスであり続けただけでした。ときおり、頼む必要のないことさえありました。ベラーベスは人々がイエスと言いたくなるアイデアをもった人物になっていたからです。周囲の人たちは彼に支援の手を差し伸べて、「何かできることはないか？」と訊きます。彼の大きな夢の成功は、大変な努力と多くの協力者と大きな幸運があってこそでした。大きな夢の実現とは、いつだってそういうものです。

成功は彼に、**自分はそれに値する人間だろうか？**という問いに再度向き合うことも余儀なくさせました。夢がより大きくなり、より大きな成功を収めるようになるにつれて、あなたの内なる障害が行く手を阻む傾向があります。成功はあなたを混乱させます。もう二度とすばらしいアイデアを思いつけないのではないか、この成功はただのまぐれ当たりなのではないかと不安になります。これもまた、成功へ続く旅路の一部なのです。私自身、これまでになく大きなことに挑戦するたびにそうした疑問が湧きますし、私の知り合いのなかでもとくに優秀で成功している人のなかにも、同じ疑念と闘っている人はいます。小説家ニール・ゲイマンの記した偉大なものへの畏れについての逸話を読むと、私はホッと心が落ち着きます。これはきっと、あなたにも役立つのではないでしょうか。

数年前、私は幸運にもすばらしい人たちの集まりに招かれました。そこには芸術家や科学者、作家、さまざまな事物の発見者が集っていました。そのなかで私は、私にはここにいる資格がないと、真の偉業を成し遂げた人々のあいだにいるべき人物ではないと、今にも彼らに悟られるのではないかと不安に駆られていました。

二日目か三日目の晩、私は音楽会が催されているホールの後方に立っていましたが、そこで非常に感じがよく、折り目正しい年配の男性と言葉を交わし、同じ名前であることなど、いくつかの話題について話をしました。そのとき彼はホールを埋める人たちを指さして、次のような主旨の言葉を述べました。「あそこにいる大勢の人たちを見ていると思うのです、いったい何だって私はここにいるんだ、と。彼らは目覚ましい偉業を成し遂げている。それにひきかえ、私は送り込まれたところに行っただけだ」これを聞いた私は言いました。「そうですか。それでもあなたは月に降り立った最初の人間です。それだけで十分価値があると思いますが」

この会話のおかげで、私は少し気分が軽くなりました。というのは、ニール・アームストロングが自分を詐欺師のように感じているのだとしたら、きっと誰だってそうだからです。きっと立派な大人なんてものは存在せず、懸命に努力し、運にも恵まれて、わずかに実力を上回ることをなしえた人間にすぎないのです。私たちはみんな、自分の仕事に最善を尽くしているだけで、それが私たちに望みうるすべてなのです。

あなたが現実の世界で、リスクを負って試行錯誤しながら影響力を行使しても、成功する保証はありません。あなたもすでにそれはご承知でしょう。なにしろ、あなたの力の及ばない要素が多すぎるのです。それでも、ニール・ゲイマンやニール・アームストロング、ベラーベス、デイヴィス、ダレン、イーサン、グロリア、ジェニファー、ジア、メイナスとトム、マリー、ナタリー、プリンス、シャキール、スタニスラフ、スカリ、あるいは、あなたの尊敬する誰かのようになろうと、みずからの意思で選択することはできます。全力を尽くしてそれに挑めばいいのです。そうして、あなたの愛を輝かせましょう。

第9と3／4章 あなた、私、私たち

私たちのたどる道が交わり、絡み合い、分岐し、ふたたびまみえるあいだに、私たちはより大きな全体を、より複雑に広がって活力に満ちた影響力のネットワーク網をつくり出しています。あなたはすでに、この集団の力の一部なのです。「影響力（influence）」という単語は、ラテン語で「流れ込む」を意味する *influere* に由来します。川のように。気流のように。あなたの影響力は、ほかの人たちから流れ込み、ほかの人たちへと流れ出て、そこからさらに別の人たちに流れ、それが繰り返されていきます。あなたは自分を励ましたり、すばらしいアイデアを思いつくヒントをくれたりする人に気づくこともありますし、そうでないこともあります。また、自分のもたらす波及効果を自覚しているときもあれば、していないときもあります。あちこちにある小さなナッジ、勇気と熱意を兼ね備えた人物による身を挺した尽力、それほど熱意のない人物の親切な行為、偶然や運命のいたずら――それらすべてが私たちを結びつけているのです。

このネットワークの存在に気づくということは、ゲームブック〔随所に選択肢が設けられ、読者の選択によって物語の展開や結末が変わる読み物〕に取り掛かるようなものです。あなたはヒーローに名乗りをあげることも、相棒としてサポート役を務めることも、協力者として地歩を固めることも、傍観者を決め込むこともできます。もちろん、とちゅうで考えを変えてもかまいません。すばらしいアイデアであっても、すべてがあなたに適しているとは限らないのですから。しかし、ひとたび前に進むと決めたら、あなたはそのアイデアをより大きく、より良いものにしていきましょう。

数ある歴史的転換点のなかで、たったひとりのヒーローの功績と言えるものはほとんどありません。マント姿で空から降り立ったり、クモの糸にぶら下がったりして、ひとりで世界を救った者などいないのです。その代わり、「これが私たちのなすべきことです」と、広くメッセージを伝えた大勢の天使たち、もしくは、ただみずから歩み出てやるべきことをやった人たちが、そこには存在していました。一九四三年のこと、デンマークの人々は力を合わせて、国内のユダヤ人の九九パーセントをホロコーストから救いました。彼らは真夜中にユダヤ人の隣人たちを小さな漁船に乗せて、安全なスウェーデンへと送り出したのです。二〇〇五年には、釣り用の小型ボートの所有者によるボランティア「ケイジャン・ネイビー」が一致協力して、アメリカ史上最悪のハリケーンのひとつに数えられるカトリーナの被害に遭った一万人もの隣人を救出しました。レベッカ・ソルニットが『暗闇のなかの希望　増補改訂版——語られない歴史、手つかずの可能性』に書いているように、「屋根裏や屋根の上、浸水した公営住宅、病院、校舎などに取り残された人々——シングルマザー、幼児、老人もいた——を何百人ものボート所有者が救出した……

彼らは誰ひとりとして、『自分には全員を助けることなどできない』とは言わなかった。誰もが口を揃えて、**自分は誰かを助けることができる、それはこの命を懸けて、当局に逆らってでもやるべき重要で意味のある仕事なのだ**と語り、そして実行したのだ」[1]。

あなたはすべての闘いに参戦する必要はありません。ただし、あなたがこれと決めたときに、本書で学んだツールやアイデアが仲間を集める役に立てば嬉しいです。協力者を得られれば、成功の見込みが高まり、その過程もより楽しくなります。文化人類学者のマーガレット・ミードは影響力について、有名な言葉を残しています。「思慮深く強い志をもったほんのひと握りの市民たちが世界を変えうることを、けっして疑ってはなりません。じつのところ、彼らこそがこれまで世界を変えてきた、ただひとつの力なのです[2]」

力を合わせて、大きな夢を抱けば、私たちは魔法を現実にできるのです。私たちは気候変動の進行を巻き戻すことができます。一部の人たちを何世代にもわたって貧しく、不健康で屈辱的な状況に押し込めてきたカースト制度を廃絶することができます。きわめて悪質な病気の治療について、共同で技術的な解決策を見出すことができます。また、ともに暗闇に向き合い、恐怖を克服することができるのです。

あなたは全世界を変えたり、救ったりする必要はありません。けれども、私たちは誰でも、誰かのために変化を生み出すことができます。コミュニティを支援する。指導者らに働きかけて、あなたの職場や学校、地域の人々の暮らしを向上させる政策の法案を通過させる。あなたの属する教会、モスク、礼拝堂の会衆を組織して、困っている人たちを保護し、支援する。家族どうしの争いごとを仲裁する。ロールモデルとなる。相談相手に、先生になる、などなど。

　あなたがもし、この本を役に立つと思ったなら、ここで学んだことをほかの人と共有していただけたらと思います。ツールを教え、逸話を語り、アイデアを議論してください。それから、お時間のあるときに、あなたがどんなふうに影響力を実践したかを知らせていただけたら幸いです。私にとって、みなさんの愛の物語を耳にできるほど嬉しいことはありません。メイナスとトムは物々交換でペーパークリップを自動車に換え、スタニスラフ・ペトロフは「ニェット」と言い、ベラーベスは売り込みの電話をかけ、ジャッキーはオリンピックの五輪マーク形のドーナツを作り、ジェニファー・ローレンスはそれまでより一歩踏み込んだ交渉をして、手にした報酬を分け与えました――これらはどれも、愛の物語にほかなりません。強い人も弱い人も言います、**一緒ならたぶん、これならたぶん。**この本を活用してあなたが実行することも、愛の物語となりえるのです。あなたも私も、ひとりで薪を割り、小屋を建て、フェンスを修理する孤独なパイオニアである必要はありません。何もかもひとりでやらなくていいのです。あなたがどうかはわかりませんが、私はひとりでやると考えるのもいやです。

　寒い冬の日々に、リプリーと私はよく暖炉とホットチョコレートを楽しみますが、私たちに最高に幸せな瞬間が訪れたのは、近所を回っていた郵便配達車が雪にはまっているのを見つけ、足を止めて手助けに行った日のことでした。私たちが通りがかりの人を二人呼び止めると、その後も何人かが加勢に駆けつけてくれました。雪は深く、タイヤはむなしく空回りを続けました。近所の家の住民がシャベルと段ボールを持ってきて、一〇人で協力して作業しました。できるかぎりの力で車体を押します。スノーブーツの滑り止めが利かなくなって、何人かは転んでぬかるみにはまってしまいましたが、また立ち上がりました。そしてついに、私たちは郵便配達車を路上に戻すことに成功しました。

配達員は窓から手を振って感謝を告げると、配達を続けるため走り去りました。私たちは全員でハイタッチを交わしましたが、その顔は輝いていました。私たちは、寒いなかびしょ濡れになって車を押すのが楽しくて、みんなで頑張ったわけではありません。寒いなかびしょ濡れになるけれども、一丸となって力を尽くすと自分で決めたので、大変な作業を楽しむことができたのです。

大人が協力して事にあたるときには、つねにそう意識しているわけではないにせよ、それを「仕事」と呼ぶことが多いです。それはうまくいく場合もあれば、心が大きく張り裂ける結果となる場合もあります。また、すばらしいアイデアがひらめき、タイミングも完璧で、運にも恵まれ、楽園への扉が目の前で開かれることもあります。その間ずっと、私たちの影響力の種は、タンポポの綿毛のようにふわりと浮き上がり、風に乗って私たちの見えない場所まで運ばれ続けているのです。そのつもりのあるなしにかかわらず、私たちは種を蒔き、そして歴史をつくっているのです。

友だちになりましょう

読者のみなさんのためにこの本を書くことができて、ほんとうによかったです。この本を楽しんでもらえたなら、どうかあなたのすばらしいアイデアを行動に移してください！　そして、その結果をぜひ教えてくださいね。

ご希望とあれば、zoechance.com をはじめ、私とつながる方法はたくさんあります。たとえば、無料の大規模公開オンライン講座（ＭＯＯＣ）には、この本でも取り上げた題材に基づいた実際のチャレンジが盛り込まれています。ニュースレターでは、影響力に関するヒントや、人を動かす力を身につける途上にある人たちから寄せられた刺激的な体験などをお伝えしています。それに、世界各地でのイベントやイェール大学のワークショップ、さらにはまだ生まれたばかりのすばらしいアイデアやコラボレーションもあります。

ご紹介したアイデアを広めるお手伝いをしてくれるなら、大、大、大歓迎です！　あなたがどんなふうにより良いことを実現しているのか、たとえ小さな一歩でも、ソーシャルメディアでシェアしてください。そのときは、私もあなたと一緒に喜べるように、私と#influenceisyoursuperpowerをタグ付けするのもお忘れなく。たとえ短くても、ブックレビューをしてもらえたら最高！　あなたの所属する組織やグループのためにこの本の購入をご希望の方には、お値引きを提供できます。このほかにも、あなたにはいろいろなアイデアがあるかもしれませんね。それから、講演やコンサルティング、メディア出演、共同研究に関連するオファーは、zoechance.comからお願いします。スケジュールはタイトですが、私はノーというのは得意なので（笑）。

そして、この本から受けた影響について個人的に伝えたいという方は、friends@zoechance.comにご連絡ください。

愛をこめて　ゾーイ

追伸　娘のリプリー（と彼女に連れ回される仲良しのギャヴィン）です。

ツールとテクニック一覧

発展問題

人生で出会う多くの出来事と同じく、この本も仲間と分かち合うと、より楽しめるでしょう。以下に一〇の論題を記しておきますので、本書で取り上げたアイデアについて議論を始めるときに役立ててください。

一、人を動かす力が絶大な力《スーパーパワー》と言えるのはなぜでしょうか?

二、あなたにとって、影響力と心理操作《マニピュレーション》の違いは何ですか?

三、もしあなたが、二四時間「ノー」チャレンジや魔法の問いかけのように、この本で紹介した何かをすでに試したなら、その結果はどうでしたか? そこから何を学びましたか?

四、この本で取り上げた戦略のなかで、あなたが試してみたいものは何ですか?

五、あなたが依頼をしたり、自分の意見を主張したりするのが難しいと感じるのは、どんな状況のときですか? 金銭にまつわる話し合い? 恋愛関係にある相手? それとも特定の人？　反対に、依頼や自分の主張をしやすいと感じるのはどんなときですか？

六、　拒絶はあなたにとって何を意味しますか？　あなたは拒絶をどうフレーミングし直しますか？

七、　昇給や昇進を打診したときに、どのような経験をしましたか？　今後変えていきたい点はありますか？

八、　第八章で「闇の魔術」として述べられているような状況に陥ったことはありますか？　そのとき何が起きましたか？　その経験から、ほかの人々にどんなアドバイスができますか？

九、　今よりもっと大きな影響力を身につけられたら、何をしたいですか？

一〇、　この本や仲間との議論から学んだことをひとつ実践するための実行意図を設定してください。

Love Notes

この本をみなさんにお届けできたのは、それぞれが特別な力をもった大勢のヒーローが一丸となって取り組んでくれたおかげです。

本書の執筆・編集チームに感謝します。私たちはこの本を可能なかぎり良い作品にするため、手を尽くそうと全力を注ぎました――そして、成し遂げたのです。終わりが見えてきたと思った矢先、やはり十分でないと再度やり直したこともありました。頭がパンクしてもおかしくありませんでしたが、そうはならず、私たちは自分のもてる能力を存分に発揮することができました。ヒラリー・レドモン、あなたのリーダーシップ・スタイルはこの本で伝えたいメッセージを体現しています。あなたは私たちを高い水準へと優しく引き上げ、タイムワープの扉を開き、ランダムハウス社で意欲をかきたて、週末には手術に臨む外科医のように手洗いを済ませて原稿に向かい、くまなく目を通して、慎重にメスを入れ、細かなステッチで縫い合わせてくれました。あなたはまさに、作家が夢に描く編集者です。アン・マリー・ヒーリー（「とりあえず簡単に草稿をまとめてみようか?」)、あなたのように恐れを知らないライターを私は知りません。周囲の世界が崩れ落ちたときも、あなたの無条件の愛が私たちのプロジェクトをつなぎとめてくれました。そして、私の言う「愛」には、あなたが放つ太陽のような輝きだけでなく、ホームスクーリング、移動、死、家族での休暇に関するあなたの貢献が含まれます。あなたはとうの昔に「期待以上」を超えています。ナマステ。「私たちの魔法使い」ピーター・ガッツァーディ、あなたは混沌の中の秩序に気づき、闇の中に光明を見出し、絡まった糸をほどき、鋭い質問を投げかけ、私たちの原稿を魔法のクロスで磨き上げてくれました。愛情を傾けて長い時間熱心に仕事に打ち込み、作家にとってこれ以上ないすばらしい贈り物を私にくれました。あなたは私に、書くということのほんとうの意味を教えてくれたのです。

　アリソン・マッキーンとセレスト・ファインに感謝します。二人は私にとってフェアリーゴッドマザー〔シンデレラを助ける魔法使いの妖精〕とも言うべきエージェントで、何年にもわたって一緒に取り組んできました。二人がみんなの関心をあまりにじょうずにかき立てるので、私は詐欺《インポス》師《ター》症候群にかかって、これは自分の実力ではなく、すべて二人のおかげではないかと落ち込んだほどです。あなたたちは私より先に、私がほんとうに書くべきことを見抜き、この企画の魅力を伝える手助けをし、ひとときもやむことなく支援してくれました（それから、まやかしの数字と指輪キャンディの効果は、まさに魔法でした）。あなたたちは私の人生を一変させました。

　すばらしいリサーチ・ファクトチェック担当チーム、サラ・チョン、ソフィー・カルドア、アナ・ヴィクトリア・ギルに感謝します。あなたたちは確固とした科学的根拠に基づいた著作にするために、新たな宝石を掘り出し、本物と偽物を選り分けるという骨の折れる面倒な仕事を引き受けてくれました。あなたたちはすでに世界を変えつつあります。サラ、あなたはニュージーランドのサステナビリティ政策に先住民の声を反映させることで、ソフィー、あなたは過激主義の心理学に新たな境地を拓《ひら》くことによって、そしてアナ、あなたはコスタリカの最高裁判所での公開討論に影響を与えることによって。あなたたちはすべての人に、とくに私には間違いなく、インスピレーションを与える存在です。あなたたちの著作が読める日を楽しみにしています。

表紙を担当してくれたロドリゴ・コラールに感謝します。すごく気に入りました。

ここにいたるまで、もてる才能を惜しみなく与えてくれた助言者や協力者に感謝します。キャサリン・マカウン、あなたと話し合った「悪意ある影響力」のアイデアは、第八章として結実しました。ありがとう。デディ・フェルマン、この企画の編集に関する広範なご指導に感謝します。イーモン・ドーラン、短時間ですが有意義な時間をともにし、「いい人」であることについての私の考えかたを覆してくれました。ありがとう。ライアン・ホリデイ、名著を書かなくてはという思い込みから私を救ってくれました。あなたのおかげで一からやり直すことができました。ありがとう。シェイン・フレデリック、第二章の科学的事実を吟味し、この本においても人生においても、科学に対する基準を高く設定するよう感化してくれました。ありがとう。

アンジェラ・ダックワース、アート・マークマン、アシュリー・メリーマン、チャールズ・デュヒッグ、マイク・ノートン、ニック・クリスタキスに感謝します——あなたがたの助言にはできるかぎり従いました。私の大好きなちびっこモンスター〈クロンキー〉ことジョー・カヴァナー、この本を成功に近づける方法について、あなたが出してくれた数々のアイデアに感謝します。シェヴォン・ヒックス、私は今でも水鉄砲のコンセプトが大好きです。ありがとう。「ブリングリンク」の作家仲間たち、あなた方の高い見識と友情と後押しに感謝します。ブレインストーミングの仲間たち――バン・ライ、エミリー・ゴードン、メイソン・ラビノウィッツ、ニティア・カヌリ、スレイト・バラード――、私のアイデアについて忌憚なくすばらしい意見を出してくれてありがとう。

この本に盛り込んだアイデアを広く紹介する価値があると認め、実際に世の中へ伝えてくれている影響力のプロフェッショナルたちに感謝します。ニコール・デューイ、レイチェル・ロキッキ、レイチェル・パーカー、メラニー・デナルド、優れた才気と情熱を傾けて、私たちのプロジェクトに世間の注目を集めてくれてありがとう。アイエレット・グルーエンスペクト、エマニ・グリー、バーバラ・フィリオン、あなたたちの賢明な助言とビジネス手腕に、そして書籍のマーケティングに関するご指導に感謝します。ランダムハウス社の営業チームのみなさん、この本を読者のもとに届けてくれてありがとう。トム・ペリー、戦略的なアドバイスや数々の恩恵を私にくださり、ロールモデルとなってくれました。お礼を言います。「ファンチーム」のみんな、メッセージを広く伝える力になろうと情熱を注いでくれてありがとう。

この著作を多くの国々に（私にはもう何カ国かわからなくなってしまったけれど）届けるために尽力してくれた、卓越したエージェントからなる国際チームに感謝します。デニース・クローニン、ドナ・デュヴァーグラス、ジェシカ・キャッシュマン、ジョエル・デュー、ローリー・スカーフ、トビー・アーンスト、あなたたちが魔法を現実にしてくれました。スザンナ・アボットをはじめとする各国の出版社の方々、あなた方の多彩で大きな期待に最初は尻込みしましたが、最高の作品をつくり出そうとがぜん奮い立ちました。この本で紹介した数々のアイデアを盛り込んだグローバルなオンラインコースを実現してくれたイェール大学のコーセラチーム――ベリンダ・プラット、サラ・エッピンジャー、トム・スタイリンスキー、リック・レオーネ、あなたたちと仕事ができて、私はほんとうに幸せです。

思慮深く優しいライティング・コーチのステファニー・ダンソン、あなたからは「庭をつくる」方法を教わりました。ありがとう。書くことの喜びを教えてくれた作家仲間――エイミー・ダネンミュラー、アン・マリー・ヒーリー（再）、アシュリー・メリーマン（再）、クリスタ・ドーラン、クリスティーン・シミレウスキー、デイヴィッド・チャンス、デイヴィッド・テイト、ドイナ・モウリン、ジョン・ゴンザレス、カイル・ジェンセン、マーゴ・スタイナー、マリアン・パンタロン、ナタリー・マー、テレサ・シャヒーンに感謝します。それから、セダーハースト・カフェのテリーとトム、いつも非公式のコワーキングスペースと美味しいコーヒーを提供してくれてありがとう。

ジェイドリー・ブラディクス、タンジェラ・ミッチェル、エリン・ウィンの力添えにも感謝を。骨の折れる校閲作業を担当してくれたミュリエル・ジョーゲンセンとルイーズ・コラゾに謝意を表します。

私の担当講座「影響力と説得力を身につける」の学生、ＴＡ、アシスタントのみんな、ワークショップを通してたくさんのアイデアをブラッシュアップしてくれてありがとう。私があなたたちに教えたことよりも多くを、私はあなたたちから学ばせてもらいました。並外れたオペレーションマネジャーであるスティーヴン・ディオンヌにも感謝します。

私に着想の源を与えてくれた著作を物した偉大なる先達たちに敬意を表します。あなた方がいなければ、何もなしえなかったでしょう。

このプロジェクトに直接かかわってはいませんが、深い影響を与えてくれた人たちにも、私は大きな借りがあります。

私の人生を支えて、執筆を可能にしてくれた人たちに感謝します。カレン・チャンス、母であり、心の師であり、親友であり、子育ても一緒にしてくれました。この本が実現したのは、あなたがいたからです。この本について私たちが交わした話は、すべてここに書かれています。マンディ・キーン、あなたは私のコーチであり、チアリーダーであり、指導者であり、長年の友人でもあります。私の幸せと成功の大部分はあなたのおかげです。魔法の問いかけは、その一端にすぎません。シオマラ・サカーザ、あなたは混沌から秩序を生み出し、信じるとはどういうことなのかを私に示してくれました。ありがとう。

本書を超えて広くアイデアを伝える力になってくれたすべての人たちに、謝意を表したいと思います。私よりも先に私を信じてくれた「スターン・スピーキング」の仲間たち、ありがとう。そして、イェール大学経営大学院の広報チーム、早くから原稿に目を通し、私の講義を世界と分かち合ってくれたことに感謝します。それから、大きな夢を抱き楽しむという発想を私に与えてくれたすばらしい指導者たちにお礼を言います。ボブ・ゴフ、ダン・アリエリー、ジェフ・アーチ、キム・ベンストン、マーク・ヤング、マイク・ノートン（再）、ロブ・シャーマン、あなた方から受けた恩は後進に返していきます。ケイティ・オレンスタインとオプエド・プロジェクトに感謝します。パブリック・ヴォイス・フェローシップの助けを借りて、私は自分の声を見つけることができました。この恩は一生忘れません。

アンドルー・メトリック、エディ・ピンカー、ガル・ザウバーマン、ジム・バロン、ネイサン・ノヴェムスキー、ラヴィ・ダール、テッド・スナイダーにお礼を言います。あなたたちの力添えで、私にとって仕事はまさに天職となり、この本を書きあげ、大好きなことにさらにうち込めるようになりました。

優しくても人を動かす力をもつためにはどうあるべきかを私に教えてくれた、すべての友だちと家族に感謝します。クリスティ、ジェス、ジェン、モリー、タリー、タルラ、テレサ（再）、私の背中を押し続け、いつも笑わせてくれてありがとう。父さん、ジェイ、マイカ、シェイン（再）、あなたたちの変わらぬ愛と支援に。ルル――いつまでもどこまでも愛してる！　アミーラ、初めて会ったときから、私はあなたのお義母さんになりたかったのよ。ベラーベス、最大の助言者でとびきり大きな夢を描ける、心から愛する人。あなたとなら百万回でも結婚するわ。

親愛なる読者のみなさん、本書のアイデアに向き合ってくださり、ありがとうございました。あなたが影響力を高めたり、影響力の向上を目指して努力している誰かを助けたりするためにこれらのアイデアが役立つとしたら、私たち自身楽しんで成し遂げたこの愛すべき仕事は報われます。

訳者あとがき

ゾーイとめぐる「影響力再発見」の旅、みなさん楽しんでいただけましたか？

本書を手に取ったとき、ゾーイ・チャンスという名前をご存じの方は、それほど多くなかったでしょう。それもそのはず、二〇二二年に刊行された本書 *Influence Is Your Superpower: The Science of Winning Hearts, Sparking Change, and Making Good Things Happen* は彼女の初めての著作です。ゾーイは対人影響力を専門とする行動科学者で、学術界に入る前はマーケティング分野に身を置き、世界的な玩具メーカーのマテル社では、みなさんご存じのバービー人形（市場規模はなんと二億ドル）のブランドマネジャーを務めていました。現在はイェール大学経営大学院で助教として教鞭を執り、著名な学術誌での研究発表はもちろん、《ニューヨーク・タイムズ》紙のようなメディアにも寄稿しています。「影響力と説得力を身につける」と題した彼女の担当講座は、同校のビジネススクールでもっとも人気のある講座だといいます。本書はその講座をもとに五年の月日を費やして執筆されました。行動経済学を中心に、心理学、認知科学など幅広い分野の確固たる科学的知見を基礎にして、著者のこれまでの経験や研究、そして色とりどりのエピソードがふんだんに盛り込まれています。

こう聞くと、本書について、元マーケターの研究者がヒリヒリするようなビジネス交渉を戦い抜くためのスキルを解説した、よくあるハウツー本の類かと勘違いされるかもしれません。ですが、それは違います。著者は、影響力は誰にでも生まれながらに備わった天賦の才で、私たちはこの世に誕生したときから、この才能を存分に発揮して交渉していたのだと言います。たしかに、泣く赤子に動じない者などいません。赤ちゃんは愛らしいその見た目と「泣く」という主張を通して、周囲の人たちを思うままに動かしているわけです。ところが、今の私たちはどうでしょう？　交渉と聞くと、カモにされないよう必要以上に警戒したり、逆に高圧的な態度で相手を従わせようとしたりしていませんか？　名だたる権威たちでさえ、「影響力を武器に相手に打ち勝つ」といった表現をするほどです。この根底には影響力の行使とその効果についての大きな誤解があると著者は考えます。そこで本書は、この誤解の原因を解き明かして人を動かす力のほんとうの仕組みを理解することによって、生来の影響力を取り戻し、交渉を通してビジネスとプライベートの両面で、自分にとっても相手にとっても、さらには周囲の人々や広い世界にとってもより良いことを実現することを目指します。つまり、より大きなパイを焼いて、みんなで味わおうというのです。著者の表現を借りれば、これはなかなか〈モニュメンタル〉な試みです。とはいえ、実践的な戦略やテクニック〈なかには、かなり〈不可思議な〉名前のついたものもあります）、そしてなによりも大切なマインドセットが、豊富な実例とともに随所にちりばめられていて、実生活を〈対処しやすく〉するために、誰もがすぐさま役立てられるでしょう。

たとえば、職場や家庭で頼まれごとをされがちで（優しくて断るのが苦手な人に多いです）つねに忙殺されている方は、二四時間「ノー」チャレンジに挑戦してみてはどうでしょうか。丸一日のあいだ、あなたへの依頼や誘いに対するデフォルトの返事を「ノー」にするのです。きっと、自分にとって大切なことは何かを見極めるよい機会となり、心にゆとりが生まれるはずです。自分がどれだけ追い込まれていたのか、実践してみて初めて気づくかもしれません。さらに、ゆとりができたことであなたのパフォーマンスが上がれば、周囲にも好影響を及ぼします。ゾーイはこのチャレンジの効果を非常に気に入って、一カ月の予定だった期限が過ぎても続けたほどです。これは私自身もぜひトライしてみたいと思っています。

本書の魅力のひとつに、確かな理論と実践の融合があります。「なぜこうなる」と「ではどうする？」のバランスが絶妙なのです。科学的論拠に関して、ゾーイは自身の研究はもちろん、学際的に幅広い研究結果を引用し、交渉を通してより大きな果実を育むというゴールに向かう体系的な理論にまとめ上げています。これほど多彩な内容をよくぞと、その手腕には脱帽します。しかも、専門外の読者にもわかりやすいようかみ砕いて提示します。ダニエル・カーネマンの『ファスト&スロー』（ハヤカワ文庫）で広く知られるようになった認知の二重過程理論（システム1／システム2）は、ゾーイにかかれば「ワニ」と「裁判官」に変身します。そして、そのような理論を踏まえたうえで、ではどうすればうまくいくのかを、具体的な場面設定や実例を挙げてアドバイスしていきます。そこには著者のこれまでの経験が投影され、誰かに話したくなる興味深い実験やトリビア、クスッと笑ってしまったり身につまされたりするエピソードが満載です。退屈している暇などまったくありません。行間からは、聴衆や学生たちを惹きつけてやまないスピーカーとしてのゾーイのカリスマ性と人間性が垣間見えます。

そしてもうひとつの魅力が、著者の道徳哲学です。ゾーイは本書上梓後のあるインタビューで、影響力とマニピュレーション（心理操作）の違いを問われて、こう答えています。マニピュレーションは影響力の一形態であるので、両者のあいだには広いグレーゾーンが存在し、相手がこちらの戦略やテクニックに気づかない場合、マニピュレーションの要素が入りかねない。しかしごく簡単に言えば、自分の利益だけでなく、相手の利益、さらには広く波及しうる利益をも考慮するのが影響力だと。この一線は非常に重要で、交渉はゼロサムゲームであってはならず、双方の当事者を超えたウィンウィンウィンの成果を生みだす創造的な活動とするべきであり、実際にそうなるのだというのです（もちろん、マニピュレーターは厳然として存在し、きっぱりと退ける必要があります）。この彼女の信念をじつに劇的なかたちで実現したのが、第9章で詳細に語られるチュニジアの民主化支援活動です。三〇年ほど前になりますが、私は砂漠のただなかにある同国の小さな田舎町を訪ね、息苦しさと強い違和感に襲われたことを覚えています。当時はベンアリ大統領の長期独裁下にあり、いたるところに大統領のポスターが貼られていました。また、ラマダン中だったこともあってか、路上や宿泊先で女性の姿を見かけることすらありませんでした。そんな国で二〇一〇年末、民主化運動の火蓋が切って落とされます。これを機に、ある男性が悠々自適な生活をなげうって、みずからのルーツであるこの国の民主化を支援することを決意しました。彼は苦難の末、多くの人たちの協力を得て、大統領候補者のテレビ討論会を同国内の全チャンネルで同時放映するという大胆な企画を実現します。この討論会を視聴した国民は半数以上にのぼり、民主的な選挙に大きく貢献しました。討論会は周辺のアラブ諸国でも放送・視聴されて、広く有権者を触発していくことになります。当初は実現不可能かと思われたこの偉業を成し遂げたのは、ベラーベス・ベンクレーダという名の男性で、ゾーイの夫でもあります。

『予想どおりに不合理』（ハヤカワ文庫）などの著作で知られるダン・アリエリーはかつて、ゾーイを「創造力と優しさのかたまり」と評し、「彼女と話をするのは遊園地にいる感じにちょっと似ている」と言っています。このコメントを読んだ私は、まさにわが意を得たりと膝を打ちました。結論に向けて幅広い理論をまとめ上げる知性とまっすぐな情熱、発想の転換でピンチをチャンスに変える創造性、随所にのぞくバイタリティとユーモア、弱いものに向けられる温かい眼差し。そして、人間に対する深い愛情と信頼。このような彼女の魅力を、翻訳を通じて少しでもお伝えできていれば幸いです。YouTubeには彼女の講演や大学での演習の動画もアップされていますので、「輝き《シャイニング》」を実践するゾーイの姿を直接ご覧になってみてください。彼女がこれまでの研究と経験のすべてを注ぎ込んだこの作品が、読者のみなさんと周囲の方々がより大きな幸せを手に入れる一助になることを願っています。

最後になりましたが、本書に引き合わせてくださり、試訳に的確なご助言を賜りました早川書房の一ノ瀬翔太さん、編集をご担当くださり、最後までともに原稿をしあげてくださいました加藤千絵さん、訳稿に入念に目を通し、数々の有意義なご指摘を頂戴いたしました校正者の宮本いづみさん、そのほか刊行までにお世話になりました方々に心から感謝し、この場を借りて深くお礼を申し上げます。

小松佳代子

二〇二三年九月

画像著作権

32p.　ストループ・テスト	Adapted by Mapping Specialists Ltd.
142, 143p.　ペーパークリップから自動車	Yale School of Management
165p.　ネコ、サカナ、トリ、ヘビ	Nobuyuki Kawai
189p.　子犬のティンク	Niv Weisenberg
191p.　偽の極性化バイアス	Data: Moore-Berg et al., *PNAS* 2020 Original art by Beyond Conflict and refinements by Mapping Specialists Ltd. Used by permission of Beyond Conflict.
290p.　チュニスの討論会視聴会場	Zoubeir Souissi/Reuters
304p.　リプリーとギャヴィン	Ashley McNamara

注

この注は、リファレンスとして利用していただくため、できるかぎり詳細かつ正確であるよう、細心の注意を払って作成しました。もともと草稿に記載していた有名な実験も、新しいデータによってその結果に疑問を呈されたために削除したものが、すでに多数あります。それでもやはり、本書に引用した研究のなかには、再現性に問題があると判明するものも出てくるでしょう。そしてもちろん、将来の研究は私たちが影響力についての理解を深める助けとなります。ですから、以下の注については今後もときおり、zoechance.com で更新します。どうぞご活用ください。

第１章

1．これは、私がさまざまな国籍の参加者を対象に行なった調査に基づいています。一部の参加者には、「影響力」という単語を聞いて、どんな単語が思い浮かぶかと尋ねました。大部分（73 パーセント）が「指導者」「有力な」「役立つ」などの肯定的な単語をあげました。ところが、質問を変えて「影響戦略」や「影響戦術」について尋ねると、半数以上（それぞれ 57 パーセントと 83 パーセント）が「人を操作する」「卑劣」「強引な」「不正な」「攻撃的」といった否定的な描写がなされました。

2．私は彼らの著作の内容にすべて賛同するわけではありませんが、すばらしい研究であるのは事実です。ロバートは、影響力に関する数々の有名な実験を行なってきた研究者です。ロバートは下記の著作を書くにあたって、自動車の販売員として現場に潜入しました。クリスは長年、FBI の人質交渉人を務めていました。Robert B. Cialdini, *Influence, New and Expanded: The Psychology of Persuasion* (New York: Harper Business, 2021); Chris Voss and Tahl Raz, *Never Split the Difference: Negotiating as If Your Life Depended on It* (New York: Harper Business, 2016)［『逆転交渉術――まずは「ノー」を引き出せ』（佐藤桂訳、早川書房、2018年）］.

3．Nalini Ambady, Debi LaPlante, Thai Nguyen, Robert Rosenthal, Nigel

Chaumeton, and Wendy Levinson, "Surgeons' Tone of Voice: A Clue to Malpractice History," *Surgery* 132, no. 1 (2002): 5–9, https://doi.org/10.1067/msy.2002.124733.

4. John Antonakis, Marika Fenley, and Sue Liechti, "Can Charisma Be Taught? Tests of Two Interventions," *Academy of Management Learning and Education* 10, no. 3 (2011): 374–96, https://doi.org/10.5465/amle.2010.0012.

第１と1/2章

1. Jack M. Weatherford, *Genghis Khan and the Making of the Modern World* (New York: Crown, 2004)［『チンギス・ハンとモンゴル帝国の歩み――ユーラシア大陸の革新』（星川淳監訳・横堀冨佐子訳、パンローリング、2019年)］.

2. 悲しいことに、博士課程の学生が犯す最大のあやまちは、大学院に行くという決断です――半数の学生が期待と異なる大学院の実情に失望して、修了せずに辞めていきます。Robert Sowell, Ting Zhang, and Kenneth Redd, *Ph.D. Completion and Attrition: Analysis of Baseline Program Data from the Ph.D. Completion Project*, Council of Graduate Schools, 2008, https://cgsnet.org/phd-completion-and-attrition-analysis-baseline-program-data-phd-completion-project.

第２章

1. Alfred N. Whitehead, *An Introduction to Mathematics* (New York: Henry Holt, 1911)［『ホワイトヘッド著作集　第２巻――数学入門』（大出晁訳、松籟社、1983年)］.

2. もしも行動経済学にバイブルがあるとしたら、まさしくこの著作でしょう。Daniel Kahneman, *Thinking, Fast and Slow* (New York: Farrar, Straus and Giroux, 2011)［『ファスト＆スロー――あなたの意思はどのように決まるか？』（村井章子訳、ハヤカワ文庫、2014年)］.
ダニエル・カーネマンの業績について、ジャーナリスティックな文体のノンフィクションで読みたければ、『マネー・ボール〔完全版〕』（ハヤカワ文庫）の著者の手になる以下の著作もお薦めです。Michael Lewis, *The Undoing Project: A Friendship That Changed Our Minds* (New York: W. W. Norton, 2017)［『後悔の経済学――世界を変えた苦い友情』（渡会圭子訳、文春文庫、2022年)］.

さらに、システム1とシステム2に関する現在の思潮をより深く考察したいのなら、以下の記事が興味深いかもしれません。キース・スタノヴィッチとリチャード・ウェストは、このシステム1・システム2というフレームを最初に考案し、このフレームのもとに他のあらゆる二重過程理論をまとめた研究者です。

Jonathan St. B. T. Evans and Keith E. Stanovich, "Dual-Process Theories of Higher Cognition: Advancing the Debate," *Perspectives on Psychological Science* 8, no. 3 (2013): 223–41, https://doi.org/10.1177%2F1745691612460685.

3. J. Ridley Stroop, "Studies of Interference in Serial Verbal Reactions," *Journal of Experimental Psychology* 18, no. 6 (1935): 643–62, https://doi.org/10.1037/h0054651.
4. Colin M. MacLeod and K. Dunbar, "Training and Stroop-like Interference: Evidence for a Continuum of Automaticity," *Journal of Experimental Psychology: Learning, Memory, and Cognition* 14, no. 1 (1988): 126–35, https://doi.org/10.1037/0278-7393.14.1.126.
5. John A. Bargh and Tanya L. Chartrand, "The Unbearable Automaticity of Being," *American Psychologist* 54, no. 7 (1999): 462–79, https://doi.org/10.1037/0003-066X.54.7.46.
6. この研究は、行動科学の研究者のあいだに議論や見解の対立を生んでいます。この研究で報告された結果は、再現研究で観察が予想される結果よりもかなり劇的なものでしたが、研究者たちが反証の試みのなかで再分析したところ、そのパターン自体は紛れもなく存在していました（行動科学に詳しい方なら、公表された実験レポートでは、2つの変数の関係について、一般的な実態を誇張しがちであることをご存じでしょう。むしろ、それがあたりまえになっているのです）。

   原論文：Shai Danziger, Jonathan Levav, and Liora Avnaim-Pesso, "Extraneous Factors in Judicial Decisions," *Proceedings of the National Academy of Sciences* 108, no. 17 (2011): 6889–92, https://doi.org/10.1073/pnas.1018033108.

   論文への批判：Keren Weinshall-Margel and John Shapard, "Overlooked Factors in the Analysis of Parole Decisions," *Proceedings of the National Academy of Sciences* 108, no. 42 (2011): E833, https://doi.org/10.1073/pnas.1110910108.

   Andreas Glöckner, "The Irrational Hungry Judge Effect Revisited: Simulations Reveal That the Magnitude of the Effect Is Overestimated," *Judgment and*

Decision Making 11, no. 6 (2016): 601–10（グロックナーは効果の大きさについて、合理的な疑問を呈している）. http://journal.sjdm.org/16/16823/jdm16823.pdf.
原著者の反論（「原論文の結果はすべての分析で再現されている。審理の順番と食事休憩は、一貫して仮釈放の決定の堅固な予測因子である」）：Shai Danziger, Jonathan Levav, and Liora Avnaim-Pesso, "Reply to Weinshall-Margel and Shapard: Extraneous Factors in Judicial Decisions Persist," *Proceedings of the National Academy of Sciences* 108, no. 17 (2011): E834, https://doi.org/10.1073/pnas.1112190108.

7. Nalini Ambady and Robert Rosenthal, "Half a Minute: Predicting Teacher Evaluations from Thin Slices of Nonverbal Behavior and Physical Attractiveness," *Journal of Personality and Social Psychology* 64, no. 3 (1993): 431–41, https://doi.org/10.1037/0022-3514.64.3.431.
8. Nalini Ambady, Mary Anne Krabbenhoft, and Daniel Hogan, "The 30-Sec Sale: Using Thin-Slice Judgments to Evaluate Sales Effectiveness," *Journal of Consumer Psychology* 16, no. 1 (2006): 4–13, https://doi.org/10.1207/s15327663jcp1601_2.
9. Nalini Ambady, Debi Laplante, Thai Nguyen, Robert Rosenthal, Nigel Chaumeton, and Wendy Levinson, "Surgeons' Tone of Voice: A Clue to Malpractice History," *Surgery* 132, no. 1 (2002): 5–9, https://doi.org/10.1067/msy.2002.124733.
10. Nalini Ambady and Robert Rosenthal, "Thin Slices of Expressive Behavior as Predictors of Interpersonal Consequences: A Meta-Analysis," *Psychological Bulletin* 111, no. 2 (1992): 256–74, https://doi.org/10.1037/0033-2909.111.2.256.
11. Alexander Todorov, Anesu N. Mandisodza, Amir Goren, and Crystal C. Hall, "Inferences of Competence from Faces Predict Election Outcomes," *Science* 308, no. 5728 (2005): 1623–26, https://doi.org/10.1126/science.1110589.
さらに驚くべきことに、子どもも大人に負けず劣らず正確に判断できるのです。スイスの子どもたちに二人一組にした顔を見せて、自分たちの船の船長になってほしいほうを選んでもらいました。するとその選択は、フランス議会の決選投票の結果を71パーセントの確率で言い当てていました。正確性に年齢は関係ありませんでした。John Antonakis and Olaf Dalgas, "Predicting Elections: Child's Play!" *Science* 323, no. 5918 (2009): 1183, https://doi.org/10.1126/science.1167748.

12. ワニ主導の決断をした人は、自分の決断により満足し、そこに本当の自分が反映されているように感じます。Sam J. Maglio and Taly Reich, "Feeling Certain: Gut Choice, the True Self, and Attitude Certainty," *Emotion* 19, no. 5 (2019): 876, https://doi.org/10.1037/emo0000490.
さらに、その決断を擁護しようとする傾向が強いです。Sam J. Maglio and Taly Reich, "Choice Protection for Feeling-Focused Decisions," *Journal of Experimental Psychology: General* 149, no. 9 (2020): 1704–18, https://doi.org/10.1037/xge0000735.
13. Ambady and Rosenthal, "Thin Slices of Expressive Behavior as Predictors of Interpersonal Consequences: A Meta-analysis." *Psychological Bulletin* 111, no. 2 (1992): 256–274, https://doi.org/10.1037/0033-2909.111.2.256.
14. 下記は、リスクやストレス、意思決定にまつわる神経生物学についての非常に魅力的な著作です。John Coates, *The Hour Between Dog and Wolf: How Risk Taking Transforms Us, Body and Mind* (New York: Penguin, 2012)［『トレーダーの生理学』（小野木明恵訳、早川書房、2013年）］.
15. Paul Rozin and April E. Fallon, "A Perspective on Disgust," *Psychological Review* 94, no. 1 (1987): 23–41, https://doi.org/10.1037/0033-295X.94.1.23.
16. この興をそそる本は、じつは巧妙なマジックを神経科学で解き明かした本なのです。Stephen Macknik, Susana Martinez-Conde, and Sandra Blakeslee, *Sleights of Mind: What the Neuroscience of Magic Reveals About Our Everyday Deceptions* (New York: Henry Holt, 2010)［『脳はすすんでだまされたがる――マジックが解き明かす錯覚の不思議』（鍛原多惠子訳、角川書店、2012年）］.
17. Kristine R. Ehrich and Julie R. Irwin, "Willful Ignorance in the Request for Product Attribute Information," *Journal of Marketing Research* 42, no. 3 (2005): 266–77, https://psycnet.apa.org/record/2005-09529-008.
18. Zoe Chance, Michael I. Norton, Francesca Gino, and Dan Ariely, "Temporal View of the Costs and Benefits of Self-Deception," *Proceedings of the National Academy of Sciences* 108, no. 3 (2011): 15655–59, https://doi.org/10.1073/pnas.1010658108.
Zoe Chance and Michael I. Norton, "The What and Why of Self-deception," Current Opinion in *Psychology* 6 (2015): 104–7, https://doi.org/10.1016/j.copsyc.2015.07.008.

Zoe Chance, Francesca Gino, Michael I. Norton, and Dan Ariely, "The Slow Decay and Quick Revival of Self-deception," *Frontiers in Psychology* 6 (2015): 1075, https://doi.org/10.3389/fpsyg.2015.01075.

19. Eldar Shafir, "Choosing versus Rejecting: Why Some Options Are Both Better and Worse Than Others," *Memory and Cognition* 21, no. 4 (1993): 546–56, https://doi.org/10.3758/BF03197186.

20. この効果的なキャンペーンでは、ほかの動物の悲痛な画像も見られます。"Population by Pixel" というこの構想はもともと、世界自然保護基金（WWF）のために、博報堂のミカミヨシユキ、ホシノナミ、モチヅキカズヒロによって発案されました。

21. Michael S. Gazzaniga, "Cerebral Specialization and Interhemispheric Communication: Does the Corpus Callosum Enable the Human Condition?" *Brain* 123, no. 7 (2000): 1293–1326, https://doi.org/10.1093/brain/123.7.1293.

第2と1/2章

1. ファイブ・ア・デイ運動の失敗に関する詳細な説明——と、習慣一般に関するもっとも信頼できる知見——については以下を参照。Wendy Wood, *Good Habits, Bad Habits: The Science of Making Positive Changes That Stick* (New York: Farrar, Straus and Giroux, 2019) [『やり抜く自分に変わる超習慣力——悪習を断ち切り、良い習慣を身につける科学的メソッド』（花塚恵訳、ダイヤモンド社、2022年)].

上記の内容をより端的にまとめた論文は以下にあります。Wendy Wood and David T. Neal, "Healthy Through Habit: Interventions for Initiating and Maintaining Health Behavior Change," *Behavioral Science and Policy* 2, no. 1 (2016): 71–83, https://doi.org/10.1353/bsp.2016.0008.

2. Jenny Hope, "Millions Spent on 5-a-Day Mantra but Now We're Eating Even LESS Vegetables," *Daily Mail*, April 9, 2010, https://www.dailymail.co.uk/health/article-1264937/Millions-spent-5-day-mantra-eating-LESS-vegetables.html.

Sarah Stark Casagrande, Youfa Wang, Cheryl Anderson, and Tiffany L. Gary, "Have Americans Increased Their Fruit and Vegetable Intake? The Trends Between 1988 and 2002," *American Journal of Preventive Medicine* 32, no. 4

(2007): 257–63, https://doi.org/10.1016/j.amepre.2006.12.002.

3. 育児に関する研究を主題としたこの本のあまりのおもしろさに、私は小さな子どもをもつ友人たちに配りまくりました。Po Bronson and Ashley Merryman, *NurtureShock: New Thinking About Children* (New York: Twelve, 2009)［『間違いだらけの子育て――子育ての常識を変える10の最新ルール』（小松淳子訳、インターシフト、2011年）］.

もとになったマクマスター大学の研究：Helen Thomas, "Obesity Prevention Programs for Children and Youth: Why Are Their Results So Modest?" *Health Education Research* 21, no. 6 (2006): 783–95, https://doi.org/10.1093/her/cyl143.

4. Matthew Dixon, Nick Toman, and Rick DeLisi, *The Effortless Experience: Conquering the New Battleground for Customer Loyalty* (New York: Portfolio/Penguin, 2013)［『おもてなし幻想――デジタル時代の顧客満足と収益の関係』（神田昌典・リブ・コンサルティング日本語版監修、安藤貴子訳、実業之日本社、2018年）］.

より端的にまとめた論文は以下を参照。Matthew Dixon, Karen Freeman, and Nick Toman, "Stop Trying to Delight Your Customers," *Harvard Business Review* (July–August 2010), https://hbr.org/2010/07/stop-trying-to-delight-your-customers?registration=success（2021年3月13日にアクセス）.

5. Peter Henderson, "Some Uber and Lyft Riders Are Giving Up Their Own Cars: Reuters/Ipsos Poll," Reuters, May 25, 2017, https://www.reuters.com/article/us-autos-rideservices-poll/some-uber-and-lyft-riders-are-giving-up-their-own-cars-reuters-ipsos-poll-idUSKBN18L1DA.

6. Frank J. Schwebel and Mary E. Larimer, "Using Text Message Reminders in Health Care Services: A Narrative Literature Review," *Internet Interventions* 13 (2018): 82–104, https://doi.org/10.1016/j.invent.2018.06.002.

7. "Building Behavioral Design Capacity in Financial Health", *Ideas42,* December 13, 2019, http://www.ideas42.org/blog/project/behavioral-design-project/.

8. Katie A. Kannisto, Marita H. Koivunen, and Maritta A. Välimäki, "Use of Mobile Phone Text Message Reminders in Health Care Services: A Narrative Literature Review," *Journal of Medical Internet Research* 16, no. 10 (2014): E222, https://doi.org/10.2196/jmir.3442.

9. Elyse O. Kharbanda, Melissa S. Stockwell, Harrison W. Fox, Raquel Andres, Marcos Lara, and Vaughn I. Rickert, "Text Message Reminders to Promote Human Papillomavirus Vaccination," *Vaccine* 29, no. 14 (2011): 2537–41, https://doi.org/10.1016/j.vaccine.2011.01.065.
10. William Humphrey Jr., Debbie Laverie, and Alison Shields, "Exploring the Effects of Encouraging Student Performance with Text Assignment Reminders," *Journal of Marketing Education* 43, no. 1 (2021): 91–102, http://dx.doi.org/10.1177/0273475319836271.
11. Alissa Fishbane, Aurelie Ouss, and Anuj K. Shah, "Behavioral Nudges Reduce Failure to Appear for Court," *Science* 370, no. 6517 (2020): 1–10, https://doi.org/10.1126/science.abb6591.
12. Katherine L. Milkman, Julia A. Minson, and Kevin G. M. Volpp, "Holding the Hunger Games Hostage at the Gym: An Evaluation of Temptation Bundling," *Management Science* 60, no. 2 (2014): 283–99, https://doi.org/10.1287/mnsc.2013.1784.

第3章

1. この歴史的事件は、1998年にスタニスラフ・ペトロフの上官だったユーリー・フセヴォロドヴィッチ・ヴォチンツェフが回顧録を出版して初めて、世に知られることになりました。ペトロフによると、ヴォチンツェフはこの行動について、「褒賞も罰も与えなかった」といいますが、ペトロフは翌年に早期退役しています。彼は2013年に国際平和賞であるドレスデン賞を授与され、2017年に亡くなりました。私はさまざまな映画賞を獲得した、ペトロフについての下記のドキュメンタリーがとても好きです。Peter Anthony (dir.), *The Man Who Saved the World* (Statement Film, 2014), http://themanwhosavedtheworldmovie.com.
2. Elwyn Brooks White, *Letters of E. B. White* (New York: Harper & Row, 1976).
3. Adam Grant, *Give and Take: A Revolutionary Approach to Success* (New York: Penguin Books, 2013)［『GIVE & TAKE──「与える人」こそ成功する時代』（楠木建監訳、三笠書房、2014年）］.
4. A. Grant, 2021年7月5日付私信。
5. ストレスや極度の疲労が社会的関係に与える影響についての著作で、下記の本ほ

ど説得力のあるものはありません。Sendhil Mullainathan and Eldar Shafir, *Scarcity: Why Having Too Little Means So Much* (New York: Henry Holt, 2013)［『いつも「時間がない」あなたに――欠乏の行動経済学』（大田直子訳、ハヤカワ文庫、2017年）］.

6. Robert F. Lusch and Ray R. Serpkenci, "Personal Differences, Job Tension, Job Outcomes, and Store Performance: A Study of Retail Managers," *Journal of Marketing* 54 (1990): 85–101, https://doi.org/10.1177%2F002224299005400106.
7. Naomi I. Eisenberger and Matthew D. Lieberman, "Why Rejection Hurts: A Common Neural Alarm System for Physical and Social Pain," *Trends in Cognitive Sciences* 8, no. 7 (2004): 294–300, https://doi.org/10.1016/j.tics.2004.05.010.
8. この心温まるビデオは、以下のサイトで観られます。Jia Jiang, *Rejection Therapy Day 3—Ask for Olympic Symbol Doughnuts. Jackie at Krispy Kreme Delivers!* (2012), https://www.youtube.com/watch?v=7Ax2CsVbrX0（2021年6月13日にアクセス）.

   また、彼の拒絶チャレンジについてもっと詳しく知りたい方は、以下の書籍で読めます。Jia Jiang, *Rejection Proof: How I Beat Fear and Became Invincible Through 100 Days of Rejection* (New York: Harmony, 2015).
9. 下記書籍の第8章参照。コーツはレジリエンスに関するマウスの実験と、「ストレス耐性の強い人」の研究についても言及しています。John Coates, *The Hour Between Dog and Wolf: How Risk Taking Transforms Us, Body and Mind* (New York: Penguin, 2012)［前掲『トレーダーの生理学』］.
10. 再訪の回数については、複数のセールストレーナーやセールスマネジャーから私が聞いたものです。これを裏付ける学術研究や信頼に足るその他の典拠を探しましたが、見つかりませんでした。ご存じの方がいらしたら、ぜひご一報ください。
11. Susan Cain, *Quiet: The Power of Introverts in a World That Can't Stop Talking* (New York: Random House, 2012)［『内向型人間のすごい力――静かな人が世界を変える』（古草秀子訳、講談社＋α文庫、2015年）］.

第3と1/2章

1. Jessica McCrory Calarco, *Negotiating Opportunities: How the Middle Class Secures Advantages in School* (New York: Oxford University Press, 2018).

2. Linda Babcock and Sara Laschever, *Women Don't Ask: Negotiation and the Gender Divide* (Princeton, N.J.: Princeton University Press, 2003)［『そのひとことが言えたら…――働く女性のための統合的交渉術』（森永康子訳、北大路書房、2005年)］.

3. David A. Frederick, H. Kate St. John, Justin R. Garcia, and Elisabeth A. Lloyd, "Differences in Orgasm Frequency Among Gay, Lesbian, Bisexual, and Heterosexual Men and Women in a U.S. National Sample," *Archives of Sexual Behavior* 47 (2018): 273–88, https://doi.org/10.1007/s10508-017-0939-z.
資金や慈善事業への寄付を集める際に「まずは」頼んでみることのもつ力は、間違いなく過小評価されています。たとえば、財産管理を専門とする弁護士が、クライアントに慈善目的での遺贈の希望があるかどうかをひとまず尋ねてみただけで、遺贈の件数は二倍、ときには三倍になったといいます。Michael Sanders and Sarah Smith, "A Warm Glow in the After Life? The Determinants of Charitable Bequests" (working paper no. 14/326, Centre for Market and Public Organisation, University of Bristol, Bristol, UK, June 2014), http://www.bristol.ac.uk/media-library/sites/cmpo/migrated/documents/wp326.pdf.
Hugh Radojev, "Over 80 Per Cent of Public Donate to Charity Because They Are Asked, Says Survey," *Civil Society News*, May 12, 2017.

4. Jaewon Yoon, Grant Donnelly, and Ashley Whillans, "It Doesn't Hurt to Ask (for More Time): Employees Often Overestimate the Interpersonal Costs of Extension Requests" (working paper no. 19-064, Harvard Business School, Cambridge, Mass., 2019), https://www.hbs.edu/ris/Publication%20Files/19-064%20(3)_5758eb4a-6e1c-47dc-a4af-c21a958460d7.pdf.

5. Francis J. Flynn and Vanessa K. Bohns, "Underestimating One's Influence in Help-Seeking," Douglas T. Kenrick, Noah J. Goldstein, and Sanford L. Braver, *Six Degrees of Social Influence: Science, Application, and the Psychology of Robert Cialdini* (New York: Oxford University Press, 2012), 14–26所収、https://doi.org/10.1093/acprof:osobl/9780199743056.003.0002.
ヴァネッサ・ボーンズは、依頼や支援にまつわる誤認や、私たちのもつ影響力についての誤認に関する興味深い研究を数多く実施しています。Vanessa K. Bohns, *You Have More Influence Than You Think* (New York: W. W. Norton, 2021).

6. Jo Cutler and Daniel Campbell-Meiklejohn, "A Comparative fMRI Meta-Analysis of Altruistic and Strategic Decisions to Give," *Neuroimage* 184 (2019): 227–41, https://doi.org/10.1016/j.neuroimage.2018.09.009.
Lena Rademacher, Martin Schulte-Rüther, Bernd Hanewald, and Sarah Lammertz, "Reward: From Basic Reinforcers to Anticipation of Social Cues," M. Wöhr and S. Krach, eds., *Social Behavior from Rodents to Humans, Current Topics in Behavioral Neurosciences*, vol. 30 (Cham, Denmark: Springer, 2015), 207–21所収、https://doi.org/10.1007/7854_2015_429.
7. Ricky N. Lawton, Iulian Gramatki, Will Watt, and Daniel Fujiwara, "Does Volunteering Make Us Happier, or Are Happier People More Likely to Volunteer? Addressing the Problem of Reverse Causality When Estimating the Wellbeing Impacts of Volunteering," *Journal of Happiness Studies* 22 (2021): 599–624, https://doi.org/10.1007/s10902-020-00242-8.
Francesca Borgonovi, "Doing Well by Doing Good: The Relationship Between Formal Volunteering and Self-reported Health and Happiness," *Social Science and Medicine* 66, no. 11 (2008): 2321–34, https://doi.org/10.1016/j.socscimed.2008.01.011.
Stephanie L. Brown, Randolph M. Nesse, Amiram D. Vinokur, and Dylan M. Smith, "Providing Social Support May Be More Beneficial Than Receiving It: Results from a Prospective Study of Mortality," *Psychological Science* 14 (2003): 320–27, https://doi.org/10.1111%2F1467-9280.14461.
Stephen G. Post, "Altruism, Happiness, and Health: It's Good to Be Good," *International Journal of Behavioral Medicine* 12 (2005): 66–77, https://doi.org/10.1207/s15327558ijbm1202_4.
8. Elizabeth W. Dunn, Lara B. Aknin, and Michael I. Norton, "Spending Money on Others Promotes Happiness," *Science* 319, no. 5870 (2008): 1687–88, https://doi.org/10.1126/science.1150952.
Lara B. Aknin, Christopher P. Barrington-Leigh, Elizabeth W. Dunn, et al., "Prosocial Spending and Well-being: Cross-cultural Evidence for a Psychological Universal," *Journal of Personality and Social Psychology* 104, no. 4 (2013): 635, https://doi.apa.org/doi/10.1037/a0031578.

Elizabeth W. Dunn, Claire E. Ashton-James, Margaret D. Hanson, and Lara B. Aknin, "On the Costs of Self-interested Economic Behavior: How Does Stinginess Get Under the Skin?" *Journal of Health Psychology* 15, no. 4 (2010): 627–33, https://doi.org/10.1177%2F1359105309356366.

9. Lara B. Aknin, J. Kiley Hamlin, and Elizabeth W. Dunn, "Giving Leads to Happiness in Young Children," *PLoS One* 7, no. 6 (2012): E39211, https://doi.org/10.1371/journal.pone.0039211.

10. もちろん、同じ相手に繰り返し途方もない頼みごとをすることはできません。言うまでもなくあなたもご存じでしょうが。

11. Robert B. Cialdini, Joyce E. Vincent, Stephen K. Lewis, Jose Catalan, Diane Wheeler, and Betty Lee Darby, "Reciprocal Concessions Procedure for Inducing Compliance: The Door-in-the-Face Technique," *Journal of Personality and Social Psychology* 31, no. 2 (1975): 206–15, https://doi.org/10.1037/h0076284.
2020年の再現実験：Oliver Genschow, Marieka Westfal, Jan Crusius, Leon Bartosch, Kyra Isabel Feikes, Nina Pallasch, and Mirella Wozniak, "Does Social Psychology Persist over Half a Century? A Direct Replication of Cialdini et al.'s (1975) Classic Door-in-the-Face Technique," *Journal of Personality and Social Psychology* 120, no. 2 (2021): E1–E7, https://doi.org/10.1037/pspa000026.

12. KerryAnn O'Meara, Alexandra Kuvaeva, Gudrun Nyunt, Chelsea Waugaman, and Rose Jackson, "Asked More Often: Gender Differences in Faculty Workload in Research Universities and the Work Interactions That Shape Them," *American Educational Research Journal* 54 (2017): 1154–86, https://doi.org/10.3102/0002831217716767.

第4章

1. James W. Pennebaker, *The Secret Life of Pronouns: What Our Words Say About Us* (New York: Bloomsbury Press, 2011).
代名詞についての本を丸々一冊読む気になれない方は、ペネベーカーの研究の一部について、以下で概要が読めます。James W. Pennebaker, "The Secret Life of Pronouns," *New Scientist* 211, no. 2828 (2011): 42–45, https://doi.org/10.1016/S0262-4079(11)62167-2.

力や立場が代名詞に及ぼす効果は、状況ごとにほぼ決まっています。たとえば、インターネット掲示板のコミュニティで投稿数の少なかった――したがって、コミュニティ内での立場が低く、本人もそう感じている――人は、「私」の使用頻度が高いことが、以下の研究でわかっています。Amanda Dino, Stephen Reysen, and Nyla R. Branscombe, "Online Interactions Between Group Members Who Differ in Status," *Journal of Language and Social Psychology* 28, no. 1 (2009): 85–93, https://doi.org/10.1177%2F0261927X08325916.
立場の低さを「暗示」する言葉は一人称だけではありません。業界用語や隠語などにも同じ働きがあります。Zachariah C. Brown, Eric M. Anicich, and Adam D. Galinsky, "Compensatory Conspicuous Communication: Low Status Increases Jargon Use," *Organizational Behavior and Human Decision Processes* 161 (2020): 274–90, http://dx.doi.org/10.1016/j.obhdp.2020.07.001.
さらに、学術界で電子メールの署名に使用される「Dr.」や「PhD」も同様です。Cindy Harmon-Jones, Brandon J. Schmeichel, and Eddie Harmon-Jones, "Symbolic Self-Completion in Academia: Evidence from Department Web Pages and Email Signature Files," *European Journal of Social Psychology* 39, no. 2 (2009): 311–16, https://doi.org/10.1002/ejsp.541.

2. David M. Markowitz, "Academy Awards Speeches Reflect Social Status, Cinematic Roles, and Winning Expectations," *Journal of Language and Social Psychology* 37, no. 3 (2018): 376–87, https://doi.org/10.1177%2F0261927X17751012.
3. Ewa Kacewicz, James W. Pennebaker, Matthew Davis, Moongee Jeon, and Arthur C. Graesser, "Pronoun Use Reflects Standings in Social Hierarchies," *Journal of Language and Social Psychology* 33, no. 2 (2014): 125–43, https://doi.org/10.1177%2F0261927X13502654.
4. Stephanie Rude, Eva-Maria Gortner, and James Pennebaker, "Language Use of Depressed and Depression-vulnerable College Students," *Cognition and Emotion* 18, no. 8 (2004): 1121–33. https://www.tandfonline.com/doi/abs/10.1080/02699930441000030.
5. Eric Lofholm, *The System: The Proven 3-Step Formula Anyone Can Learn to Get More Leads, Book More Appointments, and Make More Sales* (Rocklin, CA: Eric Lofholm International, 2013), 59.

6. Diana I. Tamir and Jason P. Mitchell, "Disclosing Information About the Self Is Intrinsically Rewarding," *Proceedings of the National Academy of Sciences* 109, no. 21 (2012): 8038–43, https://doi.org/10.1073/pnas.1202129109.
7. Karen Huang, Michael Yeomans, Alison Wood Brooks, Julia Minson, and Francesca Gino, "It Doesn't Hurt to Ask: Question-Asking Increases Liking," *Journal of Personality and Social Psychology* 113, no. 3 (2017): 430–52, https://psycnet.apa.org/doi/10.1037/pspi0000097.
8. Arthur Aron, Edward Melinat, Elaine N. Aron, Robert Darrin Vallone, and Renee J. Bator, "The Experimental Generation of Interpersonal Closeness: A Procedure and Some Preliminary Findings," *Personality and Social Psychology Bulletin* 23, no. 4 (1997): 363–77, https://doi.org/10.1177%2F0146167297234003.
9. Dennis P. Carmody and Michael Lewis, "Brain Activation When Hearing One's Own and Others' Names," *Brain Research* 1116, no. 1 (2006): 153–58, https://doi.org/10.1016/j.brainres.2006.07.121.
眠っているときでさえ、あなたの脳は自分の名前に特異な反応を示します。Fabien Perrin, Luis García-Larrea, François Mauguière, and Hélène Bastuji, "A Differential Brain Response to the Subject's Own Name Persists During Sleep," *Clinical Neurophysiology* 110, no. 12 (1999): 2153–64, https://doi.org/10.1016/S1388-2457(99)00177-7.
10. Casey A. Klofstad, Rindy C. Anderson, and Stephen Nowicki, "Perceptions of Competence, Strength, and Age Influence Voters to Select Leaders with Lower-pitched Voices," *PloS One* 10, no. 8 (2015): E0133779, https://doi.org/10.1371/journal.pone.0133779.
11. Cara C. Tigue, Diana Borak, Jillian O'Connor, Charles Schandl, and David Feinberg, "Voice Pitch Influences Voting Behavior," *Evolution and Human Behavior* 33 (2012): 210–16, https://doi.org/10.1016/j.evolhumbehav.2011.09.004.
12. Casey Klofstad, Rindy Anderson, and Susan Peters, "Sounds like a Winner: Voice Pitch Influences Perception of Leadership Capacity in Men and Women," *Proceedings of the Royal Society B: Biological Sciences* 279, no. 1738 (2012): 2698–704, http://dx.doi.org/10.1098/rspb.2012.0311.
13. ジャーナリストのロバート・スタインは、「二人のマリリン」――物静かで内気

なうえ美しくすらない舞台裏のマリリン・モンローと、表舞台のセクシーな金髪美女――と過ごしたときのことを回想しています。「間近に寄ると、彼女の顔は青白くはかなげで、テクニカラーの鮮やかな輝きはなく、その瞳に映画のスクリーンから放たれる自信はまるで宿っていなかった」地下鉄に乗っても、誰にも気づかれなかったが、路上に戻った彼女は、「コートを脱ぎ、髪をふわりと膨らませ、腰を反らせてポーズをとった。すると、あっという間に彼女の周囲に人だかりができ、恐怖に駆られながら押し合いへし合いしつつ、彼女をコートで包んで、増え続けるやじ馬をかき分けて助け出すまでには数分を要した」。Robert Stein, "Do You Want to See Her?" *American Heritage* 56, no. 6 (November/December 2005), https://www.americanheritage.com/do-you-want-see-her.

オリビア・フォックス・カバンは、これを含むさまざまな逸話を紹介しています。Olivia Fox Cabane, *The Charisma Myth: How Anyone Can Master the Art and Science of Personal Magnetism* (New York: Portfolio/Penguin, 2013) [『カリスマは誰でもなれる』(矢羽野薫訳、KADOKAWA、2013年)].

14. 人は人前で話すことを死よりも恐れるという「事実」は広く引用されています。しかし当然ながら、これは真実ではありません。リストのなかで恐怖を感じるものに印をつけるよう求めた複数の研究では、「人前で話すこと」にチェックを入れる参加者がもっとも多いという結果が示されています。しかし、私たちは通常、実際に直面していないことを恐れはしません(だからこそ、人前で話すことが死やサメよりも多く選ばれるのです)。また、このようなリストには、「価値のない人間である」あるいは「愛されていない」といった、私たちのより深い切実な恐怖が含まれていません。多くの人が人前で話すことに気づまりや不安を感じることは確かですが、それを死よりも恐れるという「事実」は、不適切な調査手法による人為的現象(アーチファクト)にすぎません。

ブロードウェイのスターやトニー賞の候補者を含む、成功しているプロの俳優を対象にしたある調査では、84パーセントが舞台負けすると告白しています。私は講演のプロで元俳優ですが、やはり壇上に立つときはあがってしまいます。Gordon Goodman and James C. Kaufman, "Gremlins in My Head: Predicting Stage Fright in Elite Actors," *Empirical Studies of the Arts* 32, no. 2 (2014): 133–48, https://doi.org/10.2190%2FEM.32.2.b.

15. 「間」の重要性は心得ていましたが、ジェレミー・ドノバンがゲストスピーカー

兼プレゼンテーション・コーチとして私たちの講座に来てくれるまで、それがどれほど重要なのか気づいていませんでした。彼の本を読んでファンレターを出したところ、おもに「間」について学生たちに指導するために足を運んでくれました。それは目の覚めるような経験でした。Jeremey Donovan, *How to Deliver a TED Talk: Secrets of the World's Most Inspiring Presentations* (New York: McGraw-Hill Education, 2013)［『TEDトーク――世界最高のプレゼン術』（中西真雄美訳、新潮社、2013年）］.

16. Joey Asher, *15 Minutes Including Q and A: A Plan to Save the World from Lousy Presentations* (Atlanta: Persuasive Speaker Press, 2010).

第4と1/2章

1．「真実の瞬間」の概念は、P&Gが提唱したことで広く知られていますが、このフレーズを考案し影響力の文脈で最初に使用したのは、じつはスカンジナビア航空のCEOだったヤン・カールソンでした。Jan Carlzon, *Moments of Truth* (New York: Harper Perennial, 1989)［『真実の瞬間――SASのサービス戦略はなぜ成功したか』（堤猶二訳、ダイヤモンド社、1990年）］.

2．賞も受けたこの秀逸な「レイン・コード」キャンペーンは、広告代理店ジオメトリー・グローバルのケニー・ブルーメンシャイン、ポール・ホー、ショーン・チェン、ポール・シンによって立案されました。

3．この他に類を見ないキャンペーンは、広告代理店レオ・バーネット・テイラー・メイドのマルセロ・レイス、ギリェルメ・ジャハラ、ロドリゴ・ジャテーネ、マルセロ・リゼリオ、クリスチャン・フォンタナによって立案され、賞を獲得しました。キャンペーン自体はフェイスブック上のわずか6回の投稿でしたが、ソーシャルメディア上で1億7200万人に届き、一般の人々の発信するブログやSNSなどのアーンドメディアを通して2200万ドルの利益を生み出しました。キャンペーンの総費用6000ドルは、世界史上最高レベルの広告投資となりました（シェイン、情報提供ありがとう）。
臓器提供者となるかどうかの決断を左右する最大の要因も、やはり容易さです。国ごとの臓器提供率の違いも、おおむね容易さから説明できます。つまり、オプトインかオプトアウトかの違いです。同意するにせよ、しないにせよ、四角にチェックを書き込むくらい簡単なことですが、何もしないよりは手間がかかります。

Eric J. Johnson and Daniel Goldstein, "Do Defaults Save Lives?" *Science* 302, no. 5649 (2003): 1338–39, https://doi.org/10.1126/science.1091721.

4. Nira Liberman and Yaacov Trope, "The Role of Feasibility and Desirability Considerations in Near and Distant Future Decisions: A Test of Temporal Construal Theory," *Journal of Personality and Social Psychology* 75, no. 1 (1998): 5–18, https://doi.org/10.1037/0022-3514.75.1.5.
Yaacov Trope and Nira Liberman, "Temporal Construal," *Psychological Review* 110, no. 3 (2003): 403–21, https://doi.org/10.1037/0033-295x.110.3.403.
5. David W. Nickerson and Todd Rogers, "Do You Have a Voting Plan?: Implementation Intentions, Voter Turnout, and Organic Plan Making," *Psychological Science* 21, no. 2 (2010): 194–99, https://doi.org/10.1177/0956797609359326.
6. この茶目っ気たっぷりのキャンペーンは、南アフリカの広告代理店ロウ・ブルのマシュー・ブル、ロジャー・ポールセ、マイルズ・ロード、ジェイソン・ケンペンによって立案されました。

第5章

1. これは冗談ではありません。ダレン・ブラウンは受賞歴のあるパフォーマーというだけでなく、心理学やマジックや幸せに関する、おかしくも知的な著作をもつベストセラー作家でもあります。私のクラスでは、『メンタリズムの罠』にある偽の読心術について学んだり、彼の番組『ザ・プッシュ（*The Push*）』を観て、人を動かすあくどい手口について考察したりしています。心理学マニアの方なら、『ザ・ハイスト（*The Heist*）』で彼が披露したミルグラムの実験の再現が楽しめると思います（とはいえ、私のお気に入りは今のところ、「アポカリプス（*Apocalypse*）」です。ダレンは私に自分も同じだと明かしてくれました）。Derren Brown, *Tricks of the Mind* (London: Transworld, 2006)［『メンタリズムの罠』（DaiGo訳、扶桑社、2013年）］.
2. この実験はインターネット上で観られますので、お友だちに試してみてください。びっくりされること請け合いです。Daniel J. Simons and Christopher F. Chabris, "Gorillas in Our Midst: Sustained Inattentional Blindness for Dynamic Events," *Perception* 28, no. 9 (1999): 1059–74, https://doi.org/10.1068/p281059.
3. Sendhil Mullainathan and Eldar Shafir, *Scarcity: Why Having Too Little Means So*

Much (New York: Henry Holt, 2013)［前掲『いつも「時間がない」あなたに』］.

4．フランク・ランツについてまだご存じない方は、幅広いさまざまな課題に関して、彼がアメリカ政治に与えてきた影響の大きさに仰天するでしょう。この本の執筆中にも、ランツはアメリカ疾病対策センター（CDC）元所長のトム・フリーデンと協力して、コロナワクチンの接種に後ろ向きなトランプ支持者に接種を促すためのフレームを模索していました（彼らのメッセージのなかでもっとも効果的だったのは、「このワクチンを提供された医師の90パーセント以上が、接種することを選択しました」でした）。

Frank Luntz, *Words That Work: It's Not What You Say, It's What People Hear* (New York: Hachette Books, 2008).

5．Grant E. Donnelly, Cait Lamberton, Stephen Bush, Zoe Chance, and Michael I. Norton, "'Repayment-by-Purchase' Helps Consumers to Reduce Credit Card Debt" (working paper no. 21-060, Harvard Business School, Cambridge, Mass., 2020), http://dx.doi.org/10.2139/ssrn.3728254.

6．David Gal and Blakeley B. McShane, "Can Small Victories Help Win the War? Evidence from Consumer Debt Management," *Journal of Marketing Research* 49, no. 3 (2012): 487–501, https://doi.org/10.1509%2Fjmr.11.0272.

Ran Kivetz, Oleg Urminsky, and Yuhuang Zheng, "The Goal-Gradient Hypothesis Resurrected: Purchase Acceleration, Illusionary Goal Progress, and Customer Retention," *Journal of Marketing Research* 43, no. 1 (2006): 39–58, https://doi.org/10.1509%2Fjmkr.43.1.39.

Yan Zhang and Leilei Gao, "Wanting Ever More: Acquisition Procedure Motivates Continued Reward Acquisition," *Journal of Consumer Research* 43, no. 2 (2016): 230–45, https://doi.org/10.1093/jcr/ucw017.

7．スパークニューロ社の研究者がテストした用語は、これまでに使われてきた「気候変動」「地球温暖化」に加えて、「気候危機」「環境破壊」（これは共和党員に「気候危機」よりも強い情動反応を引き起こしました）「環境崩壊」「天候の不安定化」でした。詳細は以下のサイトで読めます。Kate Yoder, "Why Your Brain Doesn't Register the Words 'Climate Change,'" *Grist*, April 29, 2019, https://grist.org/article/why-your-brain-doesnt-register-the-words-climate-change/.

8. ロバート・チャルディーニは、『影響力の武器――なぜ、人は動かされるのか』の続篇とも言うべき名作『PRE-SUASION』で、この逸話を紹介しています。Robert Cialdini, *Pre-Suasion: A Revolutionary Way to Influence and Persuade* (New York: Simon and Schuster, 2016)［『PRE-SUASION――影響力と説得のための革命的瞬間』（安藤清志監訳・曽根寛樹訳、誠信書房、2017年）］.
9. Bluma Zeigarnik, "On Finished and Unfinished Tasks," W. D. Ellis, ed., *A Source Book of Gestalt Psychology* (London: Routledge and Kegan, 1938), 300–314 所収。
10. Marie Kondo, *The Life-Changing Magic of Tidying Up: The Japanese Art of Decluttering and Organizing* (Berkeley, Calif.: Ten Speed Press, 2014)［『人生がときめく片づけの魔法――改訂版』（近藤麻理恵著、河出書房新社、2019年）］.

第6章

1. Arne Öhman, Anders Flykt, and Francisco Esteves, "Emotion Drives Attention: Detecting the Snake in the Grass," *Journal of Experimental Psychology: General* 130, no. 3 (2001): 466–78, https://doi.org/10.1037/0096-3445.130.3.466.
2. Nobuyuki Kawai and Hongshen He, "Breaking Snake Camouflage: Humans Detect Snakes More Accurately Than Other Animals Under Less Discernible Visual Conditions," *PLoS One* 11, no. 10 (2016): E0164342, https://doi.org/10.1371/journal.pone.0164342.
3. 見事にプロスペクト理論を構築した最初の論文：Daniel Kahneman and Amos Tversky, "Prospect Theory: An Analysis of Decision Under Risk," *Econometrica* 47, no. 2 (1979): 263–92, https://doi.org/10.1142/9789814417358_0006.
複数の分野にまたがる150の論文に記述された600の研究の計測結果を総合して、カーネマンとトヴェルスキーは損失回避係数が平均で1.8から2.1のあいだであることを突きとめました。Alexander L. Brown, Taisuke Imai, Ferdinand Vieider, and Colin F. Camerer, "Meta-analysis of Empirical Estimates of Loss-Aversion" (CESifo working paper no. 8848, 2021), https://ssrn.com/abstract=3772089.
論文執筆時には、損失回避性が実社会に広く当てはまるかどうかをめぐって議論もありました。David Gal and David D. Rucker, "The Loss of Loss Aversion: Will It Loom Larger Than Its Gain?" *Journal of Consumer Psychology* 28, no. 3 (2018): 497–516, https://doi.org/10.1002/jcpy.1047.

4. この実験では、リアクタンスの効果は男の子にのみ表れました。性差の見られる実験もあれば、性差のない実験もあります。年齢の違いも一役買いますし、反応の強さにも個人差があります。Sharon S. Brehm and Marsha Weinraub, "Physical Barriers and Psychological Reactance: 2-yr-olds'Responses to Threats to Freedom," *Journal of Personality and Social Psychology* 35, no. 11 (1977): 830–36, https://psycnet.apa.org/doi/10.1037/0022-3514.35.11.830.
以下の記事には、リアクタンス理論の数々の研究が概説されています。Anca M. Miron and Jack W. Brehm, "Reactance Theory—40 Years Later," *Zeitschrift für Sozialpsychologie* 37, no. 1 (2006): 9–18, https://doi.org/10.1024/0044-3514.37.1.9.
手の届かない「高嶺の花」ほど、魅力的な人に思えるものです（あなたも心当たりがあるでしょう）。Erin R. Whitchurch, Timothy D. Wilson, and Daniel T. Gilbert, "'He Loves Me, He Loves Me Not ...': Uncertainty Can Increase Romantic Attraction," *Psychological Science* 22, no. 2 (2011): 172–75, https://doi.org/10.1177%2F0956797610393745.
また、禁じられたものほど強く記憶に残り、すばやく認識されます。Grace Truong, David J. Turk, and Todd C. Handy, "An Unforgettable Apple: Memory and Attention for Forbidden Objects," *Cognitive, Affective, and Behavioral Neuroscience* 13, no. 4 (2013): 803–13, https://link.springer.com/article/10.3758/s13415-013-0174-6.
5. B. F. Skinner, *About Behaviorism* (New York: Knopf, 1974)［『スキナーの徹底的行動主義――20の批判に答える』（坂上貴之・三田地真美訳、誠信書房、2022年)］.
6. ある問題について強い思い入れのある人は、それと相容れない情報に対して、より極端な見地から反発することがあります――これをバックファイア効果と呼びます。この効果についての論文が初めて公表されたときには、メディアの大きな注目を浴び、人々はよくあることだと考えました。しかし今では、そうではないことがわかっています。Zak L. Tormala and Richard E. Petty, "What Doesn't Kill Me Makes Me Stronger: The Effects of Resisting Persuasion on Attitude Certainty," *Journal of Personality and Social Psychology* 83, no. 6 (2002): 1298, https://psycnet.apa.org/doi/10.1037/0022-3514.83.6.1298.
Brendan Nyhan and Jason Reifler, "When Corrections Fail: The Persistence of

Political Misperceptions," *Political Behavior* 32, no. 2 (2010): 303–30, https://doi.org/10.1007/s11109-010-9112-2.

Todd Wood and Ethan Porter, "The Elusive Backfire Effect: Mass Attitudes' Steadfast Factual Adherence," *Political Behavior* 41, no. 1 (2019): 135–63, https://doi.org/10.1007/s11109-018-9443-y.

Brendan Nyhan, "Why the Backfire Effect Does Not Explain the Durability of Political Misperceptions," *Proceedings of the National Academy of Sciences* 118, no. 15 (2021): e1912440117, https://doi.org/10.1073/pnas.1912440117.

7. Raj Raghunathan, Rebecca W. Naylor, and Wayne D. Hoyer, "The Unhealthy = Tasty Intuition and Its Effects on Taste Inferences, Enjoyment, and Choice of Food Products," *Journal of Marketing* 70, no. 4 (2006): 170–84, https://doi.org/10.1509%2Fjmkg.70.4.170.

8. Julia A. Minson and Benoît Monin, "Do-gooder Derogation: Disparaging Morally Motivated Minorities to Defuse Anticipated Reproach," *Social Psychological and Personality Science* 3, no. 2 (2012):200–207, https://doi.org/10.1177%2F1948550611415695.

9. 私はこれを元FBI人質交渉人のクリス・ヴォスから学びました。私が「なぜ」と尋ねるのを控え、「どのように」や「何を」と問いかけるようになったのも、彼の影響です。授業では、深夜ＦＭのＤＪのような声を練習して、みんなで大笑いしています。Chris Voss and Tahl Raz, *Never Split the Difference* (New York: Harper Business, 2016)［前掲『逆転交渉術』］.

10. Leon Festinger and James M. Carlsmith, "Cognitive Consequences of Forced Compliance," *Journal of Abnormal and Social Psychology* 58 (1959): 203–10, https://doi.org/10.1037/h0041593.

11. この研究はアイェレット・ニージー、スティーヴン・スピラー、ダン・アリエリーによって実施され、『予想どおりに不合理』で報告されました。私の教え子たちも同様の実験を行ない、５ドル札を渡そうとしましたが、声をかけた人のうち、約半数にお金の受け取りを拒否される結果となりました。Dan Ariely, *Predictably Irrational: The Hidden Forces That Shape Our Decisions* (New York: Harper Collins, 2009)［『予想どおりに不合理――行動経済学が明かす「あなたがそれを選ぶわけ」』（熊谷淳子訳、ハヤカワ文庫、2013年）］.

12. この単純な発想は、まさに目から鱗でした。私はこれをマイケル・パンタロンから学びました。彼はイェール大学医学部救急科に所属する心理学者で、わずか数分という限られた時間のなかで、依存症を断ち切るといった非常に難しい課題に挑むよう患者を説得することを目指しています。彼の著作はすばらしいです。
Michael Pantalon, *Instant Influence: How to Get Anyone to Do Anything—Fast* (New York: Little, Brown, 2011) [『思い通りに相手を変える6つのステップ——インスタント・インフルエンス』(真喜志順子訳、ソフトバンククリエイティブ、2013年)].
マイケルの著作は動機づけ面接法——質問を通して、相手に生活を変えるよう説得する手法——の研究に基づいています。William R. Miller and Stephen Rollnick, *Motivational Interviewing: Helping People Change* (New York: Guilford Press, 2012) [『動機づけ面接〈第3版〉上下』(原井宏明監訳、原井宏明・岡嶋美代・山田英治・黒澤麻美訳、星和書店、2019年)].
13. 私が「気立てのよいブロントサウルス」に出会えたのは、彼女の記事だけです。私も、私の教え子たちも、この穏やかな粘り強さのフレームが大好きです。Jessica Winter, "The Kindly Brontosaurus," *Slate*, August 14, 2013, https://slate.com/human-interest/2013/08/the-kindly-brontosaurus-the-amazing-prehistoric-posture-that-will-get-you-whatever-you-want.html.

第6と1/2章

1. 偽の極性化バイアスは、ワニによる思考のショートカットが原因です。私たちはいったん頭の中で対象をカテゴリー別に分類すると、それらの違いを過大に捉えてしまうのです。以下の本の著者が指摘するところによると、さまざまな色味の紫色を「赤寄り」と「青寄り」に選別するだけで、それらの違いは実際よりも大きく感じられます。Jacob Westfall, Leaf Van Boven, John R. Chambers, and Charles M. Judd, "Perceiving Political Polarization in the United States: Party Identity Strength and Attitude Extremity Exacerbate the Perceived Partisan Divide," *Perspectives on Psychological Science* 10, no. 2 (2015): 145–58, https://doi.org/10.1177/1745691615569849.
191ページの図は以下の論文から引用。Samantha L. Moore-Berg, Lee-Or Ankori-Karlinsky, Boaz Hameiri, and Emile Bruneau, "Exaggerated Meta-Perceptions

Predict Intergroup Hostility Between American Political Partisans," *Proceedings of the National Academy of Sciences* 117, no. 26 (2020): 14864–72, https://doi.org/10.1073/pnas.2001263117.
「偽の合意バイアス」も存在します。これは、自分と似たような人や自分の好きな人たちの考えかたが、実際以上に自分と似ていると思い込むことを意味します。Sharad Goel, Winter Mason, and Duncan J. Watts, "Real and Perceived Attitude Agreement in Social Networks," *Journal of Personality and Social Psychology* 99, no. 4 (2010): 611, https://psycnet.apa.org/doi/10.1037/a0020697.

2. Yudkin, Hawkins, and Dixon, "The Perception Gap: How False Impressions Are Pulling Americans Apart." (More in Common white paper, June 2019), https://psyarxiv.com/r3h5q/download?format=pdf 参照。
また、気候については以下を。Adina T. Abeles, Lauren C. Howe, Jon A. Krosnick, and Bo MacInnis, "Perception of Public Opinion on Global Warming and the Role of Opinion Deviance," *Journal of Environmental Psychology* 63 (2019): 118–29, https://doi.org/10.1016/j.jenvp.2019.04.001.
マスコミ報道もこの問題に関与しています。Matthew Levendusky and Neil Malhotra, "Does Media Coverage of Partisan Polarization Affect Political Attitudes?" *Political Communication* 33, no. 2 (2016): 283–301, https://doi.org/10.1080/10584609.2015.1038455.
さらに、ソーシャルメディアも同様に一役買っています。というのも、激しい怒りや嫌悪のような道徳感情にかかわる内容を含むメッセージは、ワニ脳の注意を引きやすく、より大きな関与を促すからです。William J. Brady, Julian A. Wills, John T. Jost, Joshua A. Tucker, and Jay J. Van Bavel, "Emotion Shapes the Diffusion of Moralized Content in Social Networks," *Proceedings of the National Academy of Sciences* 114, no. 28 (2017): 7313–18, https://doi.org/10.1073/pnas.1618923114.

3. Daniel Yudkin, Stephen Hawkins, and Tim Dixon, "The Perception Gap."
以下のリンクから、あなたも自身の認識のずれをテストできます（2021年6月時点）。https://perceptiongap.us.

4. Juliana Schroeder, Michael Kardas, and Nicholas Epley, "The Humanizing Voice: Speech Reveals, and Text Conceals, a More Thoughtful Mind in the Midst of

Disagreement," *Psychological Science* 28, no. 12 (2017): 1745–62, https://doi.org/10.1177%2F0956797617713798.

5. Matthew D. Lieberman, Naomi I. Eisenberger, Molly J. Crockett, Sabrina M. Tom, Jennifer H. Pfeifer, and Baldwin M. Way, "Putting Feelings into Words," *Psychological Science* 18, no. 5 (2007): 421–28, https://doi.org/10.1111%2Fj.1467-9280.2007.01916.x.
6. 相手との共通点に気づくだけで（たとえそれが恣意的に選ばれたものでも）、相手に親近感を抱くようになります。Jay J. Van Bavel, Dominic J. Packer, and William A. Cunningham, "Modulation of the Fusiform Face Area Following Minimal Exposure to Motivationally Relevant Faces: Evidence of In-Group Enhancement (Not Out-Group Disregard)," *Journal of Cognitive Neuroscience* 23, no. 11 (2011): 3343–54, https://doi.org/10.1162/jocn_a_00016.
7. Lisa J. Burklund, J. David Creswell, Michael R. Irwin, and Matthew D. Lieberman, "The Common and Distinct Neural Bases of Affect Labeling and Reappraisal in Healthy Adults," *Frontiers in Psychology* 5 (2014): 221, https://doi.org/10.3389/fpsyg.2014.00221.

第7章

1. Ginger Graham, "If You Want Honesty, Break Some Rules," *Harvard Business Review* 80, no. 4 (2002): 42–47, 124, https://hbr.org/2002/04/if-you-want-honesty-break-some-rules.
2. *"Salary and Compensation Statistics on the Impact of COVID-19,"* Randstad, 2020, https://rlc.randstadusa.com/for-business/learning-center/future-workplace-trends/randstad-2020-compensation-insights.
3. Jessica McCrory Calarco, *Negotiating Opportunities: How the Middle Class Secures Advantages in School* (New York: Oxford University Press, 2018).
4. *Reinvent Opportunity: Looking Through a New Lens,* Accenture, 2011, https://www.accenture.com/t20160127T035320Z__w__/us-en/_acnmedia/Accenture/Conversion-Assets/DotCom/Documents/About-Accenture/PDF/1/Accenture-IWD-Research-Embargoed-Until-March-4-2011.pdf.
アクセンチュアの調査のさらなる詳細は以下のとおりです。期待以上の報酬を獲

得できたと答えた人が25パーセント、期待どおりの昇給を得られたと回答した人が38パーセント、昇給は認められたものの希望額には届かなかった人が17パーセント、昇給は認められなかったが、何らかのかたちのインセンティブを得られた人が5パーセントでした。何も得られなかった人は15パーセントにとどまりました。Kimberly Weisul, "Easiest Way to Get a Raise and Promotion," CBS News, March 9, 2011, https://www.cbsnews.com/news/easiest-way-to-get-a-raise-and-promotion/.

5. Neil Rackham, "The Behavioral Approach to Differences Among Negotiators," Roy J. Lewicki, David M. Saunders, and John W. Minton, eds., *Negotiation: Readings, Exercises, and Cases* (Boston: Irwin/McGraw-Hill, 1999), 387–389所収。

6. 最初に懐の深いオファーを提示すると、相手にもそれに応える寛容さを育みます。Martha Jeong, Julia A. Minson, and Francesca Gino, "In Generous Offers I Trust: The Effect of First-Offer Value on Economically Vulnerable Behaviors," *Psychological Science* 31, no. 6 (2020): 644–53, https://doi.org/10.1177%2F0956797620916705.

部署間の交渉では、善良な人ほど良い結果が得られました。Aukje Nauta, Carsten K. De Dreu, and Taco Van Der Vaart, "Social Value Orientation, Organizational Goal Concerns and Interdepartmental Problem-solving Behavior," *Journal of Organizational Behavior* 23, no. 2 (2002): 199–213, https://doi.org/10.1002/job.136.

コンピューター上の仮想エージェントと交渉した人たちは、相手が友好的なときのほうが満足度が高く、友人に勧めたり、再度交渉したりする意欲も高まりました。Pooja Prajod, Mohammed Al Owayyed, Tim Rietveld, Jaap-Jan van der Steeg, and Joost Broekens, "The Effect of Virtual Agent Warmth on Human-Agent Negotiation," *Proceedings of the 18th International Conference on Autonomous Agents and MultiAgent Systems* (2019): 71–76, http://ii.tudelft.nl/~joostb/files/AAMAS2019.pdf.

しかし、よい人がつねに成功するわけではありません。以下に反例をご紹介します。しかしこの研究では、「タフ」である特徴として切迫性が、「よい」人である特徴として自己への注目や謙遜表現、断定しないことが挙げられています。したがって、現実はもっと複雑です。Martha Jeong, Julia Minson, Michael Yeomans,

and Francesca Gino, "Communicating with Warmth in Distributive Negotiations Is Surprisingly Counterproductive," *Management Science* 65, no. 12 (2019): 5813–37, https://doi.org/10.1287/mnsc.2018.3199.

7. Daniel Mochon, "Single-Option Aversion," *Journal of Consumer Research* 40, no. 3 (2013): 555–66, https://doi.org/10.1086/671343.
8. Geoffrey J. Leonardelli, Jun Gu, Geordie McRuer, Victoria H. Medvec, and Adam D. Galinsky, "Multiple Equivalent Simultaneous Offers (MESOs) Reduce the Negotiator Dilemma: How a Choice of First Offers Increases Economic and Relational Outcomes," *Organizational Behavior and Human Decision Processes* 152 (2019): 64–83, https://doi.org/10.1016/j.obhdp.2019.01.007.
9. Itamar Simonson, "Choice Based on Reasons: The Case of Attraction and Compromise Effects," *Journal of Consumer Research* 16, no. 2 (1989): 158–74, https://doi.org/10.1086/209205.
10. Drazen Prelec, Birger Wernerfelt, and Florian Zettelmeyer, "The Role of Inference in Context Effects: Inferring What You Want from What Is Available," *Journal of Consumer Research* 24, no. 1 (1997): 118–25, https://doi.org/10.1086/209498.
11. Carl Shapiro and Hal R. Varian, *Information Rules: A Strategic Guide to the Network Economy* (Boston: Harvard Business School Press, 1998)［『情報経済の鉄則――ネットワーク型経済を生き抜くための戦略ガイド』（大野一訳、日経BP、2018年)］.

第7と1/2章

1. Jennifer Lawrence, "Why Do I Make Less Than My Male Co-Stars?" *Lenny*, October 13, 2015, https://us11.campaign-archive.com/?u=a5b04a26aae05a24bc4efb63e&id=64e6f35176&e=1ba99d671e#wage.
2. Diane Domeyer, *"How Women Can Negotiate Salary,"* Robert Half Blog, March 2, 2020, https://www.roberthalf.com/blog/salaries-and-skills/how-women-can-negotiate-salary-with-confidence.
3. Benjamin Artz, Amanda H. Goodall, and Andrew J. Oswald, "Do Women Ask?" *Industrial Relations* 57, no. 4 (2018): 611–36, https://doi.org/10.1111/irel.12214.

4．51の研究を対象にしたメタ分析で、ジェンダーギャップの大部分は、経験値の差に基づくことが判明しました。Jens Mazei, Joachim Hüffmeier, Philipp Alexander Freund, Alice F. Stuhlmacher, Lena Bilke, and Guido Hertel, "A Meta-Analysis on Gender Differences in Negotiation Outcomes and Their Moderators," *Psychological Bulletin* 141, no. 1 (2015): 85–104, https://doi.org/10.1037/a0038184.

ザンビアの女子中学生に対して交渉術の演習を行ない、両親との交渉を支援したところ、学校への出席率が向上しました。情報を与える、あるいは少女たちを励ますといった教育的介入にはまったく効果がありませんでした。Nava Ashraf, Natalie Bau, Corrine Low, and Kathleen McGinn, "Negotiating a Better Future: How Interpersonal Skills Facilitate Intergenerational Investment," *Quarterly Journal of Economics* 135, no. 2 (2020): 1095–151, https://doi.org/10.1093/qje/qjz039.

5．ストレスの生理学と、ストレス下や競争における男女差をめぐるポー・ブロンソンとアシュリー・メリーマンの議論に、私は強い興味を覚えました。以下の本の第4章と第5章を参照。Po Bronson and Ashley Merryman, *Top Dog* (New York: Hachette Books, 2014)［『競争の科学――賢く戦い、結果を出す』（児島修訳、実務教育出版、2014年）］.

6．この違いについて報告した原論文は以下のとおり。Herminia Ibarra, "Homophily and Differential Returns: Sex Differences in Network Structure and Access in an Advertising Firm," *Administrative Science Quarterly* 37, no. 3 (1992): 422–47, https://doi.org/10.2307/2393451.

7．この議論については以下の本の第5章参照（とはいえ、私はどの章からも有用なヒントをもらいました）。Tara Mohr, *Playing Big: Find Your Voice, Your Mission, Your Message* (New York: Avery, 2015)［『繊細な女性のための大胆な働き方――男社会でのびやかに成功する10のヒント』（谷町真珠訳、講談社、2015年）］.

8．Linda C. Babcock, *Women Don't Ask* (Princeton, N.J.: Princeton University Press, 2003)［前掲『そのひとことが言えたら…』］.

Edward W. Miles, "Gender Differences in Distributive Negotiation: When in the Negotiation Process Do the Differences Occur?" *European Journal of Social Psychology* 40, no. 7 (2010): 1200–1211, https://doi.org/10.1002/ejsp.714.

9. Nina Roussille, "The Central Role of the Ask Gap in Gender Inequality" (University of California at Berkeley working paper, January 2021), https://ninaroussille.github.io/files/Roussille_askgap.pdf.
10. Barbara Biasi and Heather Sarsons, "Information, Confidence, and the Gender Gap in Bargaining," *AEA Papers and Proceedings* 111 (2021): 174–78, https://doi.org/10.1257/pandp.20211019.
11. Deborah A. Small, Michele Gelfand, Linda Babcock, and Hilary Gettman, "Who Goes to the Bargaining Table? The Influence of Gender and Framing on the Initiation of Negotiation," *Journal of Personality and Social Psychology* 93 (2007): 600–613, https://doi.org/10.1037/0022-3514.93.4.600.
12. リンダ・バブコックの著作のおかげで、より多くの女性がより多くを求めて交渉しはじめています。格差は縮まっていますが、解消されてはいません。Babcock, *Women Don't Ask*［前掲『そのひとことが言えたら…』］.
13. Emily T. Amanatullah and Michael W. Morris, "Negotiating Gender Roles: Gender Differences in Assertive Negotiating Are Mediated by Women's Fear of Backlash and Attenuated When Negotiating on Behalf of Others," *Journal of Personality and Social Psychology* 98, no. 2 (2010): 256–67, https://doi.org/10.1037/a0017094.

第８章

1. ジェニーン・ロスの本には、これらの経験から得た精神的教訓について書かれています。それらを乗り越えて感謝の心を見出すまでにどれほどの苦悩があるのか、私には想像もつきません。Geneen Roth, *Lost and Found: Unexpected Revelations About Food and Money* (New York: Viking, 2011).
2. 詐欺や詐欺師についてもっと知りたい方は、綿密な調査に基づき、しかも文句なしにおもしろいマリア・コニコヴァの著作を読んでみてください。Maria Konnikova, *The Confidence Game: Why We Fall for It ... Every Time* (New York: Penguin, 2016)［『The Confidence Game――信頼と説得の心理学』（片桐恵理子訳、ダイレクト出版、2019年)］.
3. David Tennant, "Why Do People Risk Exposure to Ponzi Schemes? Econometric Evidence from Jamaica," *Journal of International Financial Markets, Institutions, and Money* 21, no. 3 (2011): 328–46, https://doi.org/10.1016/j.intfin.2010.11.003.

4. ある詐欺師はこう言いきっています。「頭の悪いやつらは、5万ドルの手元資金を俺に渡すことなんてできないからな」Doug Shadel, *Outsmarting the Scam Artists: How to Protect Yourself from the Most Clever Cons* (Hoboken, N.J.: Wiley, 2012).
Karla Pak and Doug Shadel, *AARP Foundation National Fraud Victim Study* (Washington, D.C.: AARP, 2011), https://assets.aarp.org/rgcenter/econ/fraud-victims-11.pdf.
5. ポール・エクマンは、以下の本で嘘を見抜くことに関する数多くの研究を紹介しています。Paul Ekman, *Telling Lies: Clues to Deceit in the Marketplace, Politics, and Marriage* (New York: W. W. Norton, 2009).
警察官は大学生よりも嘘を見抜くのが下手です。というのも、彼らはほぼ全員が嘘をついていると考えるからです。Saul M. Kassin, Christian A. Meissner, and Rebecca J. Norwick, "I'd Know a False Confession if I Saw One: A Comparative Study of College Students and Police Investigators," *Law and Human Behavior* 29, no. 2 (2005): 211, https://doi.org/10.1007/s10979-005-2416-9.
6. Alistair Rennie, Jonny Protheroe, Claire Charron, and Gerald Breatnach, *Decoding Decisions: Making Sense of the Messy Middle* (Think with Google white paper, 2020), https://www.thinkwithgoogle.com/_qs/documents/9998/Decoding_Decisions_The_Messy_Middle_of_Purchase_Behavior.pdf.
供給量の乏しい状況では、主観的価値にかかわる脳領域（眼窩前頭皮質）が活性化し、目標設定や計画にかかわる高次な脳領域（背外側前頭前皮質）の活動が低下することを、研究者たちが発見しました。脳の活動に基づくこのバイアス——目の前のチャンスを過大評価し、先のことはあまり考えなくなる——のせいで、実験参加者は消費財により大きな金額を支払う意欲を示しました。Inge Huijsmans, Ili Ma, Leticia Micheli, Claudia Civai, Mirre Stallen, and Alan G. Sanfey, "A Scarcity Mindset Alters Neural Processing Underlying Consumer Decision Making," *Proceedings of the National Academy of Sciences* 116, no. 24 (2019): 11699–704, https://doi.org/10.1073/pnas.1818572116.
7. 厳密に言えば、世界でもっとも高価なコーヒーはブラックアイボリーですね。何から作られているか、わかりますか？　そう、ゾウの糞です。しかし、年間流通量は世界全体で180キログラムほどにすぎません。

8. Maria Konnikova, *The Confidence Game*［前掲『The Confidence Game』］.
9. 「ポシティブ・シンキング」業界には、あなたが思っている以上に悪意や欲が渦巻いています（ショルダーバッグの逸話は、エーレンライクの妹の話ではなく、別の人の事例を引用したものです）。Barbara Ehrenreich, *Bright-Sided: How the Relentless Promotion of Positive Thinking Has Undermined America* (New York: Metropolitan Books, 2009)［『ポジティブ病の国、アメリカ』（中島由華訳、河出書房新社、2010年）］.
10. 彼の本はあなたの行動を変えるでしょう。私のクラスでは、第4章にある誘拐の事例でロールプレイングを行なっています。Gavin De Becker, *Protecting the Gift: Keeping Children and Teenagers Safe (and Parents Sane)* (New York: Dell, 2013).

第9と3/4章

1. Rebecca Solnit, *Hope in the Dark: Untold Histories, Wild Possibilities*, 3rd ed. (Chicago: Haymarket Books, 2016)［『暗闇のなかの希望　増補改訂版——語られない歴史、手つかずの可能性』（井上利男・東辻賢治郎訳、ちくま文庫、2023年）］.
2. Nancy C. Lutkehaus, *Margaret Mead: The Making of an American Icon* (Princeton, N.J.: Princeton University Press, 2018).

影響力《えいきょうりょく》のレッスン
「イエス」と言われる人になる

2023年 9 月10日　初版印刷
2023年 9 月15日　初版発行

＊

著　者　ゾーイ・チャンス
訳　者　小松佳代子《こまつかよこ》
発行者　早　川　　浩

＊

印刷所　精文堂印刷株式会社
製本所　株式会社フォーネット社

＊

発行所　株式会社　早川書房
東京都千代田区神田多町2−2
電話　03-3252-3111
振替　00160-3-47799
https://www.hayakawa-online.co.jp
定価はカバーに表示してあります
ISBN978-4-15-210266-9　C0011
Printed and bound in Japan
乱丁・落丁本は小社制作部宛お送り下さい。
送料小社負担にてお取りかえいたします。